工廠管理

王獻彰　編著

全華圖書股份有限公司

序 言

　　企業的經營必需結合生產、行銷、人事、研發及財務，各種業務在追求一致的目標與效能下，才能創造企業的永續經營。而生產是最基本的功能層面，生產是創造產能與價值的過程，活動的地點就是工廠；工廠又必需是一群人的組合，所以就衍生出「如何透過群體的努力來完成共同目標」的問題，這種手段就是「管理」技巧，所以，工廠管理應是指運用計劃、組織、人事、領導及控制等技巧，來完成工廠的效率與生產力。工業類科同學將來投入與生產有關的職業，了解工廠管理的知識應是必需的。

　　筆者學的是機械，但在企業界從事製造工作，又與技術及管理分不了家，轉入教育界二十多年，與企業界的關係並沒有間斷，其間又因興趣而完成東海大學高級管理師進修，及中國生產力中心經營管理顧問師之課程，對管理的知識與手法，獲益良多，且經常與企業界商談，並協助其在職訓練，自認自己已是「管理人」了。乃進而執筆編纂此書，以供專校課程教學及有興趣之工廠從業人員參考。

1. 本書共一冊，分為十章，供科大或技術學院機械科系每週授課 3 小時，一學期授課之用。

2. 為完整呈現工廠管理所應涵蓋的內容，本書全部章節如果授課時數不足可延長時數或擇取章節教授。

3. 本書力求與企業實務配合，理論敘述及例題，是諸多企業實際工作之心得。

4. 每章安排有自我評量選擇題及習題，對有志升學之同學可輔複習之用。

5. 每章前有引言，敘述該章之相關知識，每章後並有重點彙整，讓學習者作一複習回顧。

6. 全書力求簡明扼要，並適當引喻，使學生有興趣學習。

惟本書雖經多次校訂，疏漏之處，在所難免，敬請各位同仁及使用者不吝指正為感是幸。

編著者　王献彰　謹識

編輯部序

　　「系統編輯」是我們的編輯方針，我們所提供給您的，絕不只是一本書，而是關於這門學問的所有知識，它們由淺入深，循序漸進。

　　本書作者為了兼顧理論及實用性，文中穿插諸多工作經驗心得，讓理論與實務合而為一，另外還增加業界工廠管理新知，如商品企劃、5S管理、顏色管理、TPM、TQA……等，提升學生的學習效果。同時，在每章末都有重點提示及自我評量和習題，並附有教師手冊供老師參考，易教易學，實為大專院校「工廠管理」課程之最佳教本，也是業界最佳的參考書籍。

　　同時，為了使您能有系統且循序漸進研習相關方面的叢書，我們以流程圖方式，列出各有關圖書的閱讀順序，以減少您研習此門學問的摸索時間，並能對這門學問有完整的知識。若您在這方面有任何問題，歡迎來函連繫，我們將竭誠為您服務。

相關叢書介紹

書號：0531906
書名：工業工程與管理(第七版)
編著：鄭榮郎
16K/480 頁/620 元

書號：0809404
書名：職業安全與衛生(第五版)
編著：楊昌裔
16K/800 頁/680 元

書號：0299402
書名：工作研究(修訂二版)
編著：簡德金
16K/352 頁/380 元

書號：0348702
書名：作業研究(第三版)
編著：陳義分、楊展耀、簡進嘉
16K/376 頁/440 元

書號：0812001
書名：六個標準差的品質管制－六十
　　　小時學會實務應用的手冊
　　　(第二版)
編著：謝傑任
16K/304 頁/320 元

書號：0540303
書名：生產管理(第四版)
編著：郭雲龍
16K/360 頁/420 元

書號：0632504
書名：國際標準驗證
　　　(ISO9001：2015)(第六版)
　　　(附 ISO14001：2015 條文
　　　、ISO45001：2017 條文
　　　、範例)
編著：施議訓、陳明禮
16K/308 頁/480 元

◎上列書價若有變動，請
　以最新定價為準。

流程圖

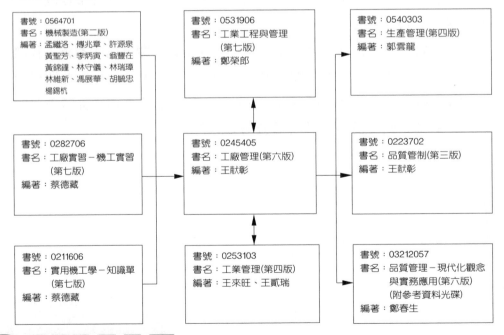

書號：0564701
書名：機械製造(第二版)
編著：孟繼洛、傅兆章、許源泉
　　　黃聖芳、李炳寅、翁豐在
　　　黃錦鐘、林守儀、林瑞璋
　　　林維新、馮展華、胡毓忠
　　　楊錫杭

書號：0282706
書名：工廠實習－機工實習
　　　(第七版)
編著：蔡德藏

書號：0211606
書名：實用機工學－知識單
　　　(第七版)
編著：蔡德藏

書號：0531906
書名：工業工程與管理
　　　(第七版)
編著：鄭榮郎

書號：0245405
書名：工廠管理(第六版)
編著：王献彰

書號：0253103
書名：工業管理(第四版)
編著：王來旺、王貳瑞

書號：0540303
書名：生產管理(第四版)
編著：郭雲龍

書號：0223702
書名：品質管制(第三版)
編著：王献彰

書號：03212057
書名：品質管理－現代化觀念
　　　與實務應用(第六版)
　　　(附參考資料光碟)
編著：鄭春生

CONTENTS

目 錄

Chapter **1**

Factory Management

概　論

　　人類之所以有今日之文明，乃在於物質享受不斷提高，而這些為人類享受的物品，均為很多人直接活動的結晶，這種人類活動的場所稱為工廠。每一物品的生產，須投入資源、資金、機器設備、廠房及土地、原料、勞力等。這些達成生產產品的要素，在人類不斷的求進步之下，益形增加其價值，換句話說，也就是今日產業所追求的高度生產力。工業與科技進步迄今，人類知道，高度的生產力已無法由人工勞動力來達成，而須藉其他替代方式來獲致：資本當然是替代物之一，但由受過教育、能分析、懂理論的人力，來取代勞動人力，以管理者、技術人員、專家來替代勞工，用計劃來推動工作，以達到高生產力，也與資本同樣重要。管理者是促使每一個企業能產生生命力的動態要素，「管理力」與「勞動力」及「物質力」在今日的工業生產已同樣重要，沒有管理，另外二者是無法在當今龐大的經濟體系，扮演決勝的角色的。

1-1 工業制度的演變

　　十八世紀時，也就是工業革命以前，人類生活的社會是以農業為主的農業社會，當時人類最需要的是糧食，人類所追求的最大目標就是糧食，故可知糧食是人類生活的重心。但是隨著時代的推進，民智漸開，人類生活上相關的物質漸漸為人類所注意，當時，每個家庭所需的消費物品，概以家庭為生產單位而製造，或以物易物，自己不直接生產，因此，當時沒有工廠的形態，自然沒有工廠制度。

　　十八世紀末，瓦特(Jane Walt)發明蒸氣機，還有紡織機器的陸續發明問世，導致工業革命，最明顯的社會結構改變有下列數項：

1. 生產方式由機器代替手工。
2. 有集合大數目機器與人工之工廠出現。
3. 到工廠工作的人數漸增。

　　這三種社會結構的改變，也漸漸的產生一些新的社會問題。

　　首先人類由家庭之工作場所走入機械化工廠，初期由於人工充裕，工資偏低，致使工人生活困難。其次工廠乃由機器設備作為生產的工具，人類初期由手工轉變為機器之操作時，亦無法完全適應，因此，無法將機械化的生產力發揮出來，而效率偏低。過去人類是自給自足式的自由生產方式，沒有任何生產方式、生產時間及生產數量的限制等問題，工業革命以後，大家集中在工廠內工作，為了統一管理，必需有一個規則來遵循，如果沒有規則可循，則由於缺乏統一概念，產品勢必零亂，而且效率很低。由於這些問題的相繼發生，以致工廠的投資者及管理者漸漸的創新了很多經營及管理方法，久而久之就成為一種制度。

　　現代之工業社會，組織健全，工廠有生產制度、管理制度、員工有工會組織、政府有輔導及監督機構，這些制度的形成，決非一蹴可成，

乃是經過各種歷程及步驟，方告形成。就工業的演進，大概可分爲四個時期：

(一)工業形成時期

　　早期人類已由手工業生產一些生活上必需的物品，漸漸地轉變成由機器生產，此時必需集合較多人共同從事生產，人數一多，必需有主腦的人物，這個人可爲投資者僱用的領班，亦可爲投資者本人，初期之規模較小，機器的數量亦不多，但是工業工廠形態已漸漸的形成。

(二)分工專業時期

　　雖然，工廠已集合多數人共同來從事生產工作，而且也有領導指揮人，但是，爲了達到快速大量生產的目的，除了生產程序必須能適合機械操作外，還必須將產品的生產方法分爲若干過程，由專人來作固定的過程，其目的是爲了對某一過程所必需使用的機器之操作方法熟練，如此，可使每一部分之生產成果提高，品質穩定度提高，而實現大量生產的目的。英國亞當史密司(Adam Smith)在公元 1776 年就曾提出分工專業對工作效率具有重大的影響，由於分工專業的演進，加速工業制度的形成。

(三)管理制度形成時期

　　由於工作的分工，致使工作效率提高許多，但是事業的部門組織由簡單轉變爲複雜，使過去由領班一人可以管理的工作已經無法勝任，再加上工廠因爲配合社會進步變遷的需要，規模漸漸的由小而大，因此，管理者已非單爲領班一人，而由管理組織所形成，分成各個管理階層，各階層負責各階層的職責，發揮不同的功能。

(四)工廠標準化自動生產時期

　　工業的進步乃配合其他人類的文明進展而來，諸如交通快速進展，而促進市場的流通更行便捷；國際間的資訊發達，讓消費大眾有更多機

會選擇自己滿意的物品，要求較低的價格，及要求高品質的產品；企業之間競爭更形激烈，為了滿足客戶需求的高品質及自身低成本的生產效果，企業界必需有突破性的生產方式，標準化生產方式及自動化機器設備的孕育誕生才能與同業競爭較長短；更由於電子、光學等的突飛猛進，工業設計家配合精密的機械設計，使工廠自動化造成一個獨特的工業制度的局面。自動化的生產，可以減少人為的損失，使生產方式及品質達到標準化。人類由於生理上及心理上各有不同，難免有「個別差異」，因此人為因素是造成生產上極嚴重的障礙，近代NC、CNC漸取代傳統加工的各型機器，使得自動化生產更行效果輝煌。

今日工業生產，已非昔日之「領班」統一指揮時期，一個人是無法完成工業之生產的，因此，分工專業化除了在技術加工領域如此外，在行政部門亦如此。而有各式組織出現，如組長、廠長、工程師、採購部門、會計部門、市場調查部門、生產管制部門、品質管制部門、資料處理部門、程式設計部門……等，各部門負責專業工作，而各部門的效率及工作成就對工廠整體運作息息相關，各部門之間如何配合與協力合作更是重要，要配合完善，必需在一套有系統的指引之下來進行，這就是近代工業制度的成就。

1-2 工業革命與科學管理

十八世紀初英國工業革命，雖然已經促使工業形成及分工專業化的型態，但當時的生產方式仍舊以手工業的簡單方法為主，產量固然很低，不過工人之個人技術，在工廠中占極重要的地位。

十八世紀中葉，發明家們相繼的創造很多機器，使得工業界積極的推廣工廠以機械代替手工。例如 1733 年，詹姆司克(Jamesk)發明了紡

織機械的飛梭，促進紡織工業極大的前進。到 1779 年瓦特發明了蒸汽機，使動力機械大大的改善，工廠中亦很多機器以蒸汽機為動力代替了原先有限的人工動力。至十八世紀末葉，各種機器相繼問世。

工業界為提高產量，獲得較佳的產品，乃大量的起用機器，但是，由於工廠以機器代替手工，手工業時期的大量勞工，因為工作方法的改善而造成人員過剩，眾多人員遂遭到解僱。當時的工業社會一時形成大量失業的工人，一時為英國造成了社會問題，影響到英國整國經濟制度的改變及社會生活的變遷，該時期，歷史上稱為「工業革命」。工業革命原先雖然發生於英國，但因其本質乃工業社會由手工轉變為機器之加工方法所造成，這是文明進步的趨勢使然，以致於世界各國都先後受到其影響。

工業革命後工廠的生產結構改變，最顯著的進展是工廠規模愈來愈大，產量愈來愈多，因此為達到生產上各種要求，遂有「工廠管理」的誕生。工業革命的初期，簡單的管理方法已被運用但及至 1832 年查理斯巴貝奇(Charles Babbage)發表「論機器與生產者的經濟制度」(On the Economy of Machinery and Manufacturers)一書，才創導製造管理的科學，該書中，提出下列數個重點：

1.　管理與技術不同。
2.　重視生產方法。
3.　重視人性關係。
4.　重視成本分析。
5.　重視價格決策。

此書所提出的觀點，對早期之工業管理有很深的影響，及至後來，在工業管理進展史上最有貢獻的泰勒(Taylor)創造了科學管理的方法，而使工業管理之制度向前邁進一大步。

　　管理必行科學方法，是後來管理學家陸續研究創見的，更印証管理與技術不同，而且，在工廠公司級職階層高低不同對管理知識與能力所必須具備的程度也不同，時至今日，高階層的人員對管理知識之具備更重要於生產技術，如圖1-1，A階層低於B階層，但B階層需要的管理知識 d 大於 A 階層的管理知識 b，同理，A 階層的技能能力 a 大於 B 階層的技能領域 c。概高階層之管理與領導同樣主宰公司的命脈。管理者是促使每一個企業能產生「生命力」的動態要素；如果沒有他的領導，那麼那些人力與物質的資源，依然只是「資源」，永遠無法轉換成「產品」，所以管理者是創造經濟效益的先鋒部隊，因爲沒有利潤，就無法使企業有充足的養分來生存下去。同時在通往創造經濟效益的過程中，當今的企業是處在動態，且競爭激烈的環境裡，「創新」是使企業免於沒落，甚至敗亡的重要關鍵，管理者要有創造績效創新的能力，在管理的方法必須延攬科學方法來增加效率，因此，自從工業革命以後，企業經營者不斷追求生產效率而發明很多管理新知與方法，期間，幾位影響深遠的管理大師分述於後。

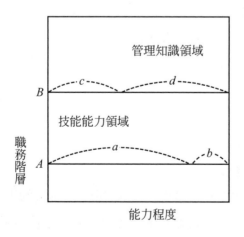

圖 1-1

一、泰勒

　　泰勒於西元 1856 年出生於美國賓西凡尼亞洲，家境富裕，年青時曾在德、法及義大利唸書，後來大學教育時，因眼疾而輟學，遂於 1878 年進入密德威鋼鐵公司(Midvale Steel Co)，初期從工人幹起，逐漸的升遷，歷經書記、技工、領班、主任，最後獲得司蒂文生學院機械工程碩士而提升至總工程師，這一段工廠升遷歷程，他由基層至領導階層，由於對管理產生了濃厚的興趣，以致於工廠一些不合理的現象及問題，都細心的觀察、研究和試圖去改善。當時工人的士氣由於工廠的工資偏低而普遍低落，產量無法增加而工人又有明顯的怠工現象，爲改善這種情形，工廠管理階層乃採取計件論酬方法，支付工資，憑工人工作能力及生產數量來核計報酬，初期由於經驗不足，工人受到計件刺激後，產量大大的增加，其收入超過資方原先設計的標準，單件工資過高，因此，乃一再修改單件計資標準，以平衡工人之薪資，如此，反覆數次後，使工人對工廠計件提高待遇的誠意產生懷疑，以消極的抵抗方法，自動控制每天之加工量，使得工作效率又告降低，這些問題，泰勒經過潛心研究以後，覺得欲提高生產量不單單由提高人工之報酬著手，而應該改善其他生產條件來提高工人之產量，他由實際的工作經驗，研究出一套完整的理論，先後於 1895 年發表了「計件制」(A Piece Rate System)，1903 年發表「工場管理」(Shop Management)，1906 年出版了「切削金屬的藝術」(On The Art of Cutting Metal)，最後在 1911 年，綜合他全部的經驗和創見，出版了「科學管理的原理」一書(Principles of Scientific Management)，因而後世工業人士尊稱他爲「科學管理之父」。就其科學管理理論，可綜合歸納爲下列幾項原理：

1.　時間研究原理(time study principle)

　　　　在生產過程中，任何一種工作都應以精確的動作時間來測量，然後以此作業時間作爲全工廠加工的準繩。

2.　按件計酬原理(piece-rates principle)

　　　　以較高的工資來刺激生產，並且配合工人本身的工作能力，工作勤惰，及工作時間長短，生產量愈高，則相對的報酬愈高，生產量低，則報酬亦低，如此，可鼓勵大家提高生產力，除了對工人自己的收入大有助益外，對公司的營業利潤亦幫助很大。但是這種制度須配合工時研究，而決定工資率的標準，以建立一種最合理的給薪標準，此外，產品品質合格的認定，也應確實，如此方能使員工情願做最高產量的工作，且能兼顧公司產品品質形象。不過，此種「物競天擇，適者生存，不適者淘汰」的殘忍計資方法，對優秀員工固是一種鼓勵，對工作能力低導致收入報酬低的員工，公司應該轉換別種工作，以改善其收入，或加以在職能力訓練，提高其工作能力。

3.　標準化原理(standardization principle)

　　　　工作儘量能建立標準，然後，全廠在這種標準依據下從事工作。例如最佳的工作環境、溫度和濕度，規定工作時間中休息的間隔及休息的次數。工作方法與步驟亦建立一套標準方法，標準生產量的釐訂，每個部門每位員工工作條件如機械、器具及製作方法之類別求其一致，來降低成本。

4.　科學管理原理(principle of scientific management)

　　　　工作沒有效率，其損失是很大的，惟有賴系統的管理，方能改善這種效率。系統化的達成，在管理人員方面必需接受科學管理的教育訓練，俾能應用管理方法。在員工方面，由管理人員設

計最佳的工作方法，並教育訓練工人，依照這些最佳方法來工作。同時管理人員須負責監督，使員工與機械、工具能納入一定規則之中，達到完整的系統，以控制成本。

5.　合作原理(cooperation spirit principle)

管理者與工人放棄敵對的立場，在提高效率、改善工作環境、提高待遇、加工技術改良等方面共同研究、互相合作。當然，管理者如不是投資者，那麼，管理者更應是投資者與勞方合作和諧的催生者，務必能使勞資生存相隨，利害均霑的共識。

泰勒由於現場經驗豐富，提出之理論頗能配合實際的缺點，不過，由於具體可行的方法欠缺，或方法過於嚴謹、缺乏彈性，或無法實際配合人類行為來實現其理論。然而，畢竟其管理理論已為工業經營理想樹立良好的目標與基礎，後來之專家、學者都以他的理論精神與基礎發展出更實際的工作方法，茲將具代表性且貢獻很大的幾位分述於後。

二、吉爾伯勒斯夫婦(Frank B and Lillian Gilbreth)

吉氏於1868年出生於美國梅恩(Maine)，十七歲時開始進入建築界為泥水匠學徒，開始時，對砌磚的動作極感興趣，教他砌磚的師傅用了三種不同類型的動作。第一種為慢步調動作，第二種為快步調動作，第三種又是一種動作，吉氏感到很複雜且納悶，為什麼要用這麼多不同的方法來砌磚，難道沒有一種最理想最簡捷，最完美的方法嗎?當然，數種方法比較之下，一定有一種是最理想的方法，吉氏因此開始尋求後來他最成名的「唯一最好的工作方法」。

吉氏研究工作的各種「動作」是由砌磚之動作開始的，起初他發現砌磚有十八種動作，經他細心的觀察及分析，這些動作有些可以合併，有些動作可以省略，如此一來，砌磚的工作時間就可以節省。後來，他

又設計一可調節高度的磚架，置磚位置可隨砌磚漸增的高度而漸增，避免工人必需彎腰動作而浪費時間且增加疲勞，經過他的研究結果砌磚速度增加約 3 倍之多，其重要性由此可知。

其後，吉氏與其心理學家的太太麗蓮(Lillian) 共同從事於動作研究(motion study)，他們從人的因素理論去研究，其目的是用來消除操作員不必要的動作或錯誤的工作方法以提高工作效率及減少工人疲勞，因此，他們一方面利用影片來分析工作人員的動作，以消化或合併不必要的動作，另一方面也研究如何從工廠佈置，工作人員之座椅、衣鞋、休息時間、休息場所，工作環境去改善，俾能減輕工作人員的疲勞。為了更清楚確實的分析工作人員的動作，吉氏夫婦發明了可讀出二千分之一分鐘的計秒表 (microchronometer) ，並且將人類之動作細分為十七個動素，容在第四章再詳述之。

三、甘特(H.L. Gantt)

甘特亦曾在密德威鋼鐵公司服務，與泰勒為同事，並且和泰勒共同研究科學管理理論，他重視利潤問題，並研究如何領導(leadership)與激勵(motivation)的問題。他對後世工業影響最大的是他對生產管理所設計的甘特圖(Gantt chart)，該圖做為控制生產的工具，由圖上記錄，可以知道在什麼時間內計劃做什麼工作，至哪一天，什麼工作已經完成，哪些工作還沒完成，如此，可以對遲延與落後的工作，進行補救方法。

四、愛默生(Harrington Emerson)

愛默生主張級職綜合式組織(line and staff organization)，頗具伸縮性，並且首先創立標準成本制度(standard cost system)，對於擴大各種科學管理的概念和理論的應用，他是個十分活躍的人。

五、費堯(H. Faylo)

　　費堯是法國工業家，他於 1716 年出版一本「一般工業管理」(Adminstration Industriellect Generale)為法文版，至 1749 年始有英文版在英國出版，他注重全盤性的經營管理改進，並非只要求製造部門的節省成本就可以，因此，他研究科學管理比泰勒廣，他的管理原則一般有下列幾點：

1. 分工(division of work)

　　工作效率化的分工，可應用到技術與管理的工作。

2. 權力與責任(authority and responsibility)

　　權力與責任應為一體兩面，接受權力，就應負起責任。權力的來源一方面為職位，一方面為個人才智、經驗、道德及過去的服務。

3. 紀律(discipline)

　　團體是要靠紀律來維持相互之間的尊重與了解，進而可以獲得服從，且順利從事各項活動。

4. 統一領導(unity of command)

　　統一領導係指一個員工受一個主管的領導，如此命令及工作指示可以專一，不致使員工無法適從。

5. 統一指揮(unity of direction)

　　大家在同一人的指揮之下，向同一目標邁進。

6. 團體的利益高於個人的利益(subordination of indivdual interest to general interest)

　　利益若有抵觸，管理應該協調，並且應以團體利益為主。

7. 報酬(remuneration of personal)

　　報酬及支付方式，盡可能使僱主及員工雙方均能獲得高度的滿足。

8. 集權(centralization)

    權力應否集中或作適度的分散，應以個別情況來決定。

9. 階層次序(scalar chain)

    縱向之指揮，儘量不可越級報告或指揮，保持循序之指揮系統。

10. 秩序(order)

    這是安排人與物的主要組織原理，務使人與物各就其位，各適其所。

11. 公正(equity)

    上級對下級之態度應該和藹與公正，才會贏得員工的忠誠。

12. 任用的安定(stability of tenure)

    應給予員工有安全感，所以不必要的調動，應儘可避免。

13. 進取(initiative)

    每一個優秀的員工皆有進取之心，因此，應提供進取機會。

14. 團隊精神

    團結就是力量，員工之間須要互相激勵，讓大家具有團隊精神，並且強調合作是集體團結的表現。

    綜合言之，工業革命以後，早期的科學管理研究的對象是工廠裡的員工，因為工業生產結構之改變，大家只注意機能如何配合，以發揮最大的效能而努力，因此，著重於員工工資合理化、工作方法之研究，進而工作環境等的改善，以減低因為效率低而成本高的現象，這些管理理論對日後工業發展的確有很大的貢獻。

    近代世界工業文明，由於生產技術的新穎、微細化的技術，以及數位電腦的進步，工業的類型朝向資訊電子業的發展快速；工廠需要的人才已不若過去傳統工業的基層員工為導向。很多管

理大師如被尊稱為現代管理學之父的彼得‧杜拉克(Peter. F. Drucker)，歐洲管理之父馬利克(Fredmund. Malilc)，日本管理巨擘大前研一等，相繼利用團隊研究的方式，提出很多的管理觀念，如執行力、組織力、說服力、競爭力、策略規劃、目標導向的績效評量……等，強調企業永續經營的必備能力，以及持續能夠創造高效能的新時代有效管理方法。

這些觀念與理論，迎合現代高教育水準的員工素質，足以培養具備多元能力的企業管理者，而且與設備的自動化、資訊化、電腦化相輔相成，朝自主管理發展。

1-3 近代工業的特質

十九世紀的工業革命，改變了手工業的方法和舊式小型工業的全貌，使其漸漸成為近代工業。近代工業最主要的成就就是加工機械不斷的研究創新，不論是工具、傳動方式、動力的種類，旋轉速度皆在精益求精的精神下，一直發明新機種，目的無非是追求大量生產、穩定品質，來降低成本。當然，一地區或一個國家工業的特質與該國工業開發的程度會有所不同，先進已開發國家，不只在機械化工業已有斐然成就，而且更在科技的配合之下，朝自動化邁進；而開發中或未開發國家其發展的工業特質就不同於先進國家了。近代工業的特質，從加工方面可歸納如下：

1. 生產方法機械化。
2. 生產方式專業化。
3. 操作人員採取分工，亦即簡單化、標準化。
4. 工作母機演進至電腦數值控制機種。
5. 生產線採取連續性的大量生產。

6.　FMS彈性製造系統，無人化自動生產已成為先進工業國主流生產型態。

7.　CIM(computer integrated manufacturer)系統整合方向研究開發，是日後工業科技的潮流。

此外，由於民智漸開、教育水準普及、資訊發達及工業加工特質的進展衝擊下，從管理方面來歸納，近代工業則有下列的特質：

1.　組織單純化。

2.　結合企業體、員工、消費群共通的價值觀。

3.　重視員工的工作品質，福利生活。

4.　塑造藝術特質的企業文化。

5.　廠內民主，參與式管理的實施。

6.　各種管理電腦化，辦公室自動化OA(office automatics)。

政府自民國三十八年播遷來台，積極發展工業，創造了經濟奇蹟，國民所得年年增加，已漸擠入開發國家之林，可是高經濟成長帶來個人生活條件的變更，並沒有同樣帶給國人包括物質及精神高品質的生活水準，反而由於高度快速工業化，個人方面因而改善了就業的機會及提高了個人的所得，使物質生活要求日益提高。在企業體方面由於經濟結構轉型的考慮，而面臨了社會勞動人口的嚴重不足、台幣幣值壓力、工資的不斷上漲、員工福利負擔、社會成本的提高及環保意識的抬頭等因素，都是導致傳統加工及勞力密集或高污染性的工業，喪失市場競爭能力。因此，台灣工業的發展趨勢惟有走向：

1.　專業化經營。

2.　合理化分工上、中、下游工業整合。

3.　自動化生產。

4.　研究開發高科技、高品質產品。

5.　重視研發及服務的經營。

如此才能抵抗世界性經濟環境競爭，並能應付景氣衰退或經濟環境惡化所帶來的衝擊。

政府也積極在制定產業升級輔導政策，並在民國八十一年通過「十大產業」、「八大技術」為我國今後的重點發展工業，制定產業升級條例的獎勵及輔導重點。

1. 十大產業

是通信、資訊、消費性電子、精密機械與自動化、高級材料、半導體、特用化學品與製藥、航太、醫療保健和污染防治。

2. 八大技術

是光電、軟體、材料應用、能源節約、生物技術、高級感測、產業自動化與資源開發。

而這十大產業及八大技術符合政府「兩大、兩高、兩低」的原則！何謂兩大、兩高、兩低？兩大是指市場潛力大，產業關聯性大；兩高是指附加價值高、技術層次高；兩低是指污染程度低，能源依賴性低。根據經建會的評估，這十大產業及八大技術，不僅會帶動新產業的成長，也會提升傳統工業的生產力，將此應用在服務業上，則能提高服務業的品質，間接直接促進產業的升級步伐。

為了完成國內產業升級，以突破工業化高度開發所遭遇的瓶頸，台灣各項工業的發展正配合政府的政策及潮流趨勢漸漸改變傳統工業的體質。近年來台灣工作母機朝向中心衛星工廠體制發展，透過協力廠商橫向聯結，以彌補中心廠產量之不足，並以縱向整合，嚴格貫徹品質鑑定，以製造高品質、低成本的機械。政府方面也應企業界的要求與期待，正朝成立精密機械製造專業工業區，其規模涵蓋大小鑄件，鑄造工業區、熱處理、機械板金設計製造、車削加工、銑削加工、精密研磨、模具製作等專業區及中心工廠裝配區，以易於規劃環保處理及技術整合。在經濟部等主導台灣經濟發展的機關，民間企業也希望政府能增設

新機種研發設計服務中心，商旅服務及展示中心，環保工程服務等部門，盼望藉由完善的設備及管理爲台灣的工業再度創造傲人的成就，使台灣能成爲亞太經濟中心，亞太研發中心，建設台灣爲綠色矽島的高科技重鎮。

民國八十一年政府公布的「十大產業」、「八大技術」重點發展工業，近年由於國際市場競爭激烈，綠色矽島的觀念過去爲自由化、國際化、制度化，標榜自由市場、國際接軌以及朝制度管理邁進。現代則須貫以新的觀念爲知識化、永續化、公義化。知識化告訴我們必須以知識經濟來強化技術工業；永續化是警惕我們一切經濟的發展必須遵守環保規範，以保有地球村的永續環境，造福後代；公義化則倡導全民參與經濟建設、工業發展，表達全民的意旨。

策略性工業由於必須以知識驅動，環保優先以及公義效率的推展，注重台灣整體區域均衡的工業建設。政府將策略性工業改名爲「新興工業」，以高科技產業爲基本目標。

民國九十年全國工業發展會議結論，將政府積極發展的十大新興工業定爲：

1. 奈米技術應用工業
2. 半導體精密設備工業
3. 車輛競技產業
4. 數位內容產業
5. 資訊家電產業
6. 保健食品與保養品工業
7. 智慧財產技術服務業
8. 研發服務業
9. 設計產業

10. 廢棄物資源化產業

　　政府初步目標，國內產業的主力為「兩兆雙星」產業，即半導體、影像顯示、數位內容及生物技術與醫藥工業。隨著工業發展的策略，積極擴充科學園區基地，整合現有工業區的重新定位。

1-4　工業管理與工業發展

　　工業管理乃是在現有可用的人力、物力限制下求得最大的成果，而以集體的力量創造更大的利潤。不良或有缺點的管理，會浪費人力與物力，但是工業管理往往為了配合工業的本質、型態之發展而必須有所改變(近代工業的特質及台灣工業發展的趨勢已在 1-3 節裡說明)，因此，近代工業管理必須針對這種發展趨勢與特質來計劃與執行。

　　在二十世紀裡，由於工業技術的突破，使得工業的進展超過任何一個時期，例如電腦的應用、自動化的創作，以致於管理方面也進展了許多新觀念與新方法。又例如管理結構上的變化，包括：(1)組織層級大幅減少，愈來愈多的工作都整合在一起，減少許多不必要的職位結構；(2)許多基層主管都獲得升遷，負責的項目增多；(3)決策權與決策工作將有更多的現場作業人員參與；(4)採行更多的諮詢決策工作藉以取得共識；(5)高階層主管對於各項計劃和執行有更多的參與。

　　此外，工作生活品質將隨著工業發展與提振生產力劃上等號，美國企業更把工作生活品質與工作系統設計在一起，重視員工的自由表達意見的權利、在職訓練和人力運用，且能直接與主管溝通及自主管理團隊的組成。因為工業技術發展改變了人們的工作方式，也改變了人力資源的發展方向，企業愈來愈需要具有高度技術、高度投入、更多的責任感和具有更多挑戰力的人力、高水平的人力資源，而工業管理能提供更好

的工作環境，使員工能更投入於工作中，並且維持高度的忠誠與工作安全感，內部晉升、工作保障以保護員工的工作機會，並與工會維持良好的關係，減少不必要的干擾這些都是工業管理應該改變及進展的重要課程。

我國自政府播遷來台已七十多年來，初期的經濟發展快速成長，接著經濟產業結構由農業走向工商業；但近三十年來，工商業的發展已略具規模，產業結構發生二次變革，由勞力密集轉爲技術密集，其後又漸漸的進入三次變革，衍變爲精密高科技產業結構。最近知識經濟躍近，創意產業、服務業已佔國內產值相當的比重。

工商業的蛻變，勞工的各項資源條件亦隨之調整；尤其政府自民國七十三年七月三十日，公布勞動基準法施行以來，把工資、資遣費、退休金及災害補償等關係勞工權益予以立法保障。這是我國重視工作生活品質的開始，也是工業管理邁入新境界的里程。其後並經過多次修正，使我們的勞基法更趨完善。

就世界整體觀之，1980 年代是勞工工作心態轉換的年代，例如價值觀的改變、期望不斷增加，少數團體意願的表達，都蔚爲社會變遷的軌跡。以台灣爲例，1980 年代的勞工就比 1970 年代之勞工較具權利意識及積極性格，勞資關係也必須重新界訂新溝通方式來維持和諧。

所以我國一面規劃及發展工業願景，亦多次修訂勞動基準法，在民國 97 年 7 月 17 日通過勞保年金制度，並自民國 98 年 1 月 1 日起施行，對勞工退休後的生活多了保障。嗣後多次修訂，讓法條更趨完善，對勞工的權益保障不遺餘力。爲了照顧沒有公保、軍保、勞保及農保的國民，政府自民國 97 年 10 月 1 日正式開辦國民年金制度，達到全民福利的社會。

技術突破的進展與員工注重生活品質相互衝擊下，工業管理除了陸續研究作業測定、統計管理、作業研究、計劃評核術、要徑管理法、系

統工業等知織外；為了提升生產力及與員工生活品質有關的內在方面包括「公司內勞資關係的和諧」、「工作時間與上班方式符合個人時間的運用」、「公司福利措施」、「公司內美化及安全衛生教育與檢查」、「個人參與公司提昇生產力活動」、「醫療措施(如眷屬醫療補助、急難救助)」、「建立員工財產形成制度(如儲蓄購屋，分紅入股)」等屬於員工內在生活品質的要求因素，亦積極制訂。

　　至於外在生活品質員工則關心「子女就學方便」、「家居的躁音隔離」、「靠家庭薪資收入維持生活品質」、「文化資源的取得運用」、「遊樂設施的安全與衛生」……等因素，企業經營管理也應列入規劃及輔導，以安定員工的生活品質。

1-5　知識經濟時代的工廠管理

一、定義

　　知識經濟簡單的說，就是用知識激發智慧來創新和創造新且具價值的產品或理論，加強經濟實力，創造工商業產值。

　　「知識經濟」一詞由經濟合作發展組織(OECD)首創，即以知識資源作為企業要素之首要。亞太經濟合作組織(Asia-Pacific Economic Co-operation，APEC)也認為知識經濟是未來的發展趨勢。

　　我國自 2001 年之後，即大力倡導「知識經濟」，陸續提出「綠色矽島」和「台灣Double」等政策。

二、知識經濟的特色

　　推動「知識經濟」的結構性因素主要是資訊科技與全球市場的建立。

　　「知識經濟」工業與「傳統經濟」工業之比較有：

要素	傳統經濟	知識經濟
資源	土地	人才
管理	完美管理方法	策略創新
市場通路	「供給」「需求」決定價格，「價格」主宰交易	「電子」與「網路」決定速度，「速度」影響交易
產品週期	產品週期長	產品生命週期短
工廠要素優先次序	「資金」與「市場」，著重硬體設備	「人才」與「知識」，著重軟體發展

三、知識經濟時代的行業特色

經濟合作發展組織(OECD)在1999年將知識經濟時代行業定義為：

(一)知識密集型產業

包括：航太、電腦與辦公室自動化設備、製藥、通信與半導體、科學儀器、汽車、電機、化學製品、運輸工具、機械等高科技及中高科技工業。

(二)知識密集型服務業

包括：運輸倉儲及通信、金融保險不動產、工商服務、社會及個人服務等。

服務業的觀念變革為深化服務的發展，如24小時服務、到府服務、全套服務、客戶訂約、有求必應、創新等服務。

(三)創造新流行服務

如快速、直銷、網路基礎建設、電子商務服務。

知識經濟時代，除了高科技產業必須不斷創新外，其他行業只要能具有創新的能力就有競爭力。事實上，台灣工業發展七十多年來，經歷產業結構幾次的進化變革，在民國八十一年政府公布的「十大產業」、

「八大技術」以及民國九十年全國工業發展會議結論的十大新興工業，即是「知識經濟產業」的內涵。「知識經濟」時代產業發展的要素亦有不同，所以工廠管理的組織與方法亦須改變，如國際整合、專案管理等。政府在推動經濟發展時，也注意到產業的時代脈動，而適時的提出工業發展策略與方針來協助企業強化或提升內部管理方案。

四、二十一世紀台灣經濟的發展契機

面對新興工業國家的興起，台灣的製造業也在經濟部工業局的規劃下，加速產業生產力提升，策略重點是關鍵技術、聯盟化、系統化與產業連結，希望強化「產官學研」間連結，落實產業體質再造與翻轉，政府負責聚焦在聯結國際、人才培訓及廠商輔導。

台灣工業生產過去稱為「生產力3.0」主軸為自動化、「少樣多量」及生產力的展現，將來推動「生產力4.0」是走向智慧化以達到「大量客製化」、「多樣多量」生產的情境。換句話說，製造業發展趨勢要從透過自動化技術使生產線簡化穩定及庫存管理來調解市場需求變動性的時代，進展為透過資通訊技術、大數據、聯網技術等方向，如此市場需求的多樣性就能與工廠彈性生產的方式取得智慧聯結。

顯然工廠的生產模式也將從過去「單機自動化」變成「機聯網」，以彈性生產的方式提高生產能量。

總而言之，工業管理必需配合工業發展的階段趨勢，才能在潮流中協助其向前推進，而由於工業管理的進步，適時引領工業更大的發展，因此，「工業管理」與「工業發展」是相輔相成，齊頭並進的。

日本管理大師大前研一先生為卓越企業把脈時，提出卓越企業的7項管理原則包含：(1)組織(structure)，(2)策略(strategy)，(3)經營型態(style)，(4)人員(staff)，(5)技術(skills)，(6)制度(systems)，(7)共通的價值觀(sharedvalues)。如圖 1-2，稱為卓越企業的7S管理原則，在往後各章節將分述其內容或影響這些原則的因素。

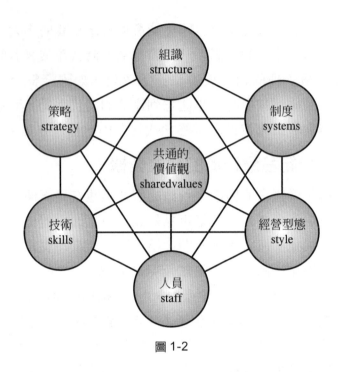

圖 1-2

1-6 工業 4.0 趨勢與產業發展

一、定義

德國工業 4.0 的意義(Recommendations for Implementing the Strategic Initiative Industry 4.0)是：

1.0 第一次工業革命：以蒸汽機的動力進行機械化生產系統。

2.0 第二次工業革命：製造業的標準化和生產線革命。又可稱爲製造過程標準化與大規模生產線的革命。

3.0 第三次工業革命：電腦與資訊化革命，電子化信息技術，計算機互聯網，自動化工業生產。

4.0 第四次工業革命：以虛擬網路與實體體系互相結合的工業創造革命。

二、產業發展

　　工業 4.0 趨勢可說已不可逆轉，甚至透過人工智慧帶動新的機器人技術的速度，會讓人無法預期的快。影響範圍甚至擴及製造業以外，深入服務業或金融法律等。所以原本自認為專業不會受影響的職業，都可能遭到機器人帶來無人經濟的威脅。

三、無人化經濟的衝擊

　　自動機器人代替勞工，聊天機器人減輕客服負擔，文書機器人自動上網搜集商情與分析，甚至製作必要法律文件，區塊鏈(blockchain)取代眾多行政法務審核印章等。

　　日本日經新聞指出，企業要通過新一波無人經濟考驗，須具備五個條件：

1.　儘快推動企業無人化。
2.　確立人與機器人的職掌區別。
3.　建立內部專任組織。
4.　提供職員新職業訓練的機會。
5.　扮演帶動社會變化的參與者或領導者。

四、應變措施

　　1970 年代的機器人與自動販賣機，並非帶來失業而是帶動新一波成長，新的無人經濟若企業有事先預備，還是不會受到致命的衝擊。

五、台灣高盛公司的工業 4.0 案例

(一)高盛公司簡介

　　高盛公司成立於民國 60 年代，主要生產以帶鋸床為主的各種金屬加工設備。

　　高盛公司運營總部位於台灣新竹，在此進行研發和生產，已開發超過100種機型。2004年成立台中工廠，結合當地完整的加工與運輸鏈擴

大生產規模。並在美國成立美國公司，經銷點遍佈全美洲。接著積極開
發市場，已拓展至全球 80 多個國家。

(二)高盛公司的產品

該公司產量逐年成長，研發 200 mm 到 2000 mm 各式鋸床的能力，
並依市場導向，按客戶的需求製造高效率的客戶需求產品。產品並擁有
ISO-9001 認證，品質與可靠性贏得客戶的信賴。

(三)高盛公司的 4.0 工業革命

帶鋸車床之核心為切削用帶鋸，因為帶鋸在加工作業過程會逐漸受
損而需要更換。此項更換作業以往都是憑藉人為經驗，因此，高盛公司
先進行 3.0 革命。

該公司 3.0 革命，以感測器收集大量資訊，瞭解影響帶鋸更換之決
定因子，諸如帶鋸的材料、切割面結構、作業材料的幾何形狀、拱截
面、物理性質與作業次數、時間等。由此建立數學模式，再以該模式預
測帶鋸更換時間。

然後高盛公司再進入 4.0 工業革命，對於客戶之帶鋸車床進行客製
化服務。自客戶端各型感測器傳輸之數據，配合雲端技術，主動通知顧
客更換帶鋸，提供更上一層的服務。

1-7 21 世紀台灣的經濟產業發展

因應 4.0 第四次工業革命，台灣政府亦提出「5+2」產業創新的經
濟發展政策。

行政院指出，「5+2」產業創新的共同特徵，是具有一定的國內需
求，可藉此帶動新投資，提升產業發展的層次。此外，這些產業創新也
具有在地特色，可結合地區優勢及發展條件，打造創新研發產業聚落。

　　那麼什麼是「5+2」產業創新？指的是指加速產業升級轉型，其內容包括：

一、物聯網(也稱亞洲‧矽谷計畫)

1. 健全創新創業生態系。
2. 連結國際研發能量。
3. 建構物聯網價值鏈。
4. 智慧化示範場域。

二、生物醫學

　　打造台灣成為亞太生物醫學研發產業重鎮。

三、綠能科技

　　以綠色需求為基礎，引進國內外大型投資帶動我國綠能科技產業發展。減少對石化能源的依賴及溫室氣體排放。

四、智慧機械

　　以智慧技術發展智慧製造，提供創新的產品與服務，推動台灣產業轉型升級。

五、國防產業

　　以衛星技術為基礎，推動相關產業發展。

六、新農業

　　以「創新、就業、分配及永續」為原則，期建立農業新典範，並建構農業安全體系及提升農業行銷能力。

七、循環經濟

透過重新設計產品和商業模式，促進更好的資源使用效率，消除廢棄物及避免污染自然環境。

政府已建構理想的台灣二十一世紀經濟藍圖，企業同時期望政府應有商業、服務模式創新等附加價值成長的政策，而不是只追求經濟成長率的成長。而且產業界也希望政府除了需具有帶動創新為導向的經濟成長動能，同時要建置好土地、道路交通、水、電及法律系統等基礎設施，如此才對企業創新的進行有實質的幫助。

本章重點彙整

1. 高度的生產力除了資本是重要的要素外，以管理者的專業分析能力，有計劃的推動是近代被公認的重要要素。
2. 十八世紀工業革命以前，人類的活動是以農業社會為主。
3. 瓦特發明蒸汽機導致工業革命。
4. 工業革命初期，以機器代替手工，以工廠代替家庭的生產場所，產生了下列社會問題：(1)由於人工充裕，工資偏低，(2)初期不適應機器生產，效率無從發揮，(3)團體共同生產方式衍生管理一致問題。
5. 工業的演進有四個時期：(1)工業形成時期，(2)分工專業時期，(3)管理制度形成時期，(4)工廠標準化自動生產時期。
6. 工業革命初期，因為機器代替手工，英國社會造成工廠人員過剩，因過剩人員遭解僱而造成社會問題。
7. 工廠階層愈高，對管理知識與管理能力所須具備的程度也愈高。
8. 管理者要有創造績效與創新的能力，管理方法需以科學方法為之。
9. 泰勒是科學管理之父。

10. 泰勒主張的科學管理方法：⑴時間研究原理，⑵按件計酬原理，⑶標準化原理，⑷科學管理原理，⑸合作原理。

11. 吉爾伯勒斯的工業管理理論是任何工作一定有「唯一最好的工作方法」。

12. 甘特在管理上最大貢獻是甘特圖。

13. 愛默生創立標準成本制度。

14. 台灣經濟進展反而造成人們物質需求提高等的不利因素而必須升級。

15. 政府於民國八十一年通過十大產業，八大技術為我國今後的重點發展工業。

16. 十大產業是通信、資訊、消費性電子、精密機械與自動化、高級材料、半導體、特用化學品與製藥、航太、醫療保健和污染防治。

17. 八大技術是光電、軟體、材料應用、能源節約、生物技術、高級感測、產業自動化與資源開發。

18. 政府工業政策要符合兩大是市場潛力及產業關聯性；兩高是附加價值及技術層次；兩低是污染程度及能源依存度。

19. 近年來台灣工作母機朝向中心衛星工廠體制發展。

20. 不良工業管理會浪費人力與物力。

21. 工作生活品質將隨工業發展劃上等號。

22. 為提升生產力，員工生活品質有關的內在與外在因素同等重要，企業界應列入工業管理的範圍。

23. 日本管理大師大前研一提出卓越企業 7S 管理原則：⑴組織(structure)，⑵策略(strategy)，⑶經營型態(style)，⑷人員(staff)，⑸技術(skills)，⑹制度(systems)，⑺共通的價值觀(sharedvalues)。

自我評量

( )1. 工業革命以前，人類生活的社會是以 (A)企業 (B)農業 (C)家庭工業 型態為主。

( )2. 十八世紀什麼人發明蒸汽機導致工業革命 (A)瓦特 (B)富蘭克林 (C)傑佛遜。

( )3. 科學管理之父是 (A)史蒂文生 (B)泰勒 (C)巴貝奇。

( )4. 吉爾伯勒斯(Gilbreth)夫婦主要創見是 (A)合理原理 (B)按件計酬原理 (C)動作與時間研究。

( )5. 可作為控制生產的工具是 (A)甘特圖 (B)會計圖 (C)平衡圖。

( )6. 近代先進工業國家之工業已朝 (A)自動化 (B)機械化 (C)無人化 (D)以上皆是 邁進。

( )7. 下列何者是政府未來推行之八大技術 (A)軟體 (B)能源節約 (C)高級感測 (D)以上皆是。

( )8. 中心衛星工廠橫向連結協力廠商，有助於 (A)品質鑑定 (B)彌補中心衛星工廠產量之不足 (C)技術依賴。

( )9. 工業發展使企業需求高水平的人力，下列何者是高水平人力所期待企業提供的 (A)良好的工作環境 (B)工作安全感 (C)自主管理 (D)以上皆是。

( )10. 日本管理大師大前研一提出卓越企業的管理原則是 (A)5S (B)4D (C)7S。

習 題

1. 工業革命之前，人類所需的消費物品如何取得？

2. 工業革命後初期，最明顯的社會結構改變有哪些項目？

3. 工業演進有哪四個時期？

4. 繪圖說明低階與高階層人員，對技術及管理知識所具備程度如何。

5. 說明甘特的管理理論及其創見。

6. 試述近代工業的特質。

7. 近代工業，從管理方面說明其特質。

8. 試說明台灣工業應發展的趨勢如何。

9. 何謂政府推行的十大產業與八大技術？

10. 何謂兩大、兩高、兩低的工業政策？

11. 政府未來完成之精密機械製造專業區，其規模涵蓋哪些？

12. 近代工廠管理的新觀念與新方法如何？試述其要點。

13. 近代美國如何把工作生活品質與工作系統設計在一起？

14. 試述員工生活品質與工廠管理有關的內在因素。

15. 試述員工生活品質與工廠管理有關的外在因素。

16. 日本管理大師的7S卓越企業管理原則是什麼？

17. 德國提出的工業4.0之意義與內容如何？

18. 迎合工業4.0時代，臺灣提出「5＋2」創新產業之內容為何？

Chapter **2**

Factory Management

工廠組織

　　被譽為當代管理大師的彼得・杜拉克(Peter Drucker)首先指出管理不是一種藝術，而是僅依靠個人的靈感和天賦才能即可呈現出來的作品。「管理」有它的專業性和科學性，是可以有系統的加以組織，也是一般人可以學會的。他認為企業的目的不在企業本身，而在企業外部，也就是創造和滿足顧客的人。因此，企業必須追求績效，才能完成企業目標。但企業績效如何追求？在公司裡常會聽到這樣的對話：「雖然無法達成目標，但我們單位已盡了最大的努力」。要不然就是「我縱使沒有功勞，也有苦勞」之類的話語，這些話聽了同樣令人喪氣，是阻礙企業進步的落伍觀念。

　　企業追求經營目標過程，企業的全體員工和幹部應該追求的不止是「do my best」，而應「do the best」，而且「do my best」並不等於「do the best」。企業全體的每位成員，從董事長到基層員工，不僅要盡力而為，更要把每件事情做好，達到預期的目標和效果。同

時，企業裡的每個部門在執行任務時，亦常需要其他部門的密切配合和支援，因而經理人在計劃執行之前，亦須詳加規劃可能運用的整體資源，才能有效整合各組織部門的力量，發揮整體效益。要發揮整體效益，組織的力量相當重要，所以彼得‧杜拉克(Peter Drucker)說：「組織結構應追隨策略」。

2-1 組織的原理

一、組織的意義

在我們日常生活中，總須依據一種井然有序的規則來做事，例如長幼有序，是非分明，處事條理清楚等。這些人與物方面的規章即是組織，所以組織的意義，即是含有許多人在有次序的環境裡共同工作，也就是說組織是集體活動的組合。

二、組織的目標

設立組織的目標是當個人所不能或無法有效完成之事業時，藉著團體的活動來完成。企業上是藉著組織來達成企業的目標、執行、計劃，使員工能有效的工作。

管理學者湯馬斯(W. Thomas)曾說：「組織是為執行某一指定任務之機體與程序，沒有自己的目的。」可見組織不是為組織而組織，乃是為某特定目的之推行的組織，如政府、學校、社團等。另一管理學者諾貝爾(C. E. Knoeppel)則認為「組織是人類共同努力於某特定目標時，對各種相互關係的安排與調整。」

組織的好壞，取決於組織本身效果的好壞，有效率及效果良好的組織之企業，才能消除個人的短處，增加個人的長處。妥善應用組織來發揮人的效力，才能發揮企業欲追求的目標。

三、組織的建立

組織若是不良，縱使工廠再有好的設備、技術精湛的員工，相信亦無法把企業經營成功。良好的組織，可以使工廠具有堅固的力量，在雄厚的生產力下，漸漸的擴大企業。但是什麼樣才是良好的組織呢？簡單的說，適合於工廠經營的體系即是良好的組織。適合工廠經營的體系即是如何將人、財、事、物……等做有效率、有系統的協調配合，以完成工廠的經營目標。因此，在建立工廠組織之先，應先明瞭組織的特質，因為工廠製造條件往往取決於生產的設備和處理製造業務所需的組織部門。其他如產品銷售的目標(內銷或外銷)，服務顧客與市場類型(大人、小孩、一般群眾或上班的婦女)，所提供的產品種類，員工薪資的水準、企業規模、企業產品種類等部門都會影響組織的建立。建立一種組織，必須遵照組織的原理來建立。

(一)組織原理

組織原理包含下列要項：(1)管理幅度，(2)部門劃分原則，(3)權責，(4)工作指派原則，(5)能力與工作之配合原則。

1. 管理幅度

管理幅度就是一位主管能直接且有效地監督部屬的人數，此監督人數尚包括部屬所負責業務的特質。監督部屬的人數太多，則沒有效果，不能面面履及，而監督的人數太少，則人力不經濟，造成將多兵少。管理學家們一般認為在組織之上層，即高級主管其所監督的人員以五人到八人為宜，基層主管(如工頭)，可監督二十個人左右，但是實際監督人數，受下列因素的影響很大：

(1) 主管的能力：主管的能力若很強，且才華卓越，其監督人數可增加，可節省層次關係且有效的控制。

(2)　主管之工作性質：主管的業務若簡單，無需每件業務皆與部層接觸，則監督人數可多，反之，若主管業務很複雜，則監督人數不宜太多，例如模具設計、貿易部門。

(3)　主管層次：一般高階層主管所能監督人數較少，低階層主管所能監督人數較多。因為高階層主管規劃的業務層面較廣。

(4)　部屬的能力：部屬的能力很強，大部分的業務可自行解決或其處理的業務值得信任，則主管可監督較多的人。

2.　部門劃分原則

部門分劃越細，則工作分劃愈專精，功能可能提高，但是遇到必需協調其他部門的業務，則可能由於各部門牽涉立場的不同，而有不同的反應態度，重視的深淺態度，積極消極的態度，誠意改善的態度等。皆足以影響事情之順利解決與否。反之若部門劃分的太少，則主管的業務太多，對於處理業務的時效可能受到影響，而且在同一主管之下，碰到必需對立的工作(例如生管、品管)則無法把握住應有的正確立場，以致於解決問題無法表現出果斷的能力，使問題拖拉不決。

3.　權責

權責的劃分應部門有別、階層清楚，以便於瞭解其個人於組織之地位與他人間之關係，如果權責劃分不清楚，則責任上必是互相推託，權利上必定爭權奪勢，造成紛亂不堪。事實上，只要階層劃分詳細，每階層之職掌及權利規定明白就可以了，責任乃隨權力而來，權力在那裡行使，責任就在那裡產生，所謂的權責相稱即是。坐擁權力，卻不願負責或無責須負都是不健全的組織，同樣，責任歸屬，但處處受人製肘，毫無自主的權力，行事者必無法長久尸位努力了。

4. 工作指派原則

工作指派的原則，概可分爲下列幾類：

(1) 工作類似的工作組合爲一個單位，再以指派。

(2) 工作無法分類專精，具有關聯性，則分派工作應遵循下列原則：

① 較有接觸性，同功能的工作性質，應分派在一個主管管轄之下。

② 視主管對工作的偏好或特長來指派。

③ 同類的工作也可分給數個主管管轄，以視其工作成績，加以競爭。

(3) 綜合工作運用，不能明確劃分的工作，本應屬於幾個不同部門的工作，爲了實際分派的困難，只好集中於一個單位，以便協調良好，也可以直屬較高主管管轄，提高其決策時效。

5. 能力與工作之配合

每一工作崗位必需有適當的人選才能有效率地達成目標，欲使工作適得其人，必須分析工作，以決定每一工作所需之條件，而在選擇人才時，必需經過考試、面談、審核及試用，然後方能獲得最佳人選。

(二)組織力

1. 人力資源的重要性

組織的建立必須依據組織原理來擬定，縱使公司企業的組織架構能夠符合組織原理原則，但是組織運作的績效，換句話說，組織力是否靈活有效力，最主要的關鍵在於執行組織制度的「人」。

企業，顧名思義，就是「止」於「人」的事業，意指企業的一切活動係以「人」爲本。雖然企業有合於原理的組織、制度，有時也未必經營得很成功，但不可否認的企業如果留不住人才，

勢必走向失敗的命運管理工作的最重要之處，應該是實際績效的取得，而不是理論架構的推廣，這是因為企業界要求的是成果，而不是深奧的理論。組織的建立，自然不希望只是一種表面的架構，更不希望是一張動彈不得的組織網而已。

　　況且，現代化的廠房裡，放眼望去都是自動化生產設備，許多企業更以能夠擁有無人化工廠而自豪。在資訊、控制、製造技術不斷突破種種加工障礙的同時，生產自動化層次不斷提高，人們在整個生產流程中所扮演的角色亦隨之大幅改變。因此，組織原理是理論的，人力資源發展工作也需要改變其發展方向。

2.　現代化技術與組織的關係

　　由於資訊與自動技術的高度整合，每項工作都需要技術人員更高度的技術層次和更多的精神投入，且工作與人員間的依賴程度將提高。在現代技術的生產線上將有下列的變化，是有別於傳統工業時期的：

⑴　所有的活動，都呈現更為緊密的互賴性質。

⑵　需要更多層次較高的技術項目。

⑶　任何錯誤或故障所導致的損失加大，且容許停機的時間大幅縮短。

⑷　產能受到人們技能、知識、態度影響的程度加大。

⑸　更具彈性與應變力。

⑹　每名員工的平均資本投入增加，且廠房中員工人數大幅減少。

　　這種變化，直接影響到管理的理念，除了生產上要求「恰好及時」(just in time)的庫存政策和「第一次就做對」(make it right the first time)的品質保證行動外，企業組織的建立與擴充應是內發的，是以個人為主角，個人潛力的發揮，便是企業整體力量的

發揮，組織需要人力配合，而組織是推動人力資源的橋樑，互相依存。

更具體的說，什麼是現代化的技術？不外乎是電腦輔助設計(CAD)，電腦輔助製造(CAM)，電腦輔助製程規劃和製造資源規劃等項目，和各種自動化設備，包括機械人、自動倉儲和搬運系統、加工中心機等，同時，由於這些設備的整合運用和技術不斷的突破，生產線上少量多樣的加工作業，有愈來愈多的趨勢，即所謂的「混流生產」，已較能為企業界所接納，不若傳統工業時代，所謂單能機的大量製造生產線系統，才是降低成本的方法。

影響所及，現代化製造技術下的企業經營，下面四項因素，已是相當重要的追求因素：

(1) 須具備高度技術水準，有應變彈性、合作和全力投入的工作團隊(workshop)，包括組織幹部「高度技術」之管理資訊已是不可或缺。

(2) 管理功能方面，需有適當的創新、彈性和高度的互賴的行動。

(3) 具備持續發展的潛能。

(4) 經營者與勞工之間更須和諧，同心協力以提升技術層次及管理效率。

現代化企業經營所追求因素，尚須企業幹部去協助完成，所以現代化企業經營的幹部所須具備的條件已不如從前傳統工業時期，只要「技術老練」就可，或者「資深的」就是好的觀念下去選擇幹部，優秀的幹部「領導力」與「執行力」是兩大選擇幹部的重要要素。

(三)領導力

1. 領導力的定義

領導者，傳統的觀念或許只是定義爲支配者、命令者、指揮者或是具有權威的指導者。但是，近代企業管理詮述領導者的概念，是指領導者須使被領導者能獲得滿足感與成就感。所以，領導力的定義是指「能推動人們爲共同目標協力邁進的能力」。

一個具有領導力的領導者，必須能激勵人們行爲的動機，透過正確的指導、協調、甚至說服，而使人們的力量增強。領導力是以能開發部屬的工作潛能到何種程度來評估，不是靠支配的權威、逢迎拍馬、更不是推銷自己；一個領導者是不是具有領導力，端看他所領導的團隊完成目標的績效以及團隊的每一個人是不是在和諧、高效率的氛圍中共同努力。

2. 領導幹部必須具備的素養

(1) 理念必須一致：幹部的最大功能是協助企業解決問題，因此，理念應該和經營者一致者相當重要，否則，將來幹部對很多事情的看法與處理方式，一直與公司當局南轅北轍時，經營者要花很多時間與精神去溝通、協調、安撫，將是筋疲力竭的事。

(2) 具行動力者：光說不練，只知動口、無法動手的幹部是無助於企業經營的，所謂幕僚，不是只會定方針，而是應能「說了起而行」，才是一流人才，特別是現代化的工業生產形態，沒有眞才的行動力是無法勝任的。

(3) 勇於負責者：自動化生產固然效率與精度進步千里，也因爲這樣，不容許一絲疏忽與錯誤，所以幹部更須以負責任的精神從事管理工作，更須以負責任的態度檢討過失，如此一來，對公司的生產效率、訂單交期、產品品質才能正常。

(4) 具多種能力者：如果一位資深人員到廠服務了好幾年，仍然只熟悉身邊幾種固定的工作，則這類人並不適合出任幹部。其理

由第一，這類人缺乏成長的慾望；第二，這類人缺乏溝通協調能力；第三，這類人自我主觀意識很強不易接納他人意見；第四，這類人將來不易讓部屬信服。

(5) 能對品質、交期與客戶服務精神皆兼顧者：本位主義太重，或只注重自己管轄業務範圍面一味力求自己表現的人是公司成長的大忌，只有能兼顧品質、交期與客戶服務的人才能體會公司負責的需要，才懂得把公司當成自己的事業，並能和諧的同把公司全體員工的成就當成自己的成就。

(6) 能遵守公司規章者：現代化企業管理深具彈性，日新又新，公司頒布新規章與新作法，縱使開始時反彈壓力很大，幹部應該遵守規定、堅持到底，率先遵守力行。

(7) 個性能與他人配合者：現代是講究團隊精神時代，企業經營採取團隊力量方能與其他企業競爭，所以幹部應有團體觀念，個性與他人能配合者才能有團隊精神，如果有少數幾個人個性與大夥格格不入時，則爭執難免，平時互相攻訐，組織的力量因此被削弱。

(8) 具消費者導向思考者：這一類幹部凡事會以消費者利益來思考，而不是以自己利益來思考，而且，能以消費者利益為導向時，遇到問題才會真正解決問題，有利公司企業之經營。

3. 幹部領導力之執行技巧

行使領導力時，必須講求技巧，也可稱為藝術。首先是領導幹部與被領導者要經常接觸，建立良性互動的領導力執行技巧。

(1) 命令

幹部下達命令時，目標要明確，而且要考量一次命令的範圍與內容、優先次序、不能含糊。口語表達如果無法簡潔清

楚，最好以書面下達工作指令。

(2) 指責與讚美

工作中隨機性的指責與讚美要適中，如果目標完成，工作告一段落，獎勵與懲罰要公平，不可以私人之喜好或情緒處理。

一般人不會故意犯錯，所以工作犯錯或未盡理想，應先理解其原因，再作處理。

(3) 傾聽且接受建議

有道是：「三個臭皮匠，勝過一個諸葛亮」，部屬的建議要有耐心來傾聽，如果意見很好，也要有雅量接受。領導力之執行，無非是要完成工作目標。部屬的意見有助於工作目標的完成，幹部沒有理由不接受。

(4) 強化團隊意識

領導者所領導的組織越大，培養組織的團隊精神更重要；組織中的每個工作伙伴相互了解，不但可以產生團體共同意識，也能互相激勵努力工作。

(5) 積極輔導新進員工

新進員工不論是工作環境的適應或是工作流程的了解，自然比資深員工生疏，難免產量較低，甚至發生錯誤，諸多未盡理想的表現，領導幹部應積極輔導在先，使其儘快融入工作情境。

(6) 遵守維持組織紀律

企業有公司的規章，領導幹部本身當然必須了解，平時多對部屬教育，在執行時，以身作則是不變法則，喚起部屬遵守亦是領導幹部的職責。

(7) 智慧處理破壞團結的流言

　　　　有團體的地方必有埋怨的人，而這些人往往是無事生非的主要人物，如果公司單位內有不正確的流言，領導幹部應智慧的加以破解，避免破壞和諧。

4. 領導力的障礙

　　　　幹部施行領導力時，往往在不自覺中讓被領導者發出不平之鳴或負面的批評，因此，領導者應慎重行使權力，如果以為得到上級支持而過度行使權力，很可能傷及屬下。

　　　　領導者本身人格的塑成過程不同，如果本來就有自我中心的傾向，當獲知部屬與自己對立時，可能會表現的更強烈，而形成了領導的危機。所以，領導者應注意二點負面現象：

(1) 領導者應把部屬視為工作伙伴，不可視為達成目標的工具。注意領導者的自我性格，如有自私、攻擊性性格，很容易自我滿足而犧牲別人。

(2) 健全性格的領導者一般採取協調、說服的風格來行使權力，比較不會採取強制性及欺侮弱勢的手法。

　　　　所以，領導者應注意自己的人格傾向，必要時須要自我進修成長。違反健全均衡人格的現象有：

① 權力慾

② 情緒不穩定

③ 強迫威權觀念

④ 自卑感

⑤ 自我正當化

⑥ 家庭問題

⑦ 虐待傾向

　　　　這些不均衡的人格特質經常造成領導的障礙。

四、執行力

主管如果有想法沒做法，結果等於零。因此當高層幹部產生一個想法時，必須同時設計出執行方法，而幹部能不能依照執行方法來完成想法或任務，即是執行力。

任何構想，主管必須親自執行才不致於流於空談；執行力(Execution)一書的作者包熙迪(Larry Bossidy)說：「所有好的領導者必定具備務實主義的通性，在執行方面親力親為。」所以執行力必來自於身先士卒、經驗的累積，幹部再指導員工快速投入生產，以收事半功倍的效率。

領導幹部固然要知授權部屬，但又不可只知授權，而不參予執行。領導執行的幹部究竟該做些什麼？才能避免事必躬親，或只居外圍，不涉實務。下列七大行為是領導人執行力不可或缺的工作：

1. 了解你的企業員工

    領導人必須掌握企業營運狀況，與員工多互動，培養對企業的敏銳感受力。

2. 實事求是

    領導人的領導風格必須務實、執行力的行使應徹底、懂得分析、比較企業的問題點，提出解決辦法。

3. 訂定明確目標與優先順序

    企業的目標包括產品發展方向、產量、品質標準、營運規模的計劃等都必須訂定目標與優先次序。

4. 後續追蹤

    追蹤、考核執行成果如何，是領導者執行力的一個重要基石。

5. 論功行賞

    以績效對部內作獎賞，並且公開透明的制度來執行。

6. 傳授經驗以提升員工能力

　　教育訓練的規劃與執行必須落實,具有成效。

7. 了解自我

　　誠實的面對自己、企業以及組織,包容員工的不同意見,並接納善意的建議。

　　執行力與幹部的領導力息息相關,優質的領導幹部其執行力亦必堅強。領導幹部要具備強而有力的執行力,除了執行方法要正確外,個人的修養,如不怕艱難、再接再勵的精神,亦發重要。

　　總之,不論組織建立是否健全,現代科技整合的企業技術,以及人力資源的具備都是關係企業的經營績效,除了循按組織原理來建立組織,珍惜人力資源的有效運用,並且慎選優秀幹部是企業成功保證外,隨時掌握資訊,彈性的配合,企業的現代化方是確實可行。

2-2 工廠組織的型態

　　時代在變,管理環境也在變,在新的壓力和挑戰下,組織必須隨時重新的檢討與建構,否則難以發揮預期的效果。

(一)現代企業組織的趨勢與特性

　　現代企業組織的趨勢有下列潮流與特性:

1. 運用授權與幕僚協調

　　一位現代管理人員亨利‧明茲柏格(Henry Mintzberg)發現,管理者的活動特性是簡短,多樣化和零碎的,而且工作步調從沒有喘息的時間。管理者節省時間最好的方法就是學習如何授權。授權就是將責任和工作交付給屬下。授權得法,與幕僚的協調自然順利。

2.　彈性活力的組織與才能發展

　　　組織架構不必依循傳統，或執著於東方式或西方式，只要有活力，隨時可以彈性調整，並給予部屬較多的發展空間，貢獻才能。

3.　投資者之所有權與管理權日漸分離

　　　投資者企業愈做愈大，不可能一個人事必躬親，況且教育普及，很多人才在完成學業後，企業只要提供職位正可以讓他們發揮專長，所以投資的企業家漸漸以高薪聘請管理人員，而所有權與管理權日漸分離。

4.　開發研究機構普遍設立

　　　企業競爭自不在話下，自有品牌或研究改進自有產品，是企業永續經營的最佳途徑，所以設立開發研究機構將是企業經營的一種趨勢。

5.　組織隨時謀求發展，以具效率為原則

　　　有些甚至聘請企管顧問公司隨時評估診斷該企業的經營盲點，並隨時謀求改進。

6.　注重溝通管道

　　　為了建立各級組織間的意見能夠溝通，企業無不尋求四通八達的方法，如定期廠務會議、早餐會報、意見箱、辦理廠內刊物等，目的是讓員工有抒發意見的管道。

7.　避免傳統層級式的官僚體制

　　　同樣是企業，國營企業給人的觀點就是官僚體制，以致效率不張，而朝野遂有國營企業民營化的計劃，其目的即在改善這種組織上的缺點。

8.　聘請顧問

　　　結合專業知識人才組成團隊來協助工廠的經營，也是目前大公司流行聘請顧問的方式。

(二)金字塔組織

傳統以來，金字塔組織一直是企業組織的主要架構，如圖 2-1，強調分層負責、分工合作，但它的缺點是組織中，分層太密，官位太多，以致造成員工只為求升官而努力「做人」，或許腳踏實地「做事」並不完全保證能夠獲得較高的職位，確實有礙公司的正常發展。

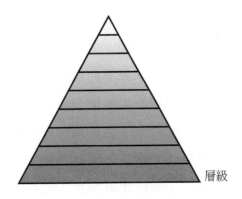

層級

圖 2-1　金字塔組織

1. 金字塔組織源由

　　聖經上記載著摩西帶領以色列人出埃及，當時因人數眾多，許多事情無法由摩西一人親自處理。因此，摩西聽從其岳父的建議，將十人分成一組，設十夫長，再高層則設百夫長，千夫長等，如此分層負責，分工合作，管理方便且工作有效率，這是「金字塔」組織型態的雛型。

2. 金字塔組織的缺點

　　金字塔組織型態行使千餘年後，卻產生了問題，因為金字塔組織中更高的職位代表著更高的社會地位，同時也受到尊敬，享受更大的權力與福利。因此人人想往高處爬，致有以下缺點：

⑴ 公司易於增設各種職位來滿足員工升遷的需要，造成金字塔組織縱長愈深，事情的決策層級增加、效率降低。

⑵ 中層主管增多，公司愈久，升遷的人愈多，中層主管增多，易造成「千萬將軍一個兵」的局面。

(3) 中層主管增多，則上下階層就愈多，造成上下溝通困難。

(4) 公司員工都想升級，大家可能會積極「做人」，而把「做事」擺在後頭，久之易成「官僚化」的現象。

在凡事講求效率的現代企業，公司的管理制度也不斷在尋求更好的措施，所以金字塔組織有矮化結構的趨勢，如圖 2-2 所示，將上下層級縮短，而給予幹部更大的自主

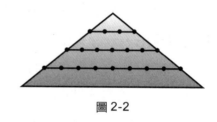

圖 2-2

權，此外，為加強各級諸多幹部或主辦者的連繫，對員工幹部人際關係，溝通技巧的訓練是現代企業職工在職訓練的重要課程，目的是加重基層幹部的責任，採取開放式的管理，符合潮流。

(三)中階幹部層級的變動趨勢

在金字塔組織架構中，中階主管佔有約 1/3 強的人數，過去傳統升遷，員工一路升遷上去，必須經過中階主管層級，然後再躍入高層決策階層，但是由於企業管理制度隨著自動化時代的來臨，一方面由於公司角色的變異，自動化的操作員或設計員必須有較高且熟練的處理能力，因此，員工的獨立作業能力經由公司的訓練與要求下，大大的提高，此外，各項管理採取電腦自動化、分析、統計、追縱已由過去中階幹部執行漸由電腦來執行，迅速且正確。所以提到集思廣益，一般決策者總是把眼光放在非主管級的員工，或是公司裡的明日之星身上，而忽略了徵詢中階主管的意見，形成中階主管角色愈來愈不重要，因此，部分企業管理學家就說未來公司企業的管理組織將由金字塔結構演變為葫蘆形，如圖 2-3 所示。

高階層負責設計、決策、分析等勞心工作，基本階層負責操作，執行，電腦輸入等工作，過去以命令方式，轉達高層決策要求下層員工去執行的中階主管將愈來愈少，或不存在；不過，要完全令中階主管不存在於企業組織中，可能仍舊是緣木求魚的事，縱使一個社會教育水準再提高，教育成果再普遍，

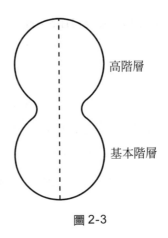

高階層

基本階層

圖2-3

每一個社會人被教育或訓練成具有較高能力的工作生態，由於勞資關係仍舊未變，勞心與勞力角色也不能完全消失，中階主管仍有其存在的必要，只不過人數或許會突破金字塔組織的架構而變成最少的階層，且其工作範圍將更機動性發揮功能，例如：

1. 具自行解決問題並作決定的權限。
2. 讓中階主管更具折衝協調的能力。
3. 讓中階主管參予決策權，並鼓勵他們創新與冒險。
4. 專業知識的訓練採取不間斷的政策。
5. 待遇自主，並不因階層而永遠處於劣勢。
6. 去除官僚形式，賦予雙向溝通管道，做好公司與員工間的橋樑。

誠然，企業體不斷的改變，管理組織自然也不斷的進步，中階主管並不一定是代表企業人「往高處爬」的目標以增加收入或獲得權力是自動化企業的趨勢，因為，一個人的受肯定是從公司各個角度，各個工作類別的奉獻去衡量的。

(四)工廠組織型態

工廠組織因生產的特性及規模大小不同，以及工業發展的結果，其組織型態大致可分為下列六種：

1. 直線式組織(line organization)

　　直線式組織為組織中最簡單的一種，其關係由上而下形成一直線，事實上就是所謂軍事化組織，上司對部屬有絕對的指揮權，只有直屬主管才能下達命令。每一部門都保有獨立的個體，與其他部門並無直接的關連，每一部門每一人員的權力是由直接上級所授予，因此，每個人必需對他的直接上級主管負責。如圖2-4即為直線式組織之範例。

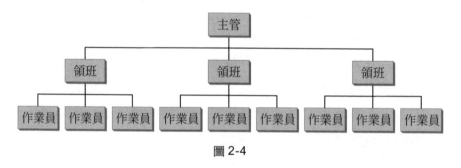

圖 2-4

　　直線式組織的優點：

(1) 員工對其主管負責，主管有充分權力指揮部屬，集中指揮。

(2) 權責分明，必需自行負責。

(3) 部門之間沒有直接關係，免除協調的困難。

(4) 組織簡單化，適合於小型工廠。

(5) 決策簡單、迅速。

(6) 工作易於進行。

　　但是直線式組織亦有其缺點如下：

(1) 最高主管對於業務之計劃、監督、控制等工作，皆需明瞭，非有特殊才幹者，或在公司服務資深且經驗豐富者無法勝任。

(2) 主管沒有幕僚人員來輔佐，以致對每一細節工作皆需注意，由於負荷太重，很可能導致決策的錯誤及企業失敗的命運。

(3) 主管人力難求。

(4) 接替主管人選無法適時培植訓練，以致主管去職後，新人則無法馬上勝任，造成業務受損。

(5) 此種組織由於過分重視上下層次之間的關係，形成獨立，與其他部門不產生關係，無法協調，對業務的改善無所幫助。

　　此種組織原本適合小型工廠，我國目前有許多小型工廠，是由老闆及其家人去經營，其組織型態就是這種直線式組織的型態，舉凡工廠內的所有工作，業務皆要老闆的批可後才能付諸實施，但是企業經營後，由於業績進步了，所以必需擴大企業，如果工廠的組織沒有適時的改變，則將受到經營上效率不提高之困擾，此種直線式組織不適合較大且生產項目複雜的工廠，如圖2-5、2-6為工廠實際的編制，很接近直線式的理論。

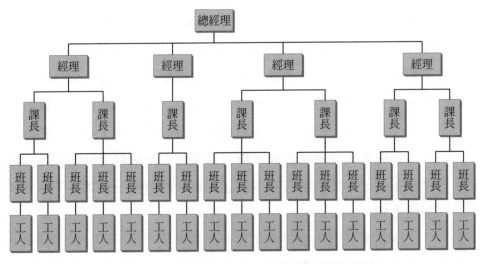

圖 2-5　為規模較大的工廠直線式組織之範例

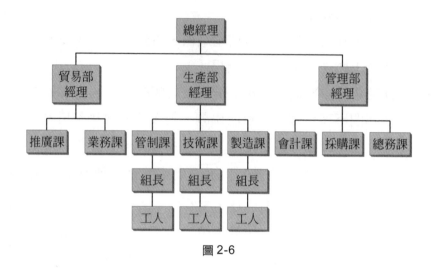

圖 2-6

2. 職能式組織(functional organization)

職能式組織是由泰勒(F.W.Taylor)所創設,將工廠內執行的工作與計劃、協調、控制的工作分開,他主張將工廠依其機能之不同而分或四個管理部門,即準備領班(gang boss),速率領班(speed boss),修理領班(repair boss),及檢驗領班(inspector),各類工作由具有專長者擔任,有權力指揮、監督每一個執行部門的工人,而工人直接向他們報告和負責。泰勒認為主管不能對每項工作都精通,在直線式組織裡,只有一個主管,不可能對每項工作都處理很完善,因此,他認為應將工作按機能分開,各設專家來主持,如此則能發揮各項工作更大的效果。如圖2-7即為其組織型態。

泰勒對於四位領班的工作分類概為如下:

⑴ 準備領班:從計劃部門接到命令和指示,安排其必要的機具、刀具、圖面、材料和設備以便於製造。

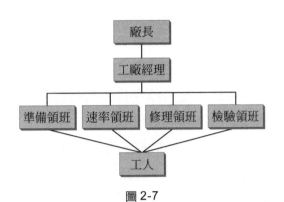

圖 2-7

(2) 速率領班：從準備領班處接受其所安排的一切，監督實際生產工作，務求合乎生產標準。

(3) 檢驗領班：負責檢查製造中或已完成產品的規格品質。

(4) 修理領班：負責機器之修理和保養，以保持機器之正常使用，並監督工人清潔和潤滑工作。

　　職能式組織之優點如下：

(1) 能夠專才專任，提高工作效率。

(2) 計劃與執行分開，推動容易。

(3) 職能劃分成較小的範圍，對各項職能的專業人才培養較簡單。

(4) 負責每一職能人員由於工作專精之故，可以專心一意徹底執行，工作效率高。

(5) 適合於大型工廠。

　　職能式組織之缺點如下：

(1) 員工受二人以上之主管指揮，無所適從。

(2) 員工遇有錯誤，向上報告時，容易互相推諉，不易找到真正負責的人。

(3) 各機能負責人協調困難。

(4) 用人較多，成本負擔提高。

(5) 工廠業務變更，職能亦需變更。

由於上列缺點乃無法解決且深深影響工廠的生產效率，因此，職能式組織已不適用於今日工業社會。

3. 直線幕僚組織(line and staff organization)

所謂直線幕僚組織乃於直線組織中僱用某些專家來協助主管管理，提供服務(service)、建議(advise)、協調(coordination)等工作，但這些幕僚人員只處於顧問的地位，對執行部門的人員沒有直接發佈命令的權力，其建議、意見必需透過主管之採行，始能有效。因此執行部門的主管有指揮權力，而計劃、控制等工作則由幕僚人員籌劃及提供建議，如圖 2-8 為此種組織的系統圖。

直線幕僚組織的優點計有如下：

(1) 主管與幕僚間有分工專業之好處。

(2) 特殊問題由專家研究，效果較易出現。

(3) 職責分明，且指揮亦能統一。

其缺點如下：

(1) 執行人員與幕僚人員意見有紛歧時，易生磨擦。

(2) 幕僚人員的改善建議，執行人員無法全部採納，貫徹實施。

(3) 幕僚人員的建議往往不盡切合實際，以致執行上有困難。

圖 2-9 為此種組織的實際範例。

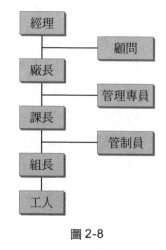

圖 2-8

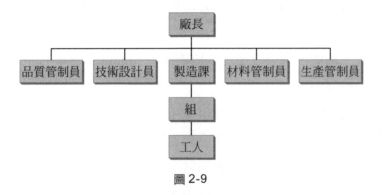

圖 2-9

4. 直線及職能幕僚組織(line and functional staff organization)

此種組織為直線及職能組織之合併，再加上幕僚人員的一種完善組織，最大的區別為其幕僚人員在其專長的部門具有權力和責任，如圖 2-10 為此種組織的系統。

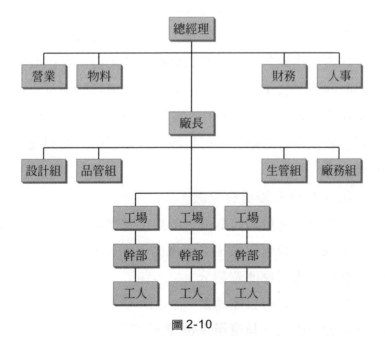

圖 2-10

　　　此種組織兼備直線及幕僚組織及職能組織三者之長，是目前工業界使用最廣者。

5.　直線、職能、幕僚及委員會組織(line functional staff and committee organization)

　　　委員會係指在各階層組織中由部分人員另組織一個委員會組織，其目的是用來補充或協調組織結構之不足，它不能取代組織型態，但如果組織結構愈不健全，或是公司愈大，則委員會的組織愈需要。委員會雖然可以應用集思廣義，來討論解決問題，或協調糾紛，但其提出的方案有時無法具體的代表真正的意見，因此，運用委員會組織時，要力求慎重，如正常的組織結構中某一個人或某一部門的職責，交由委員會組織去負責，往往不能產生良好效果。

　　　委員會組織因為組織的成員包括公司工廠內各部門人才及主管，因此，其執行性效率較差，但如能適當的好好運用，仍然有許多好處，例如對工作計劃的研擬，如用委員會組織，可兼顧各部門的細節而收集思廣義，消除個人思考經驗不足的缺點，而且問題在多數人的思考下，由於腦力激盪(Brain-Storming)的效果，可以引發很多新的創意，可以解決許多艱難的問題及調解部門間的歧見。

　　　如圖 2-11 為委員會組織。

　　　委員會的地位如同幕僚，所以沒有指揮權，只有建議權。要想有效應用委員會組織，必須遵循下列原則：

(1)　委員會的專責應明確劃分。

(2)　委員會的人員數目應適當。

(3)　委員會的組成人員應慎重選擇。

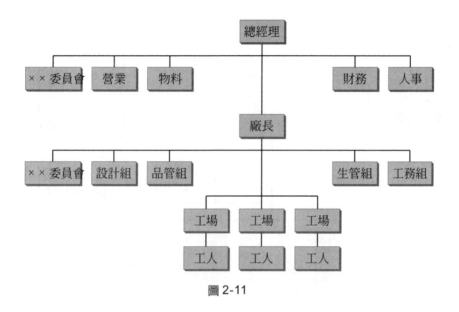

圖 2-11

(4) 開會解決問題前，各委員應先就問題研究一番。

(5) 開會後決議的事項應作書面報告，分送有關部門參考及執行。

(6) 委員會應定期改聘，新陳代謝可收進步之效。

6. 總管理處組織

　　企業經營到相當規模，陸續衍生一些子公司，或另立相關企業，這些子公司，雖然生產規劃、技術訓練、營業開拓、會計制度……等都可以獨立，但因為投資者一樣，為了能夠掌握所有企業的營運狀況，而且在相關業務中互相支援，以控制成本，節約支出，所以都設立一總管理處，來經營旗下各企業，造成一集團，如圖 2-12，是總管理處的雛型，在總管理處一般如子公司般設有開發、會計、人事、公共關係、物料、人力資源、訓練……等部門，不過所職司的工作都是較高層次的工作，比如分析、統計、研究發展、規劃、資料建立、人員培訓規劃等。

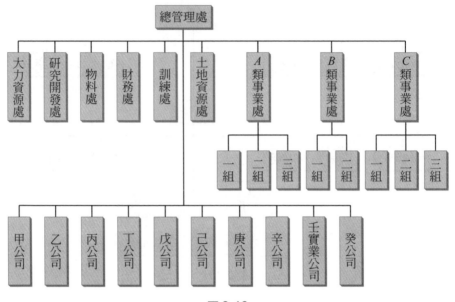

圖 2-12

集團總管理處組織的優點：

(1) 高層領導人有一控制各公司的中心。

(2) 企業整體規劃較容易。

(3) 物料採購大宗化，節約成本。

(4) 人員訓練易於規劃及節省訓練之人力。

(5) 對於公司之屬性，如短期利益、中、長期遠景利益，可藉總管理處統一管理，輔導員工安於工作及輔導企業成長。

(6) 企業幹部較易在各子公司栽培及交流。

　　缺點：

(1) 龐大企業必須做好分工，否則事煩反效率不彰。

(2) 評估分析要確實，以免整體企業受少數公司營運之影響。

(3) 旗下公司若有一兩公司產生風暴，易波及其他公司，而造成不

可收拾場面。

　　如早期國信、十信集團即是一例，因爲十信風暴，不僅十信
旗下所有公司受到影響，紛紛易主，最後家族企業的受信賴度遭
到存疑，竟也波及國信集團，在一夜之間化爲烏有，令人扼腕。

(五)專案管理

　　高科技工業在台灣的企業版圖已占極大的比重，而且「創意」在企
業的永續經營策略上是不可缺少的，因此，企業隨時「研發新產品、新
創意」都必須與生產線同時並進。因爲生產線的組織架構有固定的生產
目標、產量計劃，並且生產線上的技術問題、品質問題、效率問題、異
狀處理……等，已讓生產線上的幹部及人員無暇思考創意產品及試做新
創意。所以，越來越多的企業，設有「專案管理」制度。

1. 定義

　　專案管理，顧名思義是指「一項暫時性的任務、配置，以開
創某獨特性的產品或服務」。

　　公司推行「專案管理」，必須訂有時程，讓負責的人員規劃
推行的進度。其階段可分爲：

(1) 起始階段：公司認爲產品開發、組織變革、企業規模擴充、投
資新廠等需求時，組織專案小組人員。

(2) 規劃階段：專案小組著手規劃「專案」推行的流程、時程、人
員需求、方法。

(3) 執行階段：專案小組將專案投入實務推動時，必須隨時監控執
行進度與原計劃時程之差異。利用開會協調、方案調整及問題
處理等方法來解決，務使專案推行成功。

(4) 結案階段：專案推行一段落後，驗證該專案是否滿足原本的需
求。

2. 專案管理控制的項目

　　為了讓專案管理能夠順利推動，並且在計劃內完成，專案推動小組的Know-how很重要，每天每一個時程有計劃的去進行，異狀協調與處理的能力，還有自身工作能力與使命的期許，都是專案推行小組的素養。一般公司推行專案管理，在起初人員的編組就必須慎選人才，並且有明確的目標、預算及授權的範圍，而且給予專案小組完成任務的時程指示，如此，專案小組才能夠有計劃的來推動。尤其現代科技進展神速，有道是「不進則退」，有時甚至「進步緩慢，就是落伍」，在高科技資訊產業尤其明顯。

　　專案管理在推行時，必須控制的項目有：

⑴ 專案時程管理控制

　　掌握整個時程的準確度，是成功的保證。生產管理的技術皆可應用，如甘特圖，日常管理制度，適用的電腦軟體，最能幫助專案時程的管理，如Microsoft Project，EXCEL軟體等。

⑵ 專案預算

　　專案管理一如研發，其計算都必須併入公司的營運成本，因此，預算的編列要符合效率化、質量管理，必要時可彈性管理及調整。執行的階段可以月計或階段，提出報告及檢討。

3. 專案成本管理

　　成本提高，影響公司的利潤，這是眾人皆知的事實，所以在起初預算編列時就必須考量成本，執行階段儘量不要追加預算。管理技巧要注意產品機能成本及成本結構之分析，透過設計審查及進行中的隨機成本管理。

4. 專案之品質管理

　　不論推行的專案之產品研發、組織重整或投資評估，都必須

重視專案執行的品質及效率。了解品質標準,擬定品質管理的方法,確實掌握品質的數據,嚴格執行品質測試,提供不確實的執行成果,影響專案管理的成效。

5.　專案組織與團隊管理

　　基本上,專案是具挑戰性的任務,充滿創新、不確定性的困難度,所以,專案組織人員的管理影響專案執行成效至巨。人力資源管理原則,如激勵、教育訓練、成長學習一樣適用在專案管理組織,必要時參觀訪問,出國再進修亦無不可。

　　紀律考核、成員考核維持組織的效率都是必須執行的管理制度。

　　「專案管理」制度,其組織人員亦納入企業體系,有直屬最高主管,或隸屬於研發部門,端視企業規模而定。

2-3 工廠組織之應用

　　組織不僅是由上而下的職位結構體系,同時也是指揮監督與權責分配的管理系統,以及分工合作的體制。工廠組織除了必須遵循組織設立的原則之外:管理幅度、部門劃分原則、權責劃分、工作指派、能力與工作之配合等原則,另外還要配合工廠實際生產的需要,經營規模大小,作有效的規劃,才能使組織的效用靈活,間接影響到生產工作能夠順利進行,達到生產目標,創造最大利潤。

　　由於商場上的競爭場面,工廠規模或由於多數人的投資,或由於同類型工廠的合併,有愈來愈擴大的趨勢,使生產力及生產能量提高,適足以應付競爭,因此,工廠高級主管已不再有那麼多的時間與精力去親

自處理工廠所有的事務。要使工廠經營的有條不紊,及達到快速的效率,必須運用授權的功能,把部分工作交由部屬去裁決並執行以加強部屬之責任觀念,另一方面,由於部屬能夠親自參與決策,因對組織的目標有深一層的認識及自己責任所在,必更能發揮團隊精神,因此,避免「有獨裁的主管」組織及推行「參與式管理」組織是現代工廠組織運用的趨勢。

一、獨裁主管已不合時宜

「獨裁」這個字眼世界上任何階層的領導者皆不喜歡沾上,然而,在任何組織裡,到處都可以聽到別人罵自己是獨裁,自己又罵主管是獨裁。既然大家都不喜歡當獨裁者,為何偏偏處處是獨裁者?其原因是主管與幹部間工作態度的差距,另一是工作能力的差距所造成,換句話說,獨裁是產生於特定的一個主管對一個幹部或一些幹部間之工作態度能力差距。

若把工作態度和工作能力上的差距做交叉分析,如下表 2-1,可做獨裁構成面說明。

表 2-1

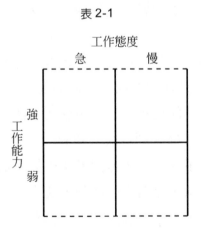

1. (主管)工作態度(急)工作能力(強)

   (幹部)工作態度(慢)工作能力(弱)，則罵獨裁，如表 2-2 所示。

表 2-2

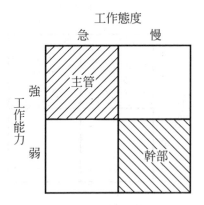

2. (主管)工作態度(慢)工作能力(強)

   (幹部)工作態度(急)工作能力(弱)，則罵獨裁，如表 2-3 所示。

表 2-3

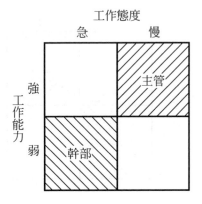

3. (主管)工作態度(急)工作能力(強)

(幹部)工作態度(慢)工作能力(強)，則罵獨裁，如表2-4所示。

表2-4

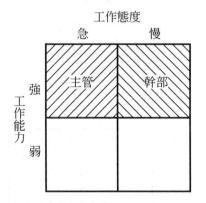

4. (主管)工作態度(急)工作能力(弱)

(幹部)工作態度(慢)工作能力(強)，則罵獨裁，如表2-5所示。

表2-5

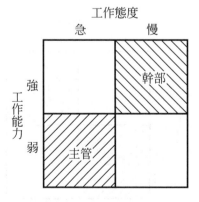

5. (主管)工作態度(慢)工作能力(弱)

(幹部)工作態度(慢)工作能力(強)，則罵獨裁，如表2-6所示。

表 2-6

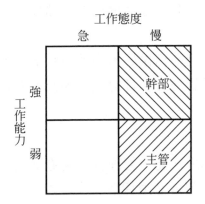

6. (主管)工作態度(急)工作能力(弱)

(幹部)工作態度(急)工作能力(強)，則罵獨裁，如表2-7所示。

表 2-7

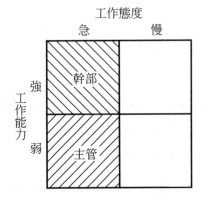

以上的排列組合，獨裁有六個構成面，所以要能使組織成長，主管和幹部的搭擋是不容易的事，但在工作態度長期的默契下，則獨裁現象可少發生一些。另外，如果主管能培育幹部及自己，則雙方工作力的增強，或有助於避免獨裁。當然要避免獨裁，仍要心理建設，尤其在幹部工作能力比自己強時，其工作態度比自己積極，更需了解權力運用的眞諦。

主管要避免獨裁而如何做好權力運用呢？其內涵應包括：⑴授權，⑵團體決策。這兩種管理方法都能避免獨裁，而且達到團隊精神憂戚與共。

(一)如何授權

授權是基本的管理功能，管理就是透過別人使工作完成，讓群體完成工作，授權時，管理者必須採取三項步驟：

1. 必須賦予員工任務

    管理著必須明確指出員工的工作，切忌含糊不明的工作指示或眾多部屬同時指出一樣工作，讓員工無所適從。

2. 必須賦予員工足夠的職權以完成任務

    為了順利完成工作，管理者可能要將部分的權力轉授給部屬，像經費支出、指揮別人工作、使用原料、向外代表公司或是其他完成工作必要的措施。

3. 必須讓員工有完成任務的責任感，以賞罰來加強這種意識

    員工接受一項任務時，也要承擔完成工作的責任和義務。賞罰分明可以決定員工能否完成所指派的工作。

合理及適當的授權，能為公司的經營帶來不同的氣象，當然，員工的工作態度及工作能力必須建立在足夠賦予任務的前提下，授權才能達到預期的效果，那麼授權有哪些好處呢？

　　授權對主管及公司的好處：

1.　減輕主管工作壓力

　　　　主管能把日常 100 件工作，其中不重要的 50 件授權出去，可以讓你減輕工作壓力的倦怠感，而騰出的時間可以從事較重要的工作，並且可以把這些重要的工作做得更好，進而提升決策品質，當然，工作壓力所產生的後遺症也可消弭於無形。

2.　激勵部屬士氣

　　　　主管如果不交代一些較有挑戰性的工作去讓部屬試著執行，那麼將無法期待部屬在沒有壓力的情形下，在工作上終日保持高昂的士氣。畢竟周而復始缺乏挑戰的工作，會消磨人的志氣。

3.　訓練部屬，培養接班人

　　　　授權可以讓部屬有機會接觸較高層次的工作，可以讓部屬在工作中學習與成長，可以考驗他們的能力。俗語說，強將手下無弱兵，但強將凡事都一手承攬，則手下人人都會成為弱兵。

4.　部屬會有被重視的感覺

　　　　獲得上司交付重任，會讓部屬更肯定自己在公司內「存在的價值」。好的部屬，他想得到的不外是上司的肯定與重視，這種感覺不是上司光用口頭稱讚即可，而交付有挑戰性、有價值性的工作，就是肯定部屬的能力，就是把稱讚化成實際的行動。

5.　解決勞逸不均的問題

　　　　勞逸不均產生的過度操勞者，經常是「能者多勞」的那一位。而授權就能將各類工作平均分攤到每個人身上，只要不是扶不起的阿斗，人人都有接受挑戰與表現的機會。

　　　　以上是授權對主管的好處，但是很多管理者授權時會發生困

難，造成這樣的情形有許多原因：不信任屬下，想要親自工作；或是擔心無事可做，不論是那一種原因，都不是不授權的好藉口。當然，授權的必要工作尚有部屬與員工的溝通管道是否暢通，才能互相了解；決策的過程是否透明化，也就是是否提供員工「參與式管理」的空間，都是避免獨裁主管及授權不當的重要措施。

(二)利用團體決策推行參與管理

在工作世界中，有部分管理者堅信，在人多口雜及個人堅持己見下，民主只會造成混亂和低效率，因此，在這種人管理的組織內，只有「上令下行」而沒有廣徵博議，在這種地方上班的人也只能自嘆「彷如在君父的城邦」。要如何才能不「上令下行」呢？凡事必須以「眾志成城」的心態來做決策。所謂「眾志成城」，就是利用「團體決策」，利用大家的智力、能力來協助自己做決策，如此可避免落入「獨裁」。不過在實施「團體決策」的領導方式時，尚存在著下列兩方面的問題。

一方面不是每種事情都能提出來與員工討論或做團體決策的，所以，讓員工參與到什麼程度，那些決策可以上抬面做團體討論，須要將事情做好篩選與分類，觸及敏感或利益之事，以及機密性高的決策，還是以高層主管參與為原則，此外，事情也有輕重緩急，若事情不是很重要，則憑著自己的經驗，或諮詢專家意見即可做決策。

另方面的問題是團體決策有些方式仍然會因自己的參與和主見，造成假民主之名行獨裁之實。如一般會議，通常若由主管主持，則難免會主控會議，另外，若以腦力激盪術來做團體決策，則「動者恆動，靜者恆靜」、「好講話者恆講話，沈默者恆沈默」。若主管主持腦力激盪術會議，難免有人依賴主席，加上腦力激盪術剛開始很耗時，急性子的主

席可能難耐,如此,難免形成獨裁。因此,有兩種方法可以做為實施參與管理團體決策的方法:

1. 團體列舉法(nominal group technique)

此方法是不管任何人,都以書面方式匿名提出解決問題的點子,可一個或多個,主席亦同時提出,混在大家的點子裡,然後大家投票來選出前幾個點子,因為是匿名,所以當主席的點子沒被排在前面,也不會覺得丟面子而阻止。

2. 德菲爾術(Delphi)

德菲爾術是由一群專家,分別來做解決事情的選擇方案,但大家彼此不知成員是誰,由主持德菲爾術的人分別諮詢兩次或四次以上,以了解多數見解(或見解的一般性),若主席的見解被否定,而改隨他人的見解,亦不會覺得有失體面,如此亦可避免獨裁。

雖然團體決策與參與管理是工廠組織好的運用模式,但是基本上組織中還是必須致力於目標確定、評估方法透明化、高階主管積極參與,才是企業經營管理改善績效的根本之道。

(三)溝通協調的重要性

要授權及推行參與式管理,溝通及協調忽略不得,因為主管部屬一旦能溝通,有團隊精神,公司大小事情,自然能相輔相成,授權效果及團體決策方能順利,公司的士氣自然高昂,人是溝通的導體,每個人因所處的立場不同,所掌握的資訊不一樣,性質不同而且人有自由意願。訊息在流動傳動中,導體的功能性質愈強則流動愈好,溝通也愈良好。凡事能以「人性」的本質去思考,以激勵及體諒方式來達成共同的目標就是溝通成功的表現。而「人性」的本質就是「尊重」,互相尊重,是良好溝通的第一步。

　　工廠廠務範圍龐大，往往會發生矛盾衝突的現象及各部門間無法相
了解的情形，為了彌補這些缺憾，協調工作是工廠生產工作中所必須
的，因此，近代工廠組織已無法不設置一些專門的幕僚人員來協助主管
人員作計劃控制工作，對這些幕僚人員如能適當應用則能為主管解決許
多專業工作問題，分工愈細、科技愈發達、工廠的組織愈龐大，幕僚人
員的應用愈廣泛。

二、工廠組織的應用

　　工廠組織，無疑的，人都希望藉著組織的力量來幫助生產，賺取利
潤。因此，其計劃、建立、審核、執行都有一套方法，方能發揮功能。

(一)組織計劃

　　組織計劃，就是基本的組織管理計劃，也就是說，企業間合作的基
礎，對企業各組成份子所負職責之說明與規定。一個新企業，剛要開始
成立時，得先擬好組織的階層，部門及規定各部門、階層的權力與責
任，工作推行之順序等，這即是組織計劃。

(二)現狀調查

　　組織計劃往往受到現狀的約束很大，有因業務的需要而考慮的，有
因人員適任而考慮的，有因業務流動情形而考慮的，無論如何，應注意
現有的條件，配合適宜的計劃，組織即可發揮最大的效用。

(三)製作組織圖

　　擬好組織計劃後，必需製作理想的組織圖，把每樣組織之職務一併
標明，如此，明白清楚，更顯得組織的上軌道與健全。

(四)分別建立各種規程和章程

　　組織建立後，可用另外之章程來說明組織執行辦法或補充說明組織

的運用方法，例如職務權限章程、人事管理章程、業務流程章程……等。

(五)組織變更

組織必需有修改的年限或時機，以及如何修改，都應有明確的規定。

三、非正式組織的應用

每一工廠都有一個組織體制，也就是正式組織(formal organization)，在正式組織中，可以把工廠中的人、事、物相互關係組合起來，以便進行生產。但是正式組織有時候並不能完善組合與有效運用人力，因此，可能必需有一非正式組織來臨時追求他們不能經由正式組織所達到的目標。例如同學會、同鄉會、校友會、姊妹會、換帖組織……等。

非正式組織沒有正式組織的編制，而只是工作人員本著同鄉、同學、同宗或其他情投意合，利害一致結合而成的無形組織，此種非正式組織受到該領導人或組成人員之影響很大，因此，如不能妥善運用，可能得正反兩面效果。

如果管理人員能夠適當的運用非正式組織，對工廠的積極性有下列幫助：

1. 可促進工作人員相互間在工作上及生活上的情誼。
2. 可促進互相支援，提高效能。
3. 領導人可協助管理人對員工之管理指揮。
4. 可協助各員工間消息之傳遞及意見、觀念的溝通。

如果管理人員不能有效的運用非正式組織，則有下列消極性的阻礙：

1. 在工廠裡製造小集團，成派系。
2. 可能會集體抵制生產、反抗管理人員指揮或破壞工廠管理措施。
3. 此組織另受人利用，煽動而作出違反規定的事。

一個成功的企業必須具備三要素：

1. 有紀律的文化
2. 有紀律的組織
3. 有紀律的人員

每個企業都有自己的文化，但是都出現下列現象代表這個企業已出現經營問題：

1. 忽視外在環境的變化
2. 缺乏長期的視野
3. 士氣低落
4. 本位主義太重
5. 情緒衝突

上列的狀況代表一個企業的文化僵硬、短視、軟弱、零碎或混亂，企業的經營即將陷入困境，企業領導人必須正視且著手進行改造或再塑。

總之，一個工廠之能否健全生產或者呈現出高效率的生產姿態，工廠組織是否健全、靈活，以及組織本身結構有否矛盾產生，都有舉足輕重的影響，因此，企業之間應以建立合理、健全、適宜的工廠組織爲從事生產的要務，然後，藉著工廠組織來發展公司的經營。

四、工廠管理制度及組織實施的障礙

(註：參考永慶出版社：企業管理制度設計範典)

各企業的管理制度和方法，有中國式的、日本式的、西方式的，多采多姿，不勝枚舉。到底哪一種制度最適合企業呢？其實管理制度和方法本身並沒有好壞之分，只有適合或不適合的問題，管理必須講求績效，管理本身並不是目的，而是獲得績效的手段。一種管理制度和方法如果適合企業的情況，就是一種有效的制度。如果不適合就是一種無效

的制度，管理制度必需配合企業本身的條件及外在環境，才是最好的或最適合的制度。

實施工廠管理制度時，有時並沒有辦法有一順利的過程，或者效果沒有預期的好，這就是在施行管理制度時，常會遭遇障礙，那麼是什麼障礙呢？一種是人的因素，員工因爲害怕管理制度會對自己的利益剝削或因偏見而排斥、抗拒，這種障礙稱爲行爲障礙。另一種障礙是制度本身窒礙難行，例如表格與機構本身的原因，此種障礙稱爲制度障礙。

(一)行爲障礙(behavior barrier)

行爲障礙可分爲以下諸項：

1. 缺乏「團隊精神」

團隊精神就是「敬業精神」、「合作精神」，任何企業或團體，必須具有此種精神，才能讓企業永續經營。有人說西方人 1 ＋ 1 ＝ 2，守法精神，一絲不苟。日本人 1 ＋ 1 ＞ 2，合作無間，發揮團結力量，中國人 1 ＋ 1 ＜ 2，俗云：一個和尚挑水喝，二個和尚也許還能抬水喝，三個和尚就沒水喝了，就是說中國人團結精神向來缺乏，所以一個人絕對優秀，但是群體反而無法發揮力量。

2. 缺乏積極主動的精神

要員工積極主動、士氣高昂，必須建立在勞資和諧，共同有歸屬感，「企業是大家的」的共識，如果老闆不爲員工謀福利，員工自然會抱著消極的態度，對於管理制度的推行，常常會無疾而終。

3. 缺乏愛公司的心

一方面由於企業無法提供令人滿意的保障，再方面是中國人

的特性，一般作業員工對企業的忠誠度不足，在這種情境之下，就不會有榮辱與共，以廠為家的心理，也就無法發揮同舟共濟的精神，於是對公司的珍惜情懷不夠，造成員工流動率偏高的現象。

4. 蕭規曹隨的心理

　　當推行管理制度的員工唯恐制度實施以後，會威脅本身的利益而心存反對與抗拒，但由於這是公司既定的政策，於是採取觀望的態度，上級怎麼指示就怎麼做，或讓別人先做，自己而後再做，本身並不樂見其成，在工作隊伍裡扮演著唯唯諾諾的卑恭角色。

5. 缺乏接受新知與新工作方法的精神

　　經濟學家熊彼德曾說：「創新是企業成長的泉源」，而要創新必須常接受新觀念。公司裡常有以老大自居的資深員工，不求新不求變，因此，不熱衷接受新觀念的教育，如果再碰見不積極辦理「在職訓練」的經營者，那麼公司的新觀念將永遠無法讓員工接受。

6. 五分鐘熱度

　　人具有惰性，但為了好奇，剛開始時可能意願還高，但是，時間久了或遇到挫折，則興趣與意願就慢慢降低了。

7. 本位主義

　　任何制度的實施絕非只靠一個部門就能成事，但我們常見，在制度推行時每一部門劃地自限，我行我素，終究無法群策群力，如何消除部門之間的本位主義，是企業家推行制度成功的決定因素。

8. 派系的抗爭

　　派系一直存在於中國社會，因此，派系之間為了利益及競

爭，某派負責的制度其他派系鮮少合作，有時還為反對而反對，推行起來很難順利。

9. 權責不分，賞罰不明

當管理者受命推行某一制度時，經營者應大膽授權，並強化其地位，務使其竭盡所能。如推行有功應予以獎賞，如蓄意怠職，致無法將制度推行成功，則應予以適度懲罰。如此可加強工作人員的責任意識。

10. 過於注重形式或格式

形式讓人腐化，不敢負責或有事誰來負責？所以實質的工作勝於虛有的格式。

11. 積習難返

公司資深幹部常以過去的努力及成就來粉飾，因此有人引進新制度時，都抱著存疑的態度，前輩更易倚老賣老，從中阻攬。

12. 自以為是

好做主張及自以為是一直是中國人的通病，不太願意接受新的制度及別人的意見，由於這些人的狹見，而使良好的制度未能付之實施。

13. 馬馬虎虎的態度

我們仍存有農業社會「馬馬虎虎」、「差不多」的態度，這種不實事求是，精益求精的態度是不合乎工業社會「失之毫釐，差之千里」的精密度的。

14. 溫情主義

長期在公司服務在「沒有功勞也有苦勞」的境況下而隨時間流轉被拔擢為公司的中間管理者，往往會在「企業元老」的心態下，將上層欲改革的決策理念，在力不從心配合下而打了折扣，這是中國式管理「人情包袱」的損失。

15. 人性的忽略

　　人性化管理是今天企業經營的趨勢，但是公司的制度往往由於太注意產品、績效及業務下，無法達到人性化的完美境界，加上如果公司工會力量不強，員工心聲無法傳遞，日積月累，造成員工「不關心、不賣力、不負責」的態度。

(二)制度障礙(Systematic barrier)

　　制度本身或機構組織因素造成推行制度的障礙有下列諸項：

1. 對觀念、方法、制度的認識不清

　　一般員工對制度的存疑還是在於是否危害自己的利益，比方說，上班時間是否較以前長了？工作付出是否較多？因而感到恐懼，進而產生抗拒。此外，新制度儘管訂有實施步驟與標準作業方法，但由於員工對方法的認識不清，於是實施起來造成失誤，是故，在實施之前，應加強宣導或教育訓練。

2. 組織設計不當

　　此種情形包括未成立有效的推行小組，或雖成立推行小組，但小組的隸屬不當，或執行當事者沒有充分的權限等以致造成組織的虛設，無法發揮組織上應有的功能。此外，如權責劃分不清，造成職務上的重覆或空缺，出現了推諉塞責或三不管的現象等均是。

3. 表格或報表設計不當

　　表格或報表的設計，在於提供所需要的數據與情報，使管理者能適時採取對策或處置。如果企業所使用的表格或報表過於複雜，或是過於簡單，以致使表格或報表使用起來無法反應應有的事實數據，或籠統不清，則此種表格之設計即影響到員工使用或接受制度實施的心願與情緒。

4. 系統流程設計不當

　　系統流程的設計，須視生產作業形態而定，但不論何種形態，其系統的設計應能向有關部門提供所需要的數據或情報，一旦發生事故時，有關部門才能及時採取對策或處置。

5. 人力運用不當

　　制度在推行時，常因所用非人而致失敗，諸如經營階層的支持力不彰，或管理層、監督層的領導力不強，或作業層的執行能力不足而功虧一簣。因此，對一般作業員應加強宣導及教育，對管理者及監督者應選用具有統御能力的人，而對高階層應溝通制度推行后對公司及員工之效益，使其願意及力推行，帶領員工執行。

6. 檔案管理不善

　　制度的推行具有一貫性及連續性，不因當事人退休、調職、離職因素，制度的推行就產生了斷層，這主要是由於檔案建立不完善，因此檔案的管理，在制度的有效推行上是相當重要的。

7. 例行性工作的干擾

　　新制度的推行，開始時尚未完全取代原來制度或不熟悉，因此，幹部必須付出較多的時間去教導員工，另外，例行性的工作，如開會、公文裁決……等，占去幹部很多時間，也會影響制度的推行。

8. 資料蒐集與分析的困難

　　時間紀錄不夠精確，個人紀錄的缺失，蒐集資料馬馬虎虎，蒐集的資料並非數量化，或無集中的資料檔案等，都會造成資料分析上的困難，進而影響資料分析的可靠性，甚至造成決策上的失誤等。

9. 缺乏濃厚的氣氛

　　推行任何制度時均需高昂的工作意願，因此，為了使員工有高昂的工作意願，在實施之前，應先製造濃厚的實施氣氛，先將改革或推行新制度的意願炒熱，上下一心，當可減少推行的阻力。

10. 事前準備不週

　　準備的工作愈周詳，愈能使制度順利的推行，如組織人員、表格印製、填寫講習……等，都應事前準備就緒。

11. 事後未進行檢討

　　事前評估，事後檢討是制度推行成功的要件，因此，制度施行以後，應定期檢討，以求改進，達到盡善盡美境界。

本章重點彙整

1. 企業體員工和幹部應該追求的是「do the best」而不是只止於「do my best」。

2. 組織是能集體活動的組合。

3. 適合工廠的經營體系即是良好的組織。

4. 組織原理包括管理幅度、部門劃分原則、權責、工作指派原則、能力與工作之配合原則。

5. 主管監督的人數受到(1)主管能力，(2)工作性質，(3)主管層次，(4)部屬能力等因素之影響。

6. 責任乃隨權力而來，權力在哪裡行使，責任就在哪裡產生。

7. 現代化的技術包括電腦輔助製造、電腦輔助設計、電腦輔助製程規劃和製造能源規劃等。

8. 現代生產線上傾向於少量多樣的加工作業，稱為混流生產。

9. 管理者最節省時間的方法是學習如何授權。

10. 傳統以來，金字塔組織一直是企業組織的主要架構。

11. 未來組織架構，中階主管會愈來愈少。只存在高低層，高層負責設計、決策、分析等勞心工作。基本階層負責操作、執行、電腦輸入等工作。

12. 工廠組織的型態有直線式、職能式、直線幕僚式、直線及職能幕僚式，直線職能幕僚及委員會組織，及總管理處組織。

13. 直線式組織又稱為軍事化組織，適合小企業。

14. 直線幕僚組織，主管和幕僚能夠分工，主管負責指揮及督導之責任，幕僚負責服務、建議、協調、分析等工作。

15. 企業經營後，如擴充業務，關係企業數目增多，企業設立總管理處來經營。

16. 總管理處一般掌管較高層次的工作，如分析、統計、研究發展、規劃、資料建立、人員培訓規劃等。

17. 授權已是近代企業高層主管重要的課題。

18. 員工的工作態度及工作能力必需建立在足夠賦予任務的前提下，授權才能達到預期的效果。

19. 人性的本質就是尊重，互相尊重，是良好溝通的第一步。

20. 工廠內有同學會、同鄉會、校友會、姊妹會、換帖兄弟等非正式組織。

21. 管理本身不是目的、是手段，適合一種企業，即是最好的管理制度。

22. 施行管理制度時會遭遇行為障礙與制度障礙。

▌自我評量

( )1. 一般高階主管能監督的人數以　(A)5～8人　(B)15～20人　(C)1～3人　為佳。

( )2. 高階層主管因為　(A)可較輕鬆　(B)年高德劭　(C)所規劃業務層面較廣，所以監督人數可較少。

( )3. 權責的組織原理應是　(A)無所謂　(B)視個人背景關係去規劃　(C)權責相稱。

( )4. 現代工業生產線系統，混流生產是指　(A)少量多樣　(B)少樣多量　(C)單一生產線　的加工作業。

( )5. 下列何者是金字塔組織缺點　(A)層級太多　(B)員工想升官會努力做人，忽略做事　(C)上列兩者皆是。

( )6. 適合小企業的是 (A)職能式 (B)委員會式 (C)職能幕僚式 (D)直線式 組織。

( )7. 職能式組織是由 (A)史密司 (B)泰勒 (C)吉爾斯 所創立。

( )8. 下列何者是集團管理處組織的缺點 (A)一公司風暴易波及其他公司 (B)轉投資資金運用困難 (C)研究發展困難。

( )9. 下列何者是避免獨裁的最佳方法 (A)授權 (B)團體決策 (C)兩者皆是。

( )10. 有效的管理制度與企業的關係是 (A)適合即是好 (B)西式的好 (C)日本式的好。

習　題

1. 簡述組織的意義。

2. 建立組織之先，應如何了解工廠的經營體系與特質？

3. 何謂管理幅度？

4. 影響主管監督部屬人數的因素是什麼？

5. 沒有專精性的工作，依指派原理，組織應如何規劃？

6. 傳統工業時代，認為在製造安排上，什麼型態是唯一降低成本的方法？

7. 適任幹部應具備的條件？

8. 何以不具多種能力者不適任公司幹部？

9. 試述現代企業組織的趨勢與特性。

10. 試述金字塔組織的缺點。

11. 未來組織中階主管的功能有何變化？

12. 泰勒所主張職能式組織，把廠務分成哪四種領班，並負責何種工作？

13. 簡述直線及職能幕僚組織的優缺點。

14. 有效運用委員會組織，必需遵循哪些原則？

15. 集團以總管理處來經營公司有何優點？

16. 現代工廠組織運用的趨勢如何？

17. 就工作態度及工作能力的構成面，哪種組合易造成主管獨裁？

18. 如何才能減少獨裁主管發生？

19. 授權時，管理者必需採取哪三項步驟？

20. 試述授權的好處。

21. 一般管理者，授權時會發生困難是什麼原因？

22. 試說明公司實施團體決策時，有哪兩項問題必須克服？

23. 非正式組織對公司營運有何幫助？

24. 不能妥善應用工廠非正式組織之害處是什麼？

25. 施行管理制度時會遭遇什麼障礙？

26. 公司有哪些行為障礙，致管理制度推行不力？

27. 公司有哪些制度障礙，致管理制度推行困難？

Chapter **3**

Factory Management

工廠計劃與佈置

任何一個人做一件事，必需先有思想，然後產生信仰最後滋生力量。同理，創設工廠，也需先有動機與目的，然後擬訂計劃，接著按照計劃去執行。創設工廠必需要有若干必備的條件，稱為要素，人(man)、資金(金錢money)、材料(material)、設備(機器machine)這是最基本的要素，有了這些要素，才可能有工廠的誕生，接著工廠要生存，要營運，必需有技術(方法method)方能製造出產品，產品要能流通出去，賺取利潤，也需有市場(market)，這樣工廠的存在於焉形成，市場獲得的利潤再投入新產品的生產，構成工廠營運循環。不過，上列要素如要發揮最大功能，以及與外來力量競爭，工廠還需要有效去經營，及優於他人的優勢，這就是管理的問題，所以士氣(morale)及管理(manage-ment)是促進工廠卓越的要素，這些要素：⑴人(man)，⑵資金(money)，⑶材料(material)，⑷設備(machine)，⑸方法(method)，⑹市場(market)，⑺士氣(morale)，

(8)管理(management)，合計八要素，稱為工廠的 8M 要素，缺一不可，否則無法致令工廠卓越及永續經營。

在籌集資金準備建廠時縱使其他7M要素也已萬事準備，有備而來，工廠首先面臨的是工廠廠址的擇定及建廠的工作，所以資金取得，展開建廠的第一步工作應是建廠事宜。

3-1 工廠廠址的選擇

經營者投資設廠前應考慮的問題很多，例如計劃生產產品之種類，產品之市場動態？產品所需材料之來源？產品製造所需的員工，生產設備所需的廠房建築，這些問題經過詳細的分析後，即可著手建廠的工作，在建廠的第一步工作即為選擇建廠的廠址。

廠址選擇適當與否，關係其後工廠的經營成效很大，若設廠的地點不當，可能為日後帶來無限的困擾，因此，一個公司選擇廠址除了對於目前的需要必需顧及外，並且必需做長期的預測以明瞭公司未來的需要，這些均需依據公司的擴充政策，產品的預期變化，市場的變遷，原料來源之改變以及其它可預見的影響因素，對於所有足以影響廠址的經濟因素仔細的考慮。

工廠的生產程序可簡單列為下列三過程：

投入	製程	產出
(input)	(process)	(output)

1. 投入過程最主要的因素為材料、人員。
2. 製程過程最主要的因素為廠房、設備。
3. 產出過程最主要的因素為儲存、市場。

現在，對於廠址選擇應考慮的因素概述於後。

一、關於投入過程(input)的考慮

1. 材料的考慮

一般而言，工廠之地點接近材料供應處爲佳，但亦需考慮市場，當然，今日交通發達，整個世界的空間距離拉小了很多，或許地點的考慮已經不若先前那麼重要，不過，原料乃爲工廠生產重要要素之一，其影響設廠地點的意願仍佔很重要的因素，例如，台灣過去籐製品加工業的原料都必須仰賴進口，特別是印尼，自從印尼政府限制籐原料出口以後，台灣的籐加工工廠只好被迫歇業、轉行或遷廠，而且有很多工廠外移到印尼，這是受原料供應地的因素。台塑企業投資石化工業，六輕屬上游原料供應業，六輕設在那裡就會遷引一批中下游業的匯集，這是工廠向原料供應地集中的現象，所以台塑會決定到大陸海滄或長江設廠，即有可能順便促使二百家中下游加工廠一起前去投資，今天，台塑六輕已駐腳雲林麥寮離島工業區，政府爲解決因爲必須設廠在原料供應地而陸續會遷往雲林設廠的塑膠中下游工廠，而必需另闢工業區以因應這些中下游業選擇設廠廠址之用，所以，原料會影響工廠設廠廠址的選擇。

(1) 工廠的製造方法，概可分爲：

① 分解法(analytic process)：以一種原料分解成多種產品。

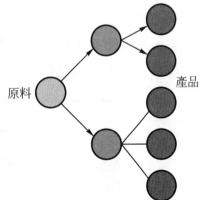

　　　　這種生產工廠，即是用材料量很多，以一種原料分解成多種附加產品，如製糖工廠，除了製糖外，甘蔗還可加工成飼料、三合板等。竹加工廠，竹材可製成很多產品，如傢俱、筷子、藝術品等，其原料單一種，用量耗大，設廠以靠近原料為佳。

② 合成法(synthetic process)：以多種材料合成一種產品。

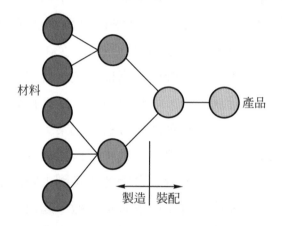

　　　　此類工廠，因為原料不一定來自同一個地方，勢必無法決定那種原料供應地為設廠地點，所以把工廠又分成配件製造廠及裝配廠，裝配廠靠近市場，製造廠靠近原料。

(2) 製造過程中，原料耗失的大小：製造所使用的原料如因耗失大者，為了節省運費，廠址應靠近原料，因此，在原料、廠址及市場三者中，以運費考慮時，以總運費最低為原則。

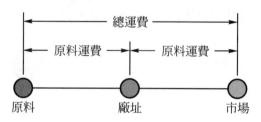

不過，設廠時也有些性質的工廠，受制於先天條件的因素，設廠地點必須選在原料產地，也就是說，原料產地足以發展具當地特色的工業。食品工廠之原料易於腐壞，但經過製造後即可儲存，因此，廠址自然以靠近原料為宜，例如漁業加工廠、罐頭工廠、水果酒廠、鳳梨加工廠等。至於原料的體積龐大且笨重者，價值亦低，但經過製造後變成體小且重量可控制的產品，工廠也以靠近原料產地為佳，例如大理石加工廠、水泥廠、鋸木廠、煉礦廠……等。還有，原料的獲得雖然容易，但是工廠是以其他工廠的產品來作原料或零件，或者本身工廠的產品需要很多其他衛星工廠的加工零件，則廠址之位置應考慮下游工業及衛星工廠較易尋覓的地點，例如台灣中部台中、太平、豐原是機械業興盛的地區，加工小工廠很多，大部分的機械工業都集中在中部，如楊鐵、台中精機、永進、麗偉、高明等工廠，目的就是衛星工廠易於取得。

2. 人力的考慮

　　人工不僅關係著生產的進行，而且也影響生產成本，設廠時須對工廠所需人工的特質，工資的高低等問題進行縝密周詳的考慮，下列數項即為人力上考慮的因素：

⑴　工資率：設廠地區人民生活水準或其他行業皆足以影響工資率的大小，因此，設廠前對該地區之就業機會及工資概況應作事前調查及整理，了解未來設廠後之工資成本。

　　早期國內工業發展到某一階段，一些公司有感於台灣都會區的人工成本較高，所以將工廠遷移到中南部的鄉下，將公司業務部門留在都市，其原因就是鄉下的工資率較低。但是台灣幾十年來經濟的建設，全省生活水準提高了，鄉下與都市的差

距並沒有很大，整體來說，工資率已經讓工廠經營者不勝負荷，如果是工人必需很多的手工業及裝配業，則讓公司感受更大的壓力，所以最近幾年，一些勞力密集，必須動用很多勞工的行業紛紛在台灣結束業務，將工廠外移至工資較低的地區或國家，如印尼、馬來西亞、泰國、大陸、越南。

(2) 各種不同技術水準工人可能獲得的程度：工廠需要特殊技術的人工；設廠地點是否可能供應這些人員，如工廠所需的勞工技術單純且屬簡單者，設廠應該考慮接近初級勞工能夠長期穩定供應地區，一般以設立在鄉村為宜。反之，如果工廠所需技術必須高，待遇可能較好的勞工，則設廠地點以在城市或城市市郊的地區為佳。過去，台灣高等教育如高職或專科以上學校都設在市鎮，由於地緣關係，畢業後的學生也都在學校鄰近地區服務比較多，但是，近年來，政府為了拉近城鄉距離，教育普及，所以台灣的高等教育已經不完全集中在市鎮。加上兼顧農村發展，政府近年來在全省各地區開發工業區，地點遍及每個角落，形成「工業城」的特色，在台灣設廠，鄉村、都市的考慮已經不重要了，而是依據設廠工廠的性質，考慮是高污染，精密科技等因素而決定設在政府開發的各性質類別的工業區。

(3) 勞力市場：人工的來源是設廠地點必須注意的重點之一，如果工廠對工人的需求量很大時，更應注意設廠地點之人力是否足夠或者設廠地點是否足以吸引外來地區的人員來此工作。

　　事實上，台灣近年來工廠外移的最大因素除了工資上揚，人工成本高外，最主要的原因還是台灣的基礎勞力市場缺乏，由於服務業的蓬勃發展，資訊高科技業的擴張，傳統製造業反而長期受到勞工不足的痛苦，業者為求繼續生存，只好被迫外

移，特別是大陸，勞力市場充裕，所以，勞力市場影響工廠設廠意願的因素相當大。

(4) 流動率(turn-over rate)：該地區員工之流動率是否很高，如果人工來源來自該地區，一般流動率較少，如果人工來自外地，沒有落葉歸根的感受，則流動率較高。

(5) 曠工率：所謂曠工率是指員工會不會在一年內經常有正常或非正當理由而不上班。如果該地區的員工都兼有農作或其他副業機會，都足以造成曠工及請假率的提高，因為他發錢僱用他人去從事他的副業或農作，絕對比不上自己來，況且可能他在公司所獲取的報酬無法支付他應付給他人工資，自然會請假，如果公司太過強硬，甚至造成這些員工不惜辭職，將來需要就業再度返回工作崗位的情形。此外，該地區的風俗習慣也會造成曠工率比較高的現象，有些地區廟會特別多，地方上又好客，一年花在酬神宴客的費用很高不打緊外，就是要停下工作去執行這些風俗的事情，遇到這些民俗活動，員工都會請假，造成曠工率，因此，頻率高的風俗活動也是造成曠工率高的因素。

(6) 工人可信賴程度及工作習慣：民風及地方水準會影響工人上班的態度，有些地區民風較落後，道德水準較低，對公司的法令規章遵守的程度較低，工人的工作習慣違規情況比較多。最近有很多到大陸設廠或被派往的幹部就談到這類問題，大陸人民長期在社會主義制度的灌輸下，與台灣人民民主社會的思潮習慣及理念有很大的差距，例如愛護廠區工作環境，愛護公物等理念，據前往大陸從事管理工作的幹部都有一肚子的苦經。

(7) 招僱及訓練費用，招僱的方式及人員的水準皆足以影響訓練費用。

(8) 勞工及工會態度：地區的勞工上班是爲了消遣或生活所需以及
地方對工廠生活的態度如何，事前皆應詳加調查及蒐集，例如
沿海漁民或工礦區，平時他們的工作即相當辛苦，所以設廠
後，招僱這些員工，他們或許會覺得工廠的工作比起他們原來
的工作輕鬆多了，而很願意上班，事事採取支持及合作的態度。

二、關於製程(process)的考慮

廠址選擇以後，工廠即開始規劃建廠事宜，製程過程所需要的廠
房、設備、動力外尚有因爲機器運轉，所需要的水資源是否充沛，生產
中所製造出來的噪音、廢棄物、廢氣是否會爲地方帶來環保問題，引起
抗爭，爲工廠的安定造成後遺症，再者有了設備及廠房後，是否能夠長
期保持安全，精密度良好否？又跟該地區的氣候、天變息息相關，這些
都是製程上應考慮的因素，現在分述於後。

(一)廠房的建築

廠房是用來置放機械設備、物料及供給作業人員執行工作的場所，
因此，廠房的設計與建築，不僅要注意建築成本、堅固、美觀、耐用等
問題，更重要的是要配合生產的需要，如容納設備及安裝設備以符合生
產程序的安排；物料儲存及搬運路線之暢通及經濟要求，以及提供作業
員舒適方便的作業場所。工廠有良好的廠房，才能將工廠佈置妥當，縮
短生產程序，因而能夠降低生產成本。優良的廠房非但可以使設備及廠
房的維護費減少，而且由於工作順利更可促進生產效率。

企業一旦決定在哪裡設廠後，即須考慮到建築問題，廠房建築由工
廠工程部門及建築師就日後機械設備型式及數量，生產加工程序及房屋
結構、外觀、費用互相討論配合設計之，那麼哪些要點是工程部門及建
築師應該考慮的呢？下列數項因素是計劃與建廠房時應該考慮的：

1. 製程的性質

    投資設廠後生產那一類產品事先必須有一目標，因此，生產程序也可事先設計，例如工廠有沒有涵蓋鍛造、鑄造、粉末冶金等製程，如果有這類過程生產，即要有較大的空間及通風良好的廠房建築，如有電鍍、研磨、噴漆等製程，則要有排除廢水、灰塵及廢氣的設備，否則易造成公害及環境污染；工廠廠房的設計應就生產程序來考慮廠房建築的大小、方向、高度及結構。例如鋼鐵、玻璃、造船、輪胎、食品及其他產品之各種加工機器與設備都有不同的條件，因此，廠房的建築形式亦不同。一般廠房必須能承受機器之重量及其振動負荷，需有足夠的高度與寬度，通風須良好，且需有相當比例的空間以便物料之儲存與搬運。

    有些製程尚須考慮通風或控制溫度及濕度，例如精密量測之儀器，須置於一定溫度之測量室內，熱作加工通風須良好，因此，不加牆壁，以便自然風對流，帶走熱度。

    由此觀之，廠房建好之後適用與否，與製程關係最為密切，在建廠之前，應列入第一考慮。

2. 工廠佈置之空間條件及彈性

    工廠應包括機器置放空間、辦公室、油庫、工務室、高壓電室、材料庫、在製品存放庫……等，這些所需空間的大小，亦影響廠房建築至巨，惟一般工廠大都需要有擴展的預留空間，因此，在佈置設計時保持彈性是必須的，一般應注意的是：

(1) 欲增加設備時，不必大事更動。

(2) 擴廠時有預留空間。

    工廠擴充的方式，不是地面面積加大，就是廠房加高，前者可在初期建廠時用簡便圍牆將預留地隔開，後者必須在初期建廠

時就設計好足夠堅強的地基,水電管理之埋設,亦應在初期建廠時一併考慮。

3. 燈光、溫度、通風及空氣調節

廠房須盡可能使工廠作業人員工作方便舒適,因此,在設計時須考慮其採光、通風、操作的方便及工作的安全等,此外,員工日常所需的洗手間、更衣室、休息室、現場危險物品多時,還要有吸煙室,這些附屬設備都應面面俱到。工廠員工人數眾多,通風不足,會影響員工健康及工作情緒者,尚須安裝冷凍空調設備,例如人數眾多的電子裝配工廠。不過,現代工廠經營漸漸進入人性化管理,一切以提供最佳工作環境給員工,其最終目的也是穩定員工工作情緒,有助於流動率的降低,工作效率的提昇,所以不僅現場工作場所的設計要符合人體工學及心理衛生,避免員工疲勞,及增加安全度外,餐廳是員工疲勞後解決民生問題的場所,如果能讓員工每日在工作疲憊之際,想到進入優雅的餐廳是一種享受時,疲勞將很快恢復,所以,工廠的餐廳實不宜太過草率,最好具有實用性、藝術性、情調性、乾淨度及加上可口的飲食,是人性化管理的要點。宿舍也是一樣,那是恢復疲勞,儲存能量,以備明日再度奉獻體力的休憩場所,所以,讓員工願意在下班後滯留宿舍,自然有利恢復體力,要有誘因,員工才願留在宿舍,所以宿舍的佈置及設備如衣櫥、書桌、冷氣空調、RC加強磚造、馬塞克表面、市內園藝……等,相信在優雅的環境之下,員工極願以廠為家,這些新的理念,都是經營者應該接納與實施的。

4. 勞務設備

所謂勞務設備即是工廠除了生產所需之直接設備外,週邊相關設備,為了安全的需要、環保的需要而必須添購的設備,稱為

勞務設備，例如工廠內溼度，通風設備及空氣調節設備對生產所需是直接的，其他如防火設備(滅火器、防火砂、太平門)焚化爐、滅火處理系統、大型抽風機、緊急電力設備、水塔、壓縮空氣設備，鹽酸槽等設備，都是勞務設備的範圍，數量、放置空間及位置，在廠房建築時就須考慮。

5. 堅固耐用，減少維護

　　廠房損壞部位以地板、屋頂、牆壁、特別是地板是支撐設備者，其設計須考慮日後設備之體積，重量及操作中振動情形。屋頂及牆壁應考慮建設地址的氣候狀況，如一年四季氣候狀況，台灣是四季分明，有梅雨季節，夏末秋初偶有颱風，如國外的泰國、馬來西亞，一年分為乾季及雨季，乾季炎熱、雨季時間長，廠房屋頂要防熱又防雨，設計的高度及型態就須特別斟酌。

6. 增加美觀

　　工廠第一個予人的印象是外觀，在「佛要金裝，人要衣裝，工廠要包裝」的常情下，工廠亦需美麗的外觀，其興建應注意其外形及色彩，以引起外人及自己員工的好感。如能加上綠化、美化，將工廠公園化，讓員工由視覺的快感引起身心的舒適，工作起來自然效率提高。

　　近年來，國內開發三處出口加工區，廠房建築採樓房建築方式，對工廠之建築可謂一大突破，有些工廠如資訊電腦業、紡織業等，或小型工具機業，如桌上車床，家用木工機械等，廠房建築，以樓房型態並無不可，並可解決廠房土地昂貴及難以取得的困難點。就平房與樓房之廠房建築型態各有其優缺點，分述於下：

(1) 平房建築的優點：

① 基地較簡單，每坪之建築費用低。

② 易於擴廠及改造。

③ 適合笨重產品之裝配。

④ 屋頂可略高。

⑤ 無需電梯或樓梯，節省空間。

⑥ 易於物料搬運。

⑦ 工廠佈置之彈性較大。

⑧ 休息室及工務室可建於半樓高的鐵架上，即通稱之樓中樓。

⑨ 可充分利用自然光線及通風。

⑩ 易於監督管理。

⑪ 比較不畏懼地震之意外傷害。

(2) 樓房建築之優點如下：

① 所需土地面積較小，可經濟的利用地面。

② 利於物料下滑的搬運。

③ 暖器設備和廠房保養費用較低。

④ 高樓可避免吵雜、臭氣及污穢。

⑤ 樓房廠房建築結構較注意堅固，所以建築宏偉，且較美觀。

　　廠房的種類除以樓層高低分為平房及樓房外，如以其結構分類可分為：

(1) 木造廠房。

(2) 磚造廠房。

(3) 鋼架棚、配合烤漆鋼板。

(4) 鋼筋水泥房。

　　此外，若以屋頂來分類，廠房種類可分為：

(1) 平頂(flat roof)：對平房及樓房皆適宜，檢修容易，使用很普遍，如圖 3-1 所示。

圖 3-1

圖 3-2

(2) 鋸齒型(saw tooth roof)：為了採光及通風方便，如圖3-2所示。

(3) 氣樓頂(monitor roof)：中間突出，自兩側傾斜，亦可收到採光的好處，有平斜及傾斜兩種，如圖3-3所示。

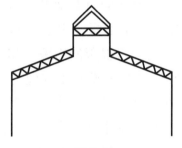

圖 3-3

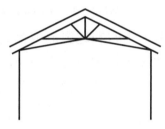

圖 3-4

(4) 斜頂(pitched roof)：中國傳統的屋頂，頂部空間大可收通風的效果，如圖3-4所示。

(5) 圓弧頂(bow-type roof)：或稱弓形頂，倉庫大都採用這種屋頂，如圖3-5所示。

圖 3-5

圖 3-6

(6) V形頂：此種設計目的也是加大兩側的採光，但因為兩側下雨時無擋雨作用，且排水在V形頂處，萬一排水阻塞，易生倒塌危險，現在已無人使用，如圖3-6所示。

(二)設備運轉因素之考慮

設備運轉，需要動力、冷卻水、維修及運轉造成的噪音等因素，是否會形成困擾在選擇廠址時應一併考慮。

1. 水

設廠時水之來源必需與電的考慮同樣列為優先，水之供應更需考慮，萬一水荒期間，如何補足水缺。同時該地區的水質是否適合工廠使用，特別是纖維工廠、食品工廠、製紙工廠、造酒廠，水的問題對於成品的品質及安全性有很深的影響。如果設廠地區水源無法供應，另外需由外地方來水源或以其他方式取得水，如台塑六輕決定設在雲林麥寮離島工業區，水資源就是一項很重要的考量，除了必需政府配合整治濁水溪取得水資源外，經過計算用水量仍不足，所以要求水利局在集集攔水壩之集水部分亦需撥部分供水才願設廠，所以，用水是設廠必須考慮的重要因素之一。

2. 電力

設廠地區的電壓是否可以勝任工廠動力的負荷，須列入考慮，本島台灣電力公司積極開發發電廠，直至今日，用電問題尚不致發生，不過，高度工業化，用電量激增，加上台灣可資利用的水力，火力發電廠有限，核電廠又受百姓的存疑，未來台灣的用電也已漸漸進入緊張時期了。

3. 水污染、空氣污染問題

排水問題是否能夠解決，是否為了自身和排水而可能損及地區的農作物，如此則弊病叢生，將來生產後，可能引起糾紛及抗

爭，演變成環保及社會問題。另外空氣污染是否會給設廠地區帶來公害，因此，工廠對於空氣污染之可行改善及控制程度應事先有個估計。

4. 噪音

工廠的生產性質是否有很大的噪音，會不會給設廠地區帶來嚴重的噪音，形成公害，宜衡量情況、妥善處理，南投縣南崗工業區某鍛造公司，當初由台中西屯逢甲大學附近遷廠到南投，以為鄉下地方噪音問題比較不重要了，哪知設廠後，因為鍛造之振動及音量實在太大，數百公尺外的居民深受其擾，最後告到縣政府社會科並多次到工廠抗爭，工廠不堪其擾，雖然在工廠周圍加裝避震器，噪音還是無法改善，最後，只好再度遷廠，如果第一次遷廠能夠評估詳細，就不會有再度遷廠的困擾了。

5. 氣候問題

設廠地區的溫度、濕度、空氣中的鹽分，一年中下雨天數、氣流、颱風之或然率及寒、暖之溫差，都是應該謹慎計劃的問題。氣候對工作人員的健康有直接影響，且對於工作效率，與工作能量有關連性。再者，工廠使用之原料受氣候之影響亦頗巨，不能等閒視之。如歐洲氣候較乾躁，春夏氣候宜人，所以，長期以來適合發展精密工業，特別是瑞士，精密機器及錶是其發展的重點，與氣候不無關係。

三、關於產出過程(output)的考慮

如果工廠規模龐大，零件製造與組立工廠分開，一般裝配工廠可靠近市場，減少運費。不過，人工成本及人工來源的考慮，也會促使工廠將部分零組件移到國外去加工製造，再運回國內或市場國裝配組立，對生產該

零組件的國家之工廠稱為OEM生產(original equipment manufacturing)，即原廠零組件代工工廠。

　　關於產出過程的倉儲與市場，兩者是互為相關的，製造工廠選擇一種最有利的方式來銷售該公司之產品，又不會受到市場地區國家太大關稅的衝擊而降低競爭，或該地區有關貿易法令的限制。例如有些公司在市場國家設立主裝配工廠，進口到該市場國是以零組件進口，關稅比例是不同於產品成品的，在市場國家設立裝配廠形同設立工廠，必須向該國家申請各項設廠手續並繳納各項稅金，而且提供一些工作給該國人民就業，是市場國家最歡迎的產出模式。

　　有些製造廠商在該國設立發貨中心，進口到該國的貨品也不完全是成品，可能是幾近完成的半製品，在發貨中心(倉儲中心)作輕微的組立後出貨，在市場國減少製造程序比例，一方面可避開關稅，一方面可銷售產品。

　　而最簡單的方式就是成品出口至市場國家，由該國代理商從事銷售業務，純粹是商業行銷行為，但此種方式，除非商品非常受歡迎或必需品，不然無法行銷，因為市場國關稅往往會使該商品提高成本而降低競爭力。

　　不管用什麼方式作產出的安排，在市場，倉儲投資、商品成本，及市場競爭力，企業都會選擇一最有利的方式去經營。

四、其他與工廠有關的考慮

1.　個人意見

　　(1)　高級人員的私人理由：設立工廠是為了有利於企業家個人而建，也有以參加地方政治而建立的，凡是挾有目的的建廠，選擇設廠時，皆應考慮將來發展。

(2) 員工理由而遷建新廠：對於某些有技術性密集或人力集中的地區，員工希望在自己家鄉服務，公司如欲繼續生產以及讓員工能有穩定的情緒繼續工作，可以遵循員工的意見而遷建新廠，一則穩定員工，相對的對資方亦有助益。

2. 稅制，保險法令及其他與設廠有關的法令

下列法令是否健全，以及對工廠之營業關係如何，應該深入分析：

(1) 稅制。

(2) 稅率。

(3) 工廠法。

(4) 勞工法(勞動基準法)。

(5) 投資條例。

(6) 污染管制法令。

(7) 保險金額。

除了這些法令之外，政府為獎勵民間企業投資，還訂了許多獎勵投資條例或免稅規定，這些法令關係投資利益至巨，投資者應該深入研究它，作有利的選擇。

3. 地方設施

設廠以後，員工聚集，難免吸收部分外鄉人員，則員工生活環境是否有地方設施來配合呢？應該了解觀察，或查詢該地區的都市計劃及地方開發計劃，以免員工生活上感覺不方便，以及工廠本身營業上的需要而缺乏這些設施，如：

(1) 醫院。

(2) 學校。

(3) 市場。

(4) 公園。

(5) 遊樂場所。

(6) 金融機構。

(7) 住宅。

工廠設廠後民生相關的設施相當重要，如台塑六輕設在麥寮後，接著政府有計劃在麥寮開發新市鎮，來容納台塑六輕開工後引進約十萬人員工生活所需。

4. 交通道路及運輸工具

交通及運輸對工廠的成本影響頗巨，因此，該地區之水陸、海運方便與否？是否對本身之原料，產品運輸構成困難，在設廠前也應一併列入考慮。

5. 地區安全性

天然災害、地震、颱風、水災之過去記錄及可能發生比例。防空疏散的預定地及路線等，應列入參考。

以上從投入、製程、產出及其他必須考慮事項，乃為設廠時應該考慮的因素，用地的良善與否，是直接支配工廠命運的重大因素，同時對於工廠日後的發展計劃有十足的影響。所以，要設立工廠時，預先要對於用地作充分的研究，謹慎的進行勘查徹底後，再儘量分析比較，以選定利益最佳的地區設廠。惟上列各項因素，因各工廠的性質不同而有不同的重要性，例如有些工廠原料運費很重要，因此交通運輸及接近原料乃為重要考慮因素，有些工廠氣候因素很重要。在分析比較時，可作出不同比例或以點來計算來衡量設廠的位置以在何處為佳。

　　國內民意高張，設廠還有地方人士意識的重要因素，特別是有環保顧慮的投資，更易產生地方人士反對聲浪，加深設廠時應小心的顧慮。

　　廠址因素可列出多項因素，多者百來種，少者數十種，經過評估分析完畢，對於確定廠址選擇的步驟如下：

(1)　選擇地區。

(2)　在選擇地區內選擇若干可能設廠的城鎮。

(3)　在上述可能城鎮中選擇其一。

(4)　選擇確定地點。

　　廠址選擇是否合理，我們可用積點評價表，將影響廠址選擇的因素列出各種等級所有的點數，然後依據分析地區的所有因素概況，給予一合理點數，再將各被考慮設廠的地區比較其總積點，選擇一適當的設廠地點。如表 3-1 為甲地區的積點評價，表3-2 為甲乙丙丁四地區所作積點評價表之比較。

　　根據表 3-2 顯然我們以選擇甲地區為設廠地區最適當，不過，有時地區的積點差距不大時，設廠者仍須考慮政治的，經濟的及社會的因素，例如勞工品質、社會態度、治安等亦應詳加比較了解，然後再確定廠址。

台塑六輕計劃在台灣設廠可以說是典型選擇廠址的樣板，據有關資料，台塑評估設廠地點考慮分析的要項密密麻麻有一百多項，有成本分析，有狀況預測，有施工技術考量等，給予的點數之釐訂也經過專家制定，可以說是相當慎重，初期台塑選擇在宜蘭利澤工業區，但因地方人士因環保因素極力抗爭，台塑只好放棄，後來選擇桃園觀音，與利澤相同的地方抗爭因素沒有了，但因其他因素如土地成本太高，運輸系統無法配合，發展空間受限等原因，不得不放棄。接著台塑另覓二個地方，

雲林麥寮、嘉義鰲鼓，一樣從頭作評估，最後選擇雲林麥寮，據台塑高層人士說是沒有選擇的選擇，意思就是說排除所有主客觀因素，雖然雲林麥寮並不是最理想的地方，但技術問題尚可克服，所以，只好選擇它。所以，要決定一個工廠的廠址，不得不慎重，因為他可能是企業家不少資金的投注，何況台塑六輕廠第一期是近三千億台幣的投資，而且，後續的數期將不斷挹注投資規模，台塑自然必須作長期投資評估。

表 3-1 廠址選擇積點評價表

廠址 項目	等級	選擇因素	最優	優	可用	惡劣	評價點數
甲地區	1	原料	40	30	20	10	40
	2	勞工	40	30	20	10	30
	3	市場	40	30	20	10	30
	4	運輸	40	30	20	10	20
	5	動力	30	24	18	10	18
	6	環保	30	24	18	10	18
	7	地方意見	30	24	18	10	18
	8	稅制	20	15	10	5	10
	9	水源	15	10	8	6	8
	10	氣候	15	10	8	6	10
	11	治安	6	4	3	1	4
	12	教育環境	5	4	3	1	4
	13	住宅	4	3	2	1	2
合計			315	238	168	90	(212)

表 3-2　計劃廠址地區分級積點評價比較表

項目	選擇因素 計劃廠址 評價	甲地區	乙地區	丙地區	丁地區
1	原料	40	30	20	10
2	勞工	30	30	30	30
3	市場	30	30	20	10
4	運輸	20	30	30	30
5	動力	18	18	24	10
6	環保	18	18	10	10
7	地方意見	18	10	18	10
8	稅制	10	5	10	15
9	水源	8	10	8	10
10	氣候	10	6	6	15
11	治安	4	1	3	6
12	教育環境	4	1	3	4
13	住宅	2	1	3	3
合計		212	190	185	163

　　不管如何，廠址之選擇依據上述步驟及積點評價表可以獲得，但因時代的進步，社會結構變遷，其選擇因素亦將變動，以致近年來，工廠選擇廠址朝下列趨勢：

1. 分散設廠

　　　　同一個企業分成幾個地區設廠，對企業有三大好處：(1)接近市場或原料，(2)減少運費，(3)提高效率(縮小規模)。

2. 向郊區及鄉間發展

　　可兼顧農業及工業之型態。

3. 成立工業區

　　使工廠易於管理及避免其他公害之分散，並由政府統一做公共設施的規劃及建設。

4. 專業工業區

　　同類型工業集中成一專業區，不論規劃廠址，週邊設備，辦理技術交流，政府舉辦廠商座談，都有很大的幫助與方便。如台灣規劃有科學園區，離島石化工業區，國外矽谷電子工業區等皆是。

5. 由地方爭取設廠

　　不過因為環保意識抬頭，工廠如果無法保証做好環保，或易於造成公害，現在不但不會受到民眾的爭取前去設廠，反而受到抵制。

　　總之，選擇廠址，要考慮的因素相當多，且因為各地區提出的條件與法令往往有相當的出入，國內台灣因為工資上漲，人工難求，不少傳統加工業紛紛往國外或大陸設廠，其評估往往無法完全掌握完整的資訊，加上民情習慣，思想觀念的差距，外移設廠失敗的例子屢見不鮮，所以選擇廠址實在也沒有絕對的安全，往往也摻雜些許風險與運氣，不過根據科學方法的評估，以及人力經驗的分析，自然會把風險降至最低，畢竟開疆闢土，打樁立基，一世將是千年百年，不可不小心與謹慎。

3-2 工廠設施與維護

　　工廠的廠房建好後，即開始購買生產上必需品，其中包括與生產產品有直接關係的機器、模具、加工用的切削刀具，測量之儀器，還有儲

存用之鐵架、鐵櫃、辦公用的桌椅、搬運用的容器、工作台、醫療設施、事務機器(傳眞機、影印機、電腦、電話)、文康器材、茶具……等，鉅細靡遺，樣樣必需具備，但是與工廠生產最有關的爲工具、量具與機器設備，這些設備畢竟都是工廠的財產，屬於投資範圍，應該備有財產目錄，保管卡及使用記錄表等設施，以確保不遺失及避免發生不正常的損壞。

一、工廠設施的種類

工廠設施，概可分爲生產系統及員工處理業務及生活系統。

(一)生產系統之設施

1. 機器設備

機器設備是直接關係到生產的效率及產品品質，機器不論是工作母機，單能機，生產線系統機器，依其性能分爲兩類：

(1) 效率固定不變型(constant efficiency type)：即指機器用至一定期間或某一程度時，即全部失效。譬如機器內之電晶體、眞空管、開關、螺絲……等，其能使用期間乃我們不能預先控制，但是一到故障，則全部失效，表示其壽命已盡，其他如工作母機的插銷、軸承等皆是。

(2) 效率遞減型(diminshing efficiency type)：有些機器之精度，如平行度，垂直度、眞圓度，在使用一段時間後，減至低於工廠加工所需之精度要求時則必需予以調整，更換部分零件甚或全部機器要換新，此種機器之效率，是慢慢隨時間而減低，如能經常保養及修繕後，尚能繼續使用，保養愈好，使用年限就愈久。

但是，不論是那種型態的加工機器，往往受時間及科技突破的影響，必需在適當的時機予以更換或淘汰，所謂適當時機即指機器設備的精度及堪用率已經降至一個生產上無效的水平線。

　　而其汰舊換新的方法有個別更換法，即機器的精度已不合要求，或零件損壞，隨時予以更換。或集體更換法，機器未至不能使用，但因新機種已問世，效率比舊機器佳，為了提高生產品質則汰舊換新，有些公司擬定開發計劃，在相當時機汰舊效率較低的機器，然後把尚堪用的機器變賣或輸出到較未開發的地區，如國內近年產業結構大幅度改變，有些廠商把淘汰的機器另移至東南亞或大陸設廠，照常生產，概其地區人工薪資較便宜，雖然老舊機器效率較低，但還是可以生產，所以，整廠輸出，台灣在20幾年前，也是如此受日本工具機器輸出，今天，我們工業化已到了必須進步到技術密集的階段，所以效能較低機器，必須往未開發或開發比我們慢的地區去運用設廠。

2. 輔助設備

　　工作母機在生產時必需有一些輔助設備來協助完成工作，如物料搬運器具、裝運器皿、檢驗校正設備、刀具夾具、治具等，這些設備一般都獨立更新，壞時會影響生產精度時則予以汰舊換新。

3. 動力設備

　　動力乃是工業生產的必備條件，有機器，沒有動力，也不能運轉，因此，人類工業化史上動力是同步成長的，工業歷史上，動力演進過程分為四個過程：

(1) 人力動力時期：即為手工業時期，輪之旋轉，如紡紗，簡單機械之傳動，如抽水機，端賴人力。

(2) 風力、水力、動物力時期：利用風力來推動風車、抽水機，利用水力發電，利用動物的力量拉車或推動機器。

(3) 機械動力時期：工業革命以後，由機器動力來策動機器運轉，如蒸氣機、內燃機、電動機等。

(4) 全自動時期：由半自動(油壓、氣動)而進展至電腦來驅動控制，指揮機器運轉。

現代工業概由電能變爲機械能時期，因此，任何工廠必須接受動力供應方能帶動機器運轉，而工廠動力系統分爲三部分：動力間(或稱動力的工作場所)、動力傳導設備及動力的輸給區。

1. 動力間

動力間之設備、位置、空間，必須依使用動力機之不同而定，使用動力之種類有：(1)電力，(2)內燃機，(3)蒸氣機，(4)瓦斯，(5)空氣壓縮機，(6)水力，(7)柴油機，(8)噴氣渦輪，(9)核子動力，其中最主要的是電力。

(1) 電力爲工廠的主動力，來源可由電力公司(或稱爲外來電)供應或自行發電兩種。

① 由電力公司供應電力者，工廠僅須設變電所，配電間和動力機械(如馬達)等，其過程自電力公司之發電廠引來高壓電，然後在配電室變壓爲本廠工作機械所需之電壓量，傳入輸給區(即工廠之加工區)，帶動電動機具，完成加工工作。其配電室必須有適合量之變壓器。公司或工廠用電量達到某一水準時，廠區必需駐有一合格的電匠技師，負責這些供電系統的安全維護及偶發事件的處理。

② 自行發電者，須先視工廠取用動力方便及經濟爲原則，決定用水力發電、火力發電、蒸氣力發電、地熱發電抑或核子反應爐來發電，以供應全工廠動力及照明用電力。有時工廠是

單一廠房，機械可直接由內燃機或蒸氣機來推動，但一般還是由內燃機帶動發電機，產生電，傳導至各單位生產區域。

(2) 其他非電力為動力者，如柴油機、蒸氣機、內燃機、噴氣渦輪機、核子動力，其運轉中有持續性的噪音，令工作人員健康受損，並且突發性的損毀或輻射性的危害，因此其動力間宜儘量獨立設置，遠離廠房。不過，動力間設備亦經常需要維護、檢修、汰舊換新，尤其鍋爐設備，須經常檢修防銹、防蝕及檢視耐壓力等工作，動力間太遠獨立設置，管理上及工作執行上亦有困難，所以在可能的安全要求下，還是與工廠緊鄰，除了做好檢修維護工作外，動力間與工廠可以用堅勁硬牆隔開，來換取某種程度的安全。

2. 動力傳導設備

動力傳導設備不外乎電線及埋設管路，此種傳導設備，應遵循電力公司電力工作規程規定，以符合安全規定，配線計劃時就應特別定出配線的容量、路徑、方式之規格，對於未依規定及契約而超額使用之客戶，電力公司訂有罰則。如果是蒸汽、空氣、瓦特為動力，配管並無特別詳細的規定，所以難免由各個工廠自行隨意計劃，但初期的計劃，即影響長期的工廠使用順利與否，因此，一開始即不可大意而有所差錯。對於動力的輸送量、壓力、距離等問題，最好是參考專門用書及和有經驗的專家協商設計，再另作全盤之計劃。

配管方式可分為：

(1) 空中架設式：可排除地上物之混雜及阻礙，無特別阻礙時，此方法最常用，檢修、更換、保養都很方便理想。

(2) 地上式：此種方法易遭破壞是一大缺點，在短程或安全地段使用。

(3) 埋設式：安全性最高，但埋設後之檢修必需原始埋設者方知其來龍去脈或依據線路圖往往造成誤判，浪費時間，不過爲觀瞻及安全性，近代先進國家地區漸漸採行埋設式，概只要線路圖存檔清楚，困擾則會降至最低。

3. 動力之輸給區

　　動力之輸給區即指置放機器需要動力之區域，一般是給機器之馬達動力，然後由馬達帶動機器，此外，照明設備、事務機器及冷氣、電扇也是動力輸給對象。

(二)非生產系統之設施

　　非生產系統之設施包括辦公室內之事務機器及福利服務設施，如膳食服務、宿舍、康樂活動、休息、吸煙室、盥洗室、會客室、電話間、停車場等。

　　近代工廠經營重視效率及人性化管理，因此，工廠的設施觀念應及於生產線外之各種設施，例如事務所內的電話、傳眞機、冷氣，如果故障而不能即時修護，也一樣會影響辦公效率。宿舍休息室的電視、冷氣、飲水機或浴室的熱水加熱器，如果故障沒辦法讓員工享受舒適方便的住家生活，情緒低落勢必及於工作之效率，因此，工廠的維護及汰舊換新設施，應該包括非生產線之所有設備。

二、工廠設施的維護

　　工廠設施亦屬於工廠財產範圍，應該予以維護，使其正常使用並能延長其壽命，降低工廠維修費用及換新購置成本的支出，對全工廠的投資利益率有間接的影響，因此工廠設施必須維護，也就是要實施保養，那麼什麼叫保養？保養就是保持機器設備經常在良好的堪用狀況而防止不正常損壞的工作。使用後的物品，縱使不是不正常的損壞，也會受到使用年限及消耗的損壞，就以人體爲例，最健康的人，有時也偶而會生

病，年齡一到，他會衰老，不過，如果人對身體能夠做好保健工作，那麼自然比較不容易感染疾病且能夠享有長壽人生。同樣的道理，機器設備的保養也是一樣，使用年限一到，並不能防止失效及劣化，但是如果不做好保養工作，可能在應有的使用年限以前即損壞，例如傳動軸之軸承(bearing)正常使用下具有數萬小時的壽命，但是，如果平常不加以加油潤滑，且調整不當固定不牢，則傳動軸與軸承之接觸面即會發生高溫，造成卡死或破裂現象，而提早結束它的的使用壽命。良好的保養，可以使任何機件及機器達應有的年限的精度及堪用度，觀念上，並無法保持機件及機器永久不壞。

　　保養是今日企業界所公認很重要的一環，現代的工業是在不斷發展與進步中，商業的競爭也日趨激烈，唯有物美價廉的產品才能在競爭中獲勝，如果一家工廠的機器經常損壞，或者因為保養不當，設備必須提早汰舊換新，工廠損失巨額資金，做不該的投資，在節餘成本上是背道而馳，且由於成本無法降低，又如何降低產品價格呢？如果機械設備保養不良，缺乏整理潤滑，以致於精度欠佳，如何能產生優良的產品？如果機器經常停工待修或停工修理中，勢必減少產量，如何能達到預期的生產目標？與如期交貨，取信於客戶呢？因此，保養工作－如何確保機器經常在堪用狀況，參加生產行列，是不可忽視的問題。

　　那麼，工廠內的任何設施都要予以維修與保養，以保持生產力，保養的類別如何區分呢？

(一)保養的種類

1.　事後保養(breakdown maintence)

　　　　設備使用中故障或損壞，然後才著手修理者稱之，事後保養有「亡羊補牢」的功用，工廠某些情況實施事後保養來得好，例如生產線經常在生產，機器輪流停下來作檢查保養有困難，或者

事先保養之費用遠比事後零星保養為高時，還是實施事後保養為佳。事後保養為搶時效，零件及配合件宜作適當庫存，保養人員機動性要高，生產線上的人員平時也要加以訓練，在搶時間保養時一起投入工作，增加時效。若機器(1)故障率低，信用可靠者；(2)價值較低者皆宜實施事後保養。

2. 糾正保養(corrective maintence)

　　某些機器的精度是遞減型，使用一段時日後必須調整，或重新校正那麼應訂出其使用週期表，在期限內實施糾正保養，如食品工廠的儲用槽，為了清潔衛生，定期清洗，工作母機的旋轉軸平行度、真圓度校正，傳動組件鏈條皮帶鬆緊度的調整等都是糾正保養。

3. 預防保養(prerentive maintence)

　　預防保養是對於工廠的機器及設備實施定期及計劃檢查，俾能提早發現其不良狀況而加以調整或修理，使其不致損壞導致無法生產，預防保養是防患於未然，是將機器潛在的故障予以消除或當該缺點在輕微階段即予以糾正，如此，則不致使機器設備擴大為嚴重毛病而迫使生產停頓。預防保養簡稱 PM，至今仍是世界各國大多數工廠所採用之最有效的保養制度。容在下面章節再特別予以述說。

4. 生產保養(productive maintence)

　　西元 1954 年，美國通用電氣公司(General Electric)所倡導，其意義即是工廠保養要在經濟價值的衡量下，實施計劃檢查、潤滑，以及小規模的修理以減少停工時間及設備之大量修理，再進一步就是將預防保養、事後保養、糾正保養加以綜合運用，以達到生產經濟的目的。

生產保養可以說是全廠員工保養，因為每日接觸到機器從事
生產工作的是員工作業員，機器的性能及異狀使用者即時能夠查
覺，若能立刻予以調整、潤滑或請修，將是最具效率的保養，所
以生產保養應是最佳且最具效果的保養，除了保養專責單位負責
推動的預防保養制度外，最近企業界推行的 5S 整理整頓活動即
是擴及保養、生產、品管的制度，由全員主動做起，當然比專責
單位定時實施來得有效。

三、預防保養的重要性

預防保養旨在防患於未然，並給予各種設備必要的清潔、潤滑以及
正確度的回歸調整，其重要性有：

1.　故障停工少，顧客亦間接受益。
2.　大規模之修理減少，避免人員大修趕工而影響其他部門之保養。
3.　製造損耗少，品質提高。
4.　可使機器壽命延長。
5.　即時發現缺點減少修理費用。
6.　改善勞資關係，因故障減少，可免工作獎金受到影響，怨言減
　　少，士氣不受影響。
7.　工作安全，工作人員減少傷害之機會。
8.　降低產品成本。
9.　維持設備經常在堪用狀況。

10. 對資方可減少投資週期。

四、實施預防保養機器之選擇

　　規模宏大之工廠，機器種類及機器數量繁多，無法全部實施預防保養，必須加以選擇，適宜實施預防保養的機器一般原則如下：

1. 生產能力(productivity)的考慮
   (1) 在生產過程中構成瓶頸位置的機器：由於該機器可能成本高，使用刀具昂貴，或其他因素，無法大量購買，以致在工廠生產占極重要位置，稍一停工，則會影響後面生產線機器之供料問題，因此，該機器容不得損壞，應該實施預防保養，如圖 3-7，(D)為瓶頸機器。

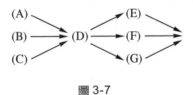

圖 3-7

   (2) 影響產量甚大的機器：工廠的下料機如意外故障，則生產線會產生停工待料。高週波包裝機之線圈有異狀，可能每一件之包裝時間加長，則會降低產量。此類機器都宜實施預防保養。
   (3) 無預備材料機器：機器之零件庫存不合乎成本或國外不易獲得，則應儘量避免其故障。
   (4) 容易發生故障的機器：對性能能夠掌握且知其容易發生故障者，則應勤於檢查或做預防保養，克服故障。

2. 品質(quality)的考慮
   (1) 影響產品品質甚大的機器：機器的穩定度、真圓度都會影響產品的精度，鑄造機械的震盪機會影響砂模品質，間接影響鑄件

表面光滑度。沖壓設備的壓力及模具對準程度，會影響鍛品的上下型正問題，都應定時檢查或保養。

(2) 因故障之產生而使產品品質改變的機器：如點焊機故障，則焊點品質受影響，乾燥機異狀，效果降低，乾燥不完整，可能影響光亮件的防銹，這些機器都應事先預防其產生異狀。

3. 成本(cost)的考慮

(1) 使用貴重材料之機器：有些機器之材料相當昂貴，一經損壞則需花費不貲，但這些故障也許可以藉調整、鎖緊、潤滑等預防保養工作來避免，如銑床之主軸、滾珠螺桿、傳動齒輪或精密測量儀等。

(2) 需要多人操作之機器：單能機械組合生產線或大型加工機器，如龍型鉋床，龍型 CNC 機器等，因為一故障，停工生產，則會有多人閒置，增加人工支出較高。

(3) 消耗電力及熱量最大的機器：蒸解爐、高段壓縮機等，經常檢查控制儀器，避免有異狀。

(4) 發生故障損失金錢甚多的機器：有些機器之修理費、零件費，修理停工週期耗費很大，此類機器應特別予以預防保養。

4. 交貨期(delivery)的考慮

(1) 許多產品必需經過之機器或設備：工作母機適合各類產品，由於投資額的考量，在工期能夠排出日程時，工廠並不願做過量投資此類機器，但相對的，保養就必須謹慎行事，不要使機器故障，而影響全盤之產品。

(2) 接近最終生產程序之機器：一方面產品接近完成，要出貨，公司即可入帳，另一方面，產品都正在線上生產，卻因接近完成

的最後幾道程序之機器故障，這些投入生產的產品都變成在製品，不但影響庫存位置且品質難保不變。

(3) 對生產時間極為重要的機器：有些過程的機器，加工時間短，但沒有經過這一個過程，又無法繼續下面的生產過程，對生產時間極為重要，如零件的噴砂作業，或工件的打印、打字，工件停留加工時間很短，但若一故障，則影響全線生產。

(4) 產生故障影響整個生產機器：控制器或電器方面如故障，則沒有電源全部生產線都停止。

5. 安全的(safety)考慮

影響安全的機器，例如工廠的起重設備及衝壓床，危險氣體之容器或煤礦坑上抽風裝置若不實施 PM，一旦發生故障，常易引起事故或傷亡。

6. 士氣(morale)的考慮

(1) 空氣調節設備：空調設備能夠讓員工工作舒適，一旦故障，怨聲載道，生產效率勢必逐降。

(2) 發生故障即形成不良的環境：如吸塵器或抽風設備，有的公司還有吸音裝置，宜排定預防保養日程。

五、預防保養工作的範圍及內容

預防保養工作必須好好規劃及準備，它的目的是減少設備故障、提高工作效率、降低成本，因此，公司必需先付出成本來做預防保養，有部門或機器須要停工，停工就沒有產量，但為了避免因機器故障，損失更大，所以預防保養投入的成本還是值得的。但是，如果規劃不當，或執行不確實，不但沒有達到預期效果，反而浪費成本，結果是得不償失，所以，預防應要有計劃、有制度、有效率、有成果去執行。

它的工作範圍及內容包括：

1.　　組織編定。
2.　　資料之蒐集與建立。
3.　　預防保養計劃之擬定。
4.　　檢查工作。
5.　　潤滑工作。
6.　　報告。
7.　　排工(派工)。
8.　　記錄及評估。
　　　現在分項加以論述說明於後：

(一)組織編定

　　　組織可能因為工廠的性質而有所區別，它是任何管理上的要素之首，因為所有管理工作必需透過組織去執行，如果沒有組織或組織不健全，管理就會顯得很凌亂。預防保養工作亦不例外，它必需藉健全的組織來實行整體有效的保養工作，但是什麼樣的組織才算是健全的組織呢？是不是有一定的標準型式？因為各工廠的規模、產品、製造機器、製造過程之型式不同，其組織隨之不同，工廠的經營方針，員工的素質有時亦會影響組織的型態。不過一般預防保養組織可依其掌管範圍，保養方法，及人員編制分為集中保養制、分區保養制及混合保養制。

1.　　集中保養制

　　　　集中保養制組織即是將保養工作由一個保養單位來統籌、接納、實施，設保養主管一人，設有一處檢修保養地方，除非萬不得已，必需在現場工作，否則檢查施工都集中在固定的保養廠。如圖 3-8 為集中保養組織。

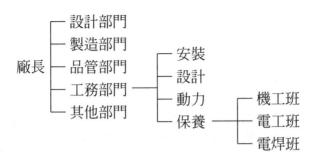

圖 3-8

集中保養組織的優點：

(1)　有機動性，人員之調派靈活、緊急，急用的裝備亦能趕工。

(2)　編制可小，因人員集中，力量顯得很大。

(3)　同一主管之指揮下，各種類別之修護連絡較方便。

(4)　工具集中使用方便，且庫存只有一處，其存量可控制在低標準。

(5)　工作進度統一編定，可以作一合理的調配。

(6)　集中保養修理，毛病容易在通力合作下解決，因此，整體的技術將進步很快。

(7)　保養主管專門負責工廠之機械能專精。

集中保養組織的缺點：

(1)　使用者(生產單位)與保養單位有時不容易協調，且保養單位之工作與產品無直接關係下，積極性較差。

(2)　工廠如果面積很大時，機器之送修笨重且浪費時間。

(3)　保養人員負責全工廠之機械，深入熟悉各類機器之程度或有影響與困難。

2.　分區保養組織

分區保養組織即是在各製造單位中，配屬保養人員，由各單位督導指揮保養工作如圖 3-9 所示。

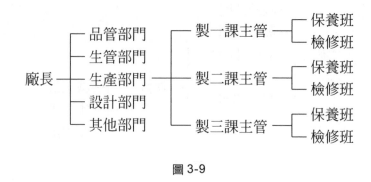

圖 3-9

　　分區保養組織的優點：

(1)　生產單位各主管直接指揮保養，保養人員與生產人員一體，積
　　　極性強。

(2)　保養人員與生產人員都屬於同一主管之下，保養人員與生產人
　　　員容易協調。

(3)　保養業務較單純，不需填寫請修單、轉呈、會辦等手續迅速。

(4)　因保養人員負責之機器數目較少，易於熟悉。

　　　分區保養組織之缺點：

(1)　人員分散，相對的人數必增加，公司的用人費率亦提高。

(2)　各單位都為自己的機器設備著想，因此，請購零件之先後順
　　　序，或設備修護之先後無法作一合理調配。

(3)　零件之庫存較難控制，由各單位自行備存，易形成重覆，因
　　　此，增加公司負擔；由倉庫統一庫存，則因單位多，亦難周全。

(4)　各單位無法修護時，大修之送修因沒有專責機構，所以處理困
　　　難。

(5)　工具數目套數多，增加成本。

3. 混合保養組織

　　由於集中保養組織與分區保養組織皆有其優缺點，爲了去除其缺點，應用其優點，俾利保養進行，又有利於生產效率，可採取集中與分區混合方式，各單位有分區保養人員，工廠內又有集中保養人員處理分區保養人員無法檢修之設備屬於較高等之保養單位，此種方式非常適合於大型工廠，如圖 3-10 所示。在圖中，課級單位有時設備眾多，必須自行配屬保修人員，但又考慮人工成本，不要膨脹太大，也可以只配給保修人員，編制不要有班的規模，此人員直屬課長指揮。至於自行無法檢修或必須請購零件等業務手續，則由此保修人員負責，如果能夠做到保養，維修與使用時的記錄、分析、統計，那麼對機器性能的掌握，將更能深入。此外，保養工作內容亦應釐定與規範，如表 3-3 爲保養工作之區分表。

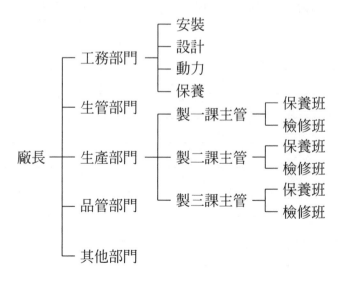

圖 3-10

表 3-3

區分	內容
技術	設備性能說明，檢查基準、修理標準等訂定圖面，改善圖面，改善研究，更新分析。
檢查	日常檢查、定期檢查、精度檢查、故障原因分析，修理要求作業程序。
現場修理	加油、整備、零件更換、小修理、檢查或大修理之分解安裝。
集中修理	零件修理、大修或現場支援修理。
管理	資料之供應，檢查或修理手續管理，材料零件管理，記錄整理。
其它	人員，內部事務。

(二)資料之蒐集與建立

1. 將所有全部機具設備列表，並建立設備保養記錄卡片，機器擺放之位置，各單位繪製平面圖，如表 3-4～3-6。

表 3-4 ×××公司機器設備一覽表

編號	機器名稱	規格	馬力	廠牌	購入日期	備註

表 3-5　×××廠設備保養記錄卡

機器名稱		規格	進廠日期	
廠牌		編號	製造日期	
日期	損壞狀況	修護情形	修護日期	修護者
備註				

反面

潤滑油記錄				
潤滑部位	滑油類別	加(換)油日期	加油量	備註

表 3-6　設備保養記錄卡

設備保養記錄卡								
設備名稱		型式				用途		
製造廠家		機號				尺寸		
製造年份		重量				開車日期：		
馬達數據								
名稱　　項目	廠牌	形式	電壓	電流	馬力	轉速	備註	
保養記錄								
日期	停車時間	故障原因及處理經過				修理費用	檢修人	

2. 選擇準備實施預防保養的機器，按照第五節之說明。
3. 準備各機器的使用說明書。

　　機器之特性，使用要點應整理出來，並繪製成冊，供操作人員閱讀，或作為講習、訓練之資料，一般機器工廠售出機器時都附送使用說明書，但是，如沒有附送書，亦應自行編製。

4. 建立每一機器之檢查項目與檢查標準，如表3-7～3-10所示。

表 3-7　一般機器每日檢查表

名　　稱		規　　格		進廠日期	
廠　　牌		編　　號		製造日期	
使用單位		操 作 者		檢 驗 者	
項次	檢查項目				
1	各油嘴加油否				
2	滑動部位加油否				
3	螺絲是否調整				
4	漏電否				
5	金屬部分有否生銹				
6	機器是否擦拭乾淨				
7	漏油否				
8	鍊條或皮帶是否鬆動				
9	有無不正常聲響				

表 3-8　預防保養檢查表

機器名稱：		檢查日期：		
編　　號：		檢查類別：		
檢 查 者：		操 作 者：		

項次	項目	檢查情形	良好(√)	不良(×)
1	一般外貌及清潔			
2	潤滑			
3	漏油			
4	皮帶是否鬆動			
5	螺絲是否鬆動或脫落			
6	軸承是否驅動或脫落			
7	有無不正常聲響			
8	齒輪箱			
9	變速箱			
10	機油邦浦			
11	壓力表			
12	溫度表			
13	開關			
14	傳動部分			
15	刀具頭			
16	滑動部分之潤滑			
17				
18				
19				
填表說明	1. 本表供檢驗人員定期(每週或月)檢查用。 2. 檢查情形以要點記載。 3. 根據檢查情形判定為良好或不良。			

表 3-9　車床檢查表

編　號		型　　式		廠　牌	
使用單位		操　作　者		檢　查　者	
機能檢查					
項次	檢查部位	檢查項目	檢查標準	檢查方法	檢查結果	判定
1	電力設備	絕緣	不能漏電	驗電筆		
2	主軸	1. 起動 2. 加工	偏心度 0.03mm/150mm	1. 切削 2. 針盤量錶		
3	變速裝置	變速操作	1. 速度是否正常 2. 有無異聲	1. 操作 2. 速率測試器		
4	刀座	固定狀況	不能震動	操作		
5	螺絲導桿	切削正常否	合乎螺絲標準	1. 操作 2. 牙規		
6	尾座	平行度	0.04mm/200mm 平行主軸	針盤量錶		
7	機座	固定情形	不能震動	手觸		
8	油箱 油嘴	潤滑	1. 注油 2. 油標準面	目視		
9	附件	功能				
說明	1. 本表供車床機能檢查，可定期(月)檢查一次。 2. 判定良劣按加工產品之精度要求。					

表 3-10　工廠設備檢查標準表

名稱：　　　　　　　　　　　　　　　　　　　　　　　　　　編號：

檢查部位		檢查項目	檢查方法	判定標準	處理方法	週期
傳動部	棓林	溫度	手觸測定	約50℃以下	拆開檢收	Y
	培林	磨損	拆開檢查	(1)嵌合部分無間隙 (2)游合部分游隙 　　0.05m/m以上	換新	Y
	齒輪	齒合	察看	兩圓相切	調整	M
	齒輪	齒斷	察看	無折斷	銲接或換新	M
	齒輪	磨損	測定齒厚	原齒厚1/3以下	換新	M
	齒輪之鍵槽	磨損	測定	間隙0.1m/m以下	檢修或換新	W
印刷部	刷子	磨損	察看	無破損	換新	6W
	凸凹輪	磨損	測定最大及最小半徑	原半徑之1/20以下	換新	6W
	套銅	磨損	測定	游隙1m/m以下	換新	M
	轉動軸	磨損	拆開測定	與培林嵌合部無間隙	燒銲或檢修	Y
	轉動軸	彎曲	拆開測定	無彎曲	修理或換新	Y
捲製部	連桿	磨損	測定	游隙2m/m以下	換新	Y
	鏈條	伸長	拆開測定	原長度1/100以下	換新	6M
	V皮帶	伸長	測定	原長度1/50以下	換新或調整	6M
	V皮帶	破損	察看	不得超過其原寬度1/3	換新	M
	彈簧	彈性	手按察看	彈性良好	換新	M

表 3-10　工廠設備檢查標準表(續)

名稱：　　　　　　　　　　　　　　　　　　　　　　　編號：

檢查部位		檢查項目	檢查方法	判定標準	處理方法	週期
捲製部	彈簧	失靈	手按察看	彈性良好	換新	M
	傳動皮帶	裂痕破損	察看	無破損、破損	換新	M
	傳動皮帶	張力	察看	無鬆緊	調整	M
	吸風管	閉塞	拆開察看	無煙砂塵堵塞	清掃	D
電氣部	配線	破皮	察看	無破皮	用 PVC 膠帶包	3M
	電磁開關接點	鬆弛	察看	無粗面及電火花燒痕	磨平或換新	3M
	馬達	振動	手按察看	正常	檢查調整	6M
	馬達	音響	耳聽	無異音	分解檢查	6M
	馬達 1HP	絕緣	用 MEGGER 量之	不得低於 2MΩ以下	乾燥，原則避免濕氣	6M
	馬達培林	溫度	手觸	約 50℃以下	拆開檢修	6M
	電熱器電線	燒斷	手按察看	無斷線	換新	M
	電熱器接觸	鬆弛	手按察看	無鬆動	調整或檢修	M

5.　建立每一機器之潤滑部位圖及潤滑卡，瞭解每一機器潤滑部位，
　　使用之潤滑油、潤滑期限等，如圖 3-11，表 3-11 所示。

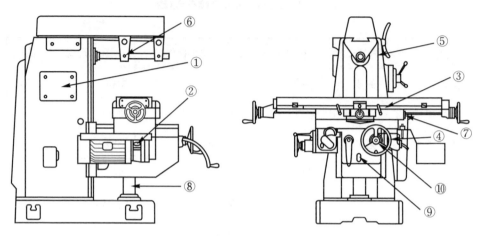

圖 3-11　萬能銑床潤滑部位圖

表 3-11　各部的潤滑給油

編號	給油部位	給油方法	給油種類	給油(換油)期間
①	主軸齒輪箱	打開機身給油蓋①即可給油，給油量以油表之標線位置為適當。	中國石油 R59ED	初期每二個月 半年後每六個月
②	工作台押送齒輪箱	打開押送齒輪箱給油口②即可給油，給油量以油表之標線位置為適當。	中國石油 R59ED	初期每二個月 半年後每六個月
③	鞍座	打開鞍座給油口③，即可給油、給油量以油表之標線位置為適當。	中國石油 R53	視使用情形隨時注意油表之標線即時給油
④	昇降座	打開昇降座給油口④，即可給油、給油量，以油表之標線位置為適當。	中國石油 R53	視使用情形隨時注意油表之標線即時給油
⑤	主軸前部軸承	在機身滑動部右側有黃油嘴⑤以黃油(牛油)供油泵供給之。	中國石油 MOBILX2	每個月一次
⑥	伸出臂刀桿托架軸承	在刀桿托架黃油嘴⑥以黃油供油泵供給之。	中國石油 MOBILX2	每個月一次

表 3-11　圖 3-11 各部的潤滑給油(續)

編號	給油部位	給油方法	給油種類	給油(換油)期間
⑦	鞍座供油泵	手動式供油泵⑦以手拉動即可給油，每回拉動 2〜3 次。	中國石油 R53	每日二回
⑧	昇、降螺帽	在昇降螺帽處黃油嘴⑧以黃油供油泵供給之。	中國石油 MOBIL X2	每日一回
⑨	昇降座供油泵	手動式供油泵⑨以手拉動即可給油，每回拉動 2〜3 次。	中國石油 R53	每日二回
⑩	前後押送螺帽	前後押送螺帽⑩以注油器供給之。	中國石油 R53	每日二回

6.　其他的必要資料，如全廠機器資產表、機器資料卡、保養人等，如表 3-12 所示。

表 3-12　機器保管人

機器保管卡			
編　　　號		名　　　稱	
型　　　別		價　　　值	
輸 入 日 期		保 　管 　人	
備　　　註			

(三)預防保養計劃

　　預防保養計劃是將所有實施預防保養的機器及設備排定檢查日期及潤滑日期，該項計劃的排定最好由保養部門會同生產部門排定，表 3-13 為預防保養之日程表，表 3-14 為學校機械實習工廠之預防保養計劃範例。表 3-15 為某工業股份有限公司實施之預防保養計劃。

表 3-13 預防保養及潤滑日程表

編號	機器名稱	日期 1	2	3	4	5	6	7	8	9	10	11	12	13	14	15	16	17	18	19	20	21	22	23	24	25	26	27	28	29	30	31

符號：L─潤滑　W─每週保養　M─每月保養　Q─每季保養　S─半年保養　A─每年保養

表 3-14　機工科各項機具設備之維護檢查人員及週期表

編號	名稱	規格	廠牌	進場日期	維護檢查人員	維護檢查週期	維護檢查部位
L101	車床	YAM700G	楊鐵	65.4.20	S(T)	F(W)	如標準書
M101	萬能銑床	DL-UH1 1/2	大立	67.5.20	S(T)	F(W)	如標準書
M102	工具磨床	CDG-610	金達	68.7.15	S(D)	F(W)	如標準書
M104	平面磨床	800mm	建興	68.4.20	S(T)	F(W)	如標準書
M105	牛頭鉋床	EC-24	經濟	66.5.4	S(T)	F(E)	如標準書
M018	旋臂鑽床	KMR-700S	高明	69.5.21	S(T)	F(W)	如標準書
M019	熱處理爐	30kW	大盛	68.5.7	S(D)	F(E)	如標準書
M113	虎鉗	125mm 鑄鋼	永發	65.4.11	S(T)	F(W)	如標準書
B252	砂輪機	1 1/2HP	國興	67.5.18	S(T)	F(W)	如標準書
S_1	分厘卡	0—25	三豐	65.4.20	S(T)	F(W)	如標準書
S_2	量表		三豐	65.4.20	S(T)	F(W)	如標準書
說明	1. 維護人員符號：學生(S)、導工(D)、教師(T)。 2. 保養檢查週期符號：實習後為(T)，每週(W)，每月(M)，每學期(E)。						

表 3-15　××工業股份有限公司
機械定期保養期限及實施預定表

項次	機號	機器名稱	實施月份											
			1	2	3	4	5	6	7	8	9	10	11	12
1	RL-01	高速精密車床	□	□	□	□	□	□	□	□	□	□	□	□
2	RL-02	高速精密車床	□	□	□	□	□	□	□	□	□	□	□	□
3	RL-03	車床	◎			◎			◎			◎		
4	RL-04	車床	◎			◎			◎			◎		
5	RM-05	銑床		◎			◎			◎			◎	
6	RM-06	銑床		◎			◎			◎			◎	
7	RM-07	單能銑床						❖						❖
8	RV-08	插床			◎			◎			◎			◎
9	RM-09	複合機		○		○		○		○		○		○
10	RS-10	牛頭鉋床	☆				☆				☆			
11	RS-11	牛頭鉋床	☆				☆				☆			
12	RV-12	萬能搪孔機	❖						❖					
13	RM-13	立式銑床			◎			◎			◎			◎
14	RC-14	複合機		○		○		○		○		○		○
15	RM-15	立式銑床			◎			◎			◎			◎
16	RO-16	油壓壓迫機	○		○		○		○		○		○	
17	RG-17	精密圓筒研磨機	◎			◎			◎			◎		
18	RG-18	萬能刀具研磨機	◇											◇

表 3-15　××工業股份有限公司
機械定期保養期限及實施預定表(續)

項次	機號	機器名稱	實施月份											
			1	2	3	4	5	6	7	8	9	10	11	12
19	RC-19	空氣壓縮機						◇						
20	RG-20	油壓內孔研磨機	❖						❖					
21	RL-21	單能車床			◎			◎			◎			◎
22	RM-22	銑床		◎			◎			◎			◎	
23	RD-23	鑽床	◇											◇
24	RD-24	攻牙機	◇											◇
25	RG-25	砂輪機	◇											◇
26	RH-26	鋸床	◇											◇
27	RG-27	平面磨床		○		○		○		○		○		○
28	RD-28	自動鑽床						◇						
備註	每週　　　　□每月　　○每兩個月　　◎每三個月　　☆每四個月 ❖每半年　　◇每年														

(四)檢查

預防保養檢查是整個制度最重要的工作，PM 能否產生績效，端賴檢查工作是否確實，預防保養檢查通常可分為兩大類：

1. 日常檢查(routine inspection)

　　機器保管人或使用人每天按照檢查表之項目(如表 3-7、3-8)所實施的一般性檢查，並實施清潔、調整及部分潤滑。

2. 定期檢查(periodic inspection)

　　由保養部門按照檢查計劃排定的日期所實施的保養檢查(如表 3-13、3-15)至於何期間必需檢查，除了依照機器原製造廠之說明外，工廠可依照自己加工之經驗及產品精密度之要求程度來決定，或依照機器使用年數來排定，其檢查又分為兩類：

⑴ 機能檢查(function inspection)：檢查機器是否有故障或不正常的情況，如表 3-7～3-10所示。

⑵ 精度檢查(accurary inspection)：精度檢查是檢查機器之精度，通常以靜態、切削、旋轉中無切削三種方式配合檢查。茲列舉高速車床之精度檢查表，如表 3-16，萬能工具磨床精度檢查表，如表3-17及旋臂鑽床精度檢查表，如表3-18所示。

(五)潤滑

　　潤滑也是保養工作中之重要項目，適當的潤滑工作，可使機器減少磨耗，保持精密度，延長壽命。

1. 實施潤滑保養工作應注意要項

⑴ 適當的時間加油、換油(適時)。

⑵ 使用正確的油(適質)。

⑶ 加上適量的油(適量)。

2. 方法

⑴ 由專人負責潤滑工作，避免出錯誤。

⑵ 潤滑油編號，並以顏色標示之(如表3-19所示)。

表 3-16　車床檢驗記錄表

精度檢查　　　　　　　　檢驗根據：CNS　　　　　　（頂針高，小於 400mm）

檢驗項目			CNS94 允差 mm	製造記錄	輸出抽驗
床面		1.床面在縱向之平直度	靠近刀架之面(b)(只許中部隆起)	0.02/1000		
			上項之對面(a)	+ 0.01/1000 − 0.02		
		2.床面在橫向之平直度		±0.04/1000		
		3.頂針座導軌與走刀座運動之平行度		0.02/1000		
主軸		4.頂針轉動時之偏轉		0.015		
		5.準心筒轉動時之偏轉		0.01		
		6.主軸轉動時之縱移度		0.015		
		7.主軸錐孔在300公釐長檢驗桿量得之最大偏轉		0.02		
		8.主軸與床面之平行度	在垂直面中(a)檢驗桿外端只許較高)	0.025/300		
			在水平面中(b)(檢驗桿外端只許偏向受刀壓之一面)	0.025/300		

表 3-16　車床檢驗記錄表(續)

精度檢查　　　　　　　　檢驗根據：CNS　　　　　　(頂針高，小於 400mm)

檢驗項目			CNS94 允差 mm	製造 記錄	輸出 抽驗
刀架導板		9.上層刀架導板與主軸在垂直面中之平行度	0.02/300		
尾座		10.頂針座套筒心子與床面之平行度	在垂直面中(a)(外端只許較高)	0.015/100		
			在水面中(b)外端只許偏向受刀壓之一面	0.015/100		
		11.頂針座套筒心子錐孔床面之平行度	在垂直面中(a)(檢驗桿外端只許較高)	0.02/300		
			在水平面中(b)(檢驗桿外端只許偏向受刀壓之一面)	0.02/300		
		12.頂針間檢驗桿與床面在垂直面中之平行度(頂針座一端只許較高)	0.025		
螺紋導桿		13.螺紋導桿牙距之精度須保證為	0.03/300		
		14.螺紋導桿轉動時之縱移度	0.01		

表 3-16　車床檢驗記錄表(續)

精度檢查　　　　　　　　檢驗根據：CNS　　　　　(頂針高，小於 400mm)

檢驗項目			CNS94 允差 mm	製造記錄	輸出抽驗
螺紋導桿		15.螺紋導桿軸承與床面之平行度(在位置 1 及 2 側之)	在垂直面中 (a)	0.1		
			在水平面中 (b)	0.1		
		16.螺紋導桿軸承與對開螺帽之中心對準(對開螺帽閉合後及走刀座在中間位置時測之以為起點)	在垂直面中 (a)	0.15		
			在水平面中 (b)	0.15		
製品		17.車成之圓度		0.01		
		18.車成圓柱之精度(頂針間)		0.02/300		
		19.車成之平面(只許中部凹入)		0.02/300		

表 3-17 多用途工具及刀具磨床精度檢查表

測定方法圖 Illustration	檢驗項目 Item of Inspection		容許公差 Tolerance	實測值 Test Value
	工作滑板表面平行度 parallelism of movement of table with its surface	橫向 longitudinal	$\dfrac{0.02}{300}$	
		縱向 cross	$\dfrac{0.01}{100}$	
	砂輪主軸上下運動時與 工作滑板表面之垂直度 squareness of vertical movement with table surface	橫向 longitudinal	$\dfrac{0.03}{100}$	
		縱向 cross	$\dfrac{0.03}{100}$	
100mm	萬能磨頭迴轉之偏差 spindle taper hole runout	推拔端口 at end of taper hole	0.01	
		距離端口 100mm處at end of 100mm test bar	0.015	
150mm	磨頭與工作滑板平面之 平行度 parallelism of dividing head with the table	水平面 in horizontal plane	$\dfrac{0.015}{150mm}$	
		垂直面 in vertical plane	$\dfrac{0.015}{150mm}$	
	左側尾座之平行度 alignment of left hand tailstock	水平面 in horizontal plane	$\dfrac{0.01}{100mm}$	
		垂直面 in vertical plane	$\dfrac{0.01}{100mm}$	

表 3-17 多用途工具及刀具磨床精度檢查表(續)

測定方法圖 Illustration	檢驗項目 Item of Inspection		容許公差 Tolerance	實測值 Test Value
	尾座之平行度 alignment of left hand tailstock and right hand tailstock	水平面 in horizontal plane	0.02	
		垂直面 in vertical plane	0.02	
	尾座與磨頭之平行度 alignment of right hand tailstock and the dividing head	水平面 in horizontal plane	0.02	
		垂直面 in vertical plane	0.02	
	砂輪主軸迴轉偏心差 cone surface runout of wheel spindle		0.01	
	砂輪主軸軸方向之鬆動 axial slip of wheel spindle		0.01	

表 3-18　旋臂鑽床檢查表

精度檢查　　　　　　　　　　　　　　　　　　　　　　　　　單位：mm

檢驗項目				允差	製造記錄	檢驗記錄
床面		1.	床面之平直度 — 在縱向中(a)	0.1/1000		
			在橫向中(b)	0.1/1000		
機柱		2.	機柱與床面之垂直度 — 在縱向垂直面中(機柱只許向旋臂側傾斜)(a)伸臂≤1400mm者	0.2/1000		
			伸臂>1400mm者	0.3/1000		
			橫向垂直面中(b)	0.1/1000		
旋臂		3.	旋臂對於床面之平行度(a) — (旋臂前端只許向下傾斜) 伸臂≤1400mm者	0.2/1000		
			伸臂>1400mm者	0.3/1000		
		4.	主軸座導軌之平直度(b)	0.1/1000		
主軸		5.	主軸錐孔之偏轉 — 距錐孔端300mm處之檢驗桿	0.03		
		6.	主軸與床面上垂直度(旋轉180°測之) — 在縱向垂直面中測之(主軸下端只許向機柱傾斜)	0.2/1000		
			在橫向垂直面中測之	0.1/1000		
		7.	主軸床面上箱形鑽台之垂直度(旋轉180°測之) — 在縱向垂直面中測之(主軸下端只許向機柱傾斜)	0.2/1000		
			在橫向垂直面中測之	0.1/1000		

表 3-18　旋臂鑽床檢查表(續)

精度檢查　　　　　　　　　　　　　　　　　　　　　　　　　單位：mm

檢驗項目			允差	製造記錄	檢驗記錄
主軸		8. 主軸套筒運動時與床面之垂直度	在縱向垂直面中測之(套筒下端只許傾向機柱)(a)	0.1/300		
			在橫向垂直面中測之(b)	0.05/300		
工件		9. 鑽孔精度材質 S45C	$D_1 - D$ $D_2 - D$	鑽頭直徑		
				0|18　18|30　30|50		
				0.2　0.25　0.3		
剛性		10. 主軸在最外位置施以鑽壓負荷時主軸與床面之傾斜度(旋臂位於半高位置)	在縱向垂直面中(a)	1.5/1000		
			在橫向垂直面中(b)	1.5/1000		

鑽頭直徑(mm)	5	10	15	20	25	30	35	40	45	50	55	60	65	70	75
鑽壓負荷(kg)	50	100	150	250	350	450	600	700	800	900	1000	1100	1300	1400	1500

檢驗者：　　　　　　　　　　　　　　　　　　　日期：　　年　　月　　日

表 3-19　潤滑油顏色分別一覽表

油號	油名	簡稱	顏色
1	國光牌特級錠子油 R41	R41	紅
2	國光牌特級循環機油 R53	R53	白
3	國光牌高級循環機油 M85	M85	黃
4	國光牌汽缸油 155C	155C	藍
5	國光牌三號杯脂	三號杯脂	橙
6	Gulflex A	4010	棕
7	國光牌多效齒輪油 90	294	淺紅

(3)　潤滑部位應漆上有色漆或貼上標誌，或者繪一完整之潤滑部位圖(如圖 3-11 所示)。

(4)　潤滑人員事前必須訓練，並且必需具責任心。

(5)　潤滑油使用量加以記錄(如表 3-20 所示)。

(6)　將由於潤滑部位失效及故障之原因加以分析，以求取改進。表 3-21～3-26 為機械之潤滑油參考表。

表 3-20　機器換油記錄

編號	機器名稱	單位	機油種類	規定換油期間	換油日期												
						1	2	3	4	5	6	7	8	9	10	11	12
					預定												
					實際												
					油量												
					預定												
					實際												
					油量												
					預定												
					實際												
					油量												
					預定												
					實際												
					油量												
					預定												
					實際												
					油量												
					預定												
					實際												
					油量												

表 3-21 封閉式蝸齒輪用油推介

室溫	轉速 R.P.M.	蝸齒輪油
10-38℃ (50-100℉)	600-3600	國光牌汽缸油 155C
	600	國光牌汽缸油 155C

表 3-22 暴露式齒輪油推介

小齒輪轉速	周圍溫度	適用潤滑油脂名稱	
		油浴給油	手刷給油
1000-3600	4℃(40℉)以下	國光牌特級循環機油 R97	國光牌特級循環機油R121
	4-38℃(40-100℉)	國光牌高級循環機油M155	國光牌汽缸油 217
	38℃(100℉)以下	國光牌汽缸油 217	國光牌齒索油No.0
500-1000	4℃(40℉)以下	國光牌特級循環機油 R97	國光牌特級循環機油R121
	4-38℃(40-100℉)	國光牌汽缸油 217	國光牌齒索油No.0
	38℃(100℉)以上	國光牌齒索油 No.0	國光牌齒索油No.1
500	4℃(40℉)以下	國光牌特級循環機油 R97	國光牌特級循環機油R121
	4-38℃(40-100℉)	國光牌齒索油 No.0	國光牌齒索油No.1
	38℃(100℉)以上	國光牌齒索油 No.1	國光牌齒索油No.2
—	極高溫	國光牌齒索油 No.5	國光牌齒索油No.5

註：上表所示不適用於蝸輪及雙曲線斜齒輪。

表 3-23 金屬割削機械潤滑用油推薦

潤滑部位	油或脂	操作情況	黏度別	週用油名
一般軸承	油	一般情況，循環給油系統	SAE20 SAE30	國光牌特級循環機油 R53 國光牌特級循環機油 R61
		低速，高負荷，手工加油	SAE30 SAE40	國光牌高級車用機油 30 國光牌高級車用機油 40
車心軸承	油	循環，油浴	40－300 SSU/100°F	精製輕柴油(40SSU/100°F) Gulf Transcrest 62(60SSU/100°F) 國光牌特級錠子油 R41(100SSU/100°F) 國光牌特級循環機油 R44(150SSU/100°F) 國光牌特級循環機油 R47(200SSU/100°F) 國光牌特級循環機油 R53(300SSU/100°F)
		油霧給油	40－125 SSU/100°F	精製輕柴油(40SSU/100°F) Gulf Transcrest 62(60SSU/100°F) 國光牌特級錠子油 R41(100SSU/100°F)
		油杯，油蕊	100－200 SSU/100°F	國光牌特級錠子油 R41(100SSU/100°F) 國光牌特級循環機油 R44(150SSU/100°F) 國光牌特級循環機油 R47(200SSU/100°F)
		循環給油	200－300 SSU/100°F	國光牌特級循環機油 R47(200SSU/100°F) 國光牌特級循環機油 R53(300SSU/100°F)
齒輪箱(各式齒輪，不包括蝸齒輪，雙曲線齒輪)	油	油浴，撥散	SAE90	國光牌特級循環機油 R97
			SAE140	國光牌汽缸油 155C

表 3-24　平軸承潤滑用油推薦

油別	軸承溫度	負荷情形	轉速 RPM	適用潤滑油脂名稱	
				循環、潑漑、油環給油	手工、油壺、滴注、機力給油
潤滑油	0～60℃ (32～140℉) 正常溫度	輕荷至中荷	50 以下	國光牌特級循環機油 R76 國光牌特級循環機油 R77 國光牌持級循環機油 R97	國光牌高級車油機油 50
			50～200	國光牌特級循環機油 R69 國光牌特級車用機油 30	國光牌高級車油機油 40
			200～2,000	國光牌特級循環機油 R53 國光牌特級車用機油 20/20W	國光牌高級車油機油 30
			2,000～5,000	國光牌特級循環機油 R44，R47 國光牌特級車用機油 10W	國光牌高級錠子油 R41
			5,000 以上	國光牌特級錠子油 R41	
		重荷	50 以下	國光牌特級循環機油 R121 國光牌特級車用機油 R50	國光牌高級循環機油 M155
			50～200	國光牌特級循環機油 R76 國光牌高級循環機油 R40	國光牌高級循環機油 M155
			200～750	國光牌特級循環機油 R61 國光牌特級車用機油 30	國光牌特級循環機油 R12160～82℃
	(140～180℉) 高溫度	輕荷至重荷	500 以上	國光牌特級循環機油 R76，R97，R121 國光牌特級車用機油 40，50	
			500～3,600	國光牌特級循環機油 R53 國光牌特級車用機油 20/20W	
			3,600 以上	國光牌特級循環機油 R44	

表 3-24 平軸承潤滑用油推薦(續)

油別	軸承溫度	負荷情形	轉速 RPM	適用潤滑油脂名稱	
				循環、潑濺、油環給油	手工、油壺、滴注、機力給油
潤滑油	82℃以上 (180°F以上) 極高溫	輕荷至重荷	500 以下	國光牌特級循環機油 M155	
			500～ 3,600	國光牌高級循環機油 R121	
			3,600 以上	視作業情況另作推薦	
潤滑脂	75℃以下			國光牌三號杯脂	
	75～ 150℃			Gulflex A，Gulferown Grease No.2，No.3 Gulf Precision Grease No.2	
	150℃ 以上	振動		Gulfcrown Grease E.P. No.2	

表 3-25 減阻軸承用油推薦

油別	軸承溫度	轉速 RPM	適用潤滑油名稱
潤滑油	0℃以下 (32℉以下)	500 以下 500～3,000 3,000 以上	Gulf Paramount 49 Gulf Paramount 45 Gulf Paramount 39 Gulf Seneca 49 Gulf Seneca 45 Gulf Seneca 39
	0～52℃ (23℉～125℉)	500 以下 500～3,000 3,000 以上	國光牌特級循環機油 R53 國光牌特級循環機油 R47，R44 Gulf Paramount 33 國光牌高級循環機油 M53 國光牌高級循環機油 M47 國光牌特級錠子油 R41
	52～82℃ (125℉～180℉)	500 以下 500～3,000 3,000 以上	國光牌特級循環機油 R61 國光牌特級循環機油 R53 國光牌特級循環機油 R47，R44 國光牌高級循環機油 M61 國光牌高級循環機油 M53 國光牌高級循環機油 M47，M44
	82℃以上 (180℉以上)	500 以下 500～3,000 3,000 以上	國光牌高級循環機油 M155 國光牌特級循環機油 R121 國光牌特級循環機油 R69 國光牌高級循環機油 M71
潤滑脂	75℃	1,750 以下	國光牌三號杯脂
	75～130℃	3,600 以下	Gulflex A Gulfcrown grease No. 2，No.3 Gulf Preision Grease No.2

表 3-26　封閉式正齒輪、斜齒輪、螺旋齒輪、人字齒輪用油推介

小齒輪轉速 (R.P.M.)	輸入馬力 HP Input	變速比率 10 − 1 及以下	
		循環給油	濺潑給油
5000 以上	1 以下	視作業情況另行推介	視作業情況另行推介
	1〜10	國光牌特級循環機油 R44 國光牌高級循環機油 M44	國光牌特級循環機油 R44 國光牌高級循環機油 M44
	10 以上	國光牌特級循環機油 R44 國光牌高級循環機油 M44	國光牌特級循環機油 R44 國光牌高級循環機油 M44
2000〜5000	5 以下	國光牌特級循環機油 R44 國光牌高級循環機油 M44	國光牌特級循環機油 R44 國光牌高級循環機油 M44
	5〜20	國光牌特級循環機油 R53 國光牌高級循環機油 M53	國光牌特級循環機油 R53 國光牌高級循環機油 M53
	20 以上	國光牌特級循環機油 R53 國光牌高級循環機油 M53	國光牌特級循環機油 R53 國光牌高級循環機油 M53
1000〜2000	10 以下	國光牌特級循環機油 R53 國光牌高級循環機油 M53	國光牌特級循環機油 R53 國光牌高級循環機油 M53
	10〜50	國光牌特級循環機油 R61 國光牌高級循環機油 M61	國光牌特級循環機油 R61 國光牌高級循環機油 M61
	50 以上	國光牌特級循環機油 R77	國光牌特級循環機油 R77
300〜1000	20 以下	國光牌特級循環機油 R53 國光牌高級循環機油 M61	國光牌特級循環機油 R61 國光牌高級循環機油 M61
	20〜75	國光牌特級循環機油 R61 國光牌高級循環機油 M61	國光牌特級循環機油 R77
	75 以上	國光牌特級循環機油 R77	國光牌特級循環機油 R121
30〜100	300 以下	國光牌特級循環機油 R77	國光牌特級循環機油 R77
	30 以下	國光牌特級循環機油 R97	國光牌特級循環機油 R121
	100 以上	國光牌特級循環機油 R121	國光牌高級循環機油 M155

註：對於受震擊負荷(shock load)之齒輪及工業用高壓雙曲線斜齒輪(hypoid gear)應採用相當黏度之國光牌多效齒輪油或國光牌極壓車用齒輪油等。

表 3-26 封閉式正齒輪、斜齒輪、螺旋齒輪、人字齒輪用油推介(續)

小齒輪轉速 (R.P.M.)	輸入馬力 HP Input	變速比率 10－1 及以下	
		循環給油	濺潑給油
5000 以上	1 以下	視作業情況另行推介	視作業情況另行推介
	1～10	國光牌特級循環機油 R44 國光牌高級循環機油 M44	國光牌特級循環機油 R44 國光牌高級循環機油 M44
	10 以上	國光牌特級循環機油 R44 國光牌特級循環機油 M44	國光牌特級循環機油 R53 國光牌特級循環機油 M53
2000～5000	5 以下	國光牌特級循環機油 R53 國光牌高級循環機油 M53	國光牌特級循環機油 R53 國光牌高級循環機油 M53
	5～20	國光牌特級循環機油 R53 國光牌高級循環機油 M53	國光牌特級循環機油 R53 國光牌高級循環機油 M53
	20 以上	國光牌特級循環機油 R53 國光牌高級循環機油 M53	國光牌特級循環機油 R53 國光牌高級循環機油 M53
1000～2000	10 以下	國光牌特級循環機油 R53 國光牌高級循環機油 M53	國光牌特級循環機油 R53 國光牌高級循環機油 M53
	10～50	國光牌特級循環機油 R61 國光牌高級循環機油 M61	國光牌特級循環機油 R61 國光牌高級循環機油 M61
	50 以上	國光牌特級循環機油 R121	國光牌特級循環機油 R121
300～1000	20 以下	國光牌特級循環機油 R53 國光牌高級循環機油 M53	國光牌特級循環機油 R61 國光牌高級循環機油 M61
	20～75	國光牌特級循環機油 R77	國光牌特級循環機油 R77
	75 以上	國光牌特級循環機油 R121	國光牌特級循環機油 R155
300 以下	30 以下	國光牌特級循環機油 R121	國光牌特級循環機油 R121
	30～100	國光牌高級循環機油 M118	國光牌高級循環機油 M155
	100 以上	視作業情況另作推介	視作業情況另作推介

註：對於受震擊負荷(shock load)之齒輪及工業用高壓雙曲線斜齒輪(hypoid gear)應採用
相當黏度之國光牌多效齒輪油或國光牌極壓車用齒輪油等。

表 3-27　電氣事故報告表　　(　　年　　月)

事　業　名　稱			
地　　　　　址			
事故發生時間及氣候			
事　故　發　生　地　點			
發生事故之工作物種類			
事　　故　　情　　況			
事　　故　　原　　因			
事故發生時各有關保護裝置之指示及情況			
事　故　發　生　前　各　有關　工　作　物　之　情　況			
事　故　發　生　工　作　物之　應　急　修　理　情　況			
預　定　修　復　日　期			
事故之結果		種　　類	
		情　　況	
		應　急　處　置	
		停　電　範　圍	
		停　電　時　間	
		停電量(kW)	
		應　急　處　置	
備　　　　　註			本表應依照「台灣省電氣技術人員管理規則」第十五條

電氣技術人員：　　　　　　　　　簽章　　　　　　年　月　日

表 3-28 派工竣工記錄

委託編號： 承辦編號：

派工		工作人員及代號		預計施工工時		工時	
	月 日 時 分			預定完工時間		月 日 時 分	
故障原因	操作	檢修	電儀	設計	預保	劣化	其他
	□超載 □磨損 □偏差 □冷卻不良 □接合不良 □操作不當 □修理不精 □ □		□設計錯誤 □斷路 □接觸不良 □	□潤滑不良 □材質不良 □		□劣化 □腐蝕 □	□異物混入 □(自填)
施工情形							

施工記錄及成本	施工時間		人數	合計工時	工作人員代號及派工考
	月 日 時 分至 月 日 時 分				
	月 日 時 分至 月 日 時 分				
	月 日 時 分至 月 日 時 分				
	月 日 時 分至 月 日 時 分				
	月 日 時 分至 月 日 時 分				
	工時總計		工時單價	工時成本	
	材料成本		總成本		
	耗用材料名稱規格及數量				

完工考核	委託單位驗收	工作品質			派工	課長
	月 日 時 分	優	可	不良		

一式兩聯委託單位填單→派工→受託單位考評→受託單位驗收

① 廠務單 19 ② 受託

(六)報告

檢查人員於實施檢查後，應填寫報告表，通常報告表與檢查表合用，在報告表後附上損壞情形及處理情形，並且將損壞情形分析、研究、作成記錄，提出改進建議，如表 3-27 所示。

(七)排工

保養主管根據檢查報告情形分配修理人員，排定修理日期。

(八)記錄及表格

檢修後之機器，應列入記錄，就像醫生對病人之病歷表，對機械日後之預防保養有很大的幫助，如表 3-28，近日電腦軟體發達，可以用電腦建檔管制，並且在一般時間實施追蹤管制，追蹤其使用情形。

五、生產設備保養管理規則

生產工廠為了使每一員工了解公司保養實施概況，最佳方法為釐訂保養管理規則，人手一冊，使其了解本身之工作與責任，現在列舉某汽車零件製造廠之生產設備保養規則如後，以供參考：

總則

第 一 條 本公司對於設備保養有關工作，依據本規則辦理。

保養目的

第 二 條 保養目的，在於設備經常切實檢查，依據檢查結果，作合理的維護和改善，使設備經常保持正常狀態，促成生產能力提高，同時減少修理。

分掌

第 三 條 為達到前項之目的，保養業務由運轉部門(生產單位)與保養部門(保養單位)及修理部門(或委託機械廠商)分別擔任。

保養及修理對象

第 四 條　保養單位與修理單位應負責之設備對象劃分如下：

　　　　　設備對象　　　保養單位負責　　　修理單位負責
　　　　　機械設備
　　　　　電機設備
　　　　　營繕
　　　　　前項的設備對象之詳細項目另訂之。

生產單位的任務

第 五 條　(1)生產單位對保養單位設備，應經常對於設備作適當之維護工作，使其能正常運轉爲目的。對於故障之發生，零件之損耗等，應儘量控制到最少限度，並提供情報，使保養部門有資料可循，而予以有計劃之保養工作。

　　　　　(2)爲達成前述目的，生產單位應辦理下述之業務：
　　　　　①對於設備應使其正常的使用與運轉。
　　　　　②爲設備運轉上，作必要的巡視與調整。
　　　　　③完成有關運轉之記錄統計與報告。
　　　　　④辦理其他有關保養之必要事項。

保養單位之任務

第 六 條　(1)保養單位對於設備經常作切實檢查，調整與保養上之改良，並作現場保養工作的有計劃之對策，使其運轉改善至正常，及有關保養工作之計劃與實施，使設備之性能維持其最高生產能力。

　　　　　(2)爲達成前述目的，保養單位應辦理下述之業務：
　　　　　①有關設備保養工作之綜合計劃與調配。
　　　　　②保養工作之計劃及有關預算之資料之完成。

③保養工作之機材供應及預算與有關資料之完成。

④潤滑油之管理(加油工作)。

⑤設備保養記錄卡之作成。

⑥檢查標準之作成。

⑦檢查計劃之作成。

⑧檢查業務之執行。

⑨現場保養工作之計劃與實施。

⑩保養工作之檢查。

⑪保養用機材之驗收。

⑫保養工作所需器材之請購。

⑬保養成本之整理與其技術性檢討。

⑭有關保養之記錄統計與報告之作成。

⑮辦理其他有關保養之必要事項。

修理單位之任務

第 七 條　修理單位應保養單位之要求辦理下列之業務：

(1)零件製造及外商承製零件之申請。

(2)修理工作之承擔及費用之計算統計。

(3)有關修理製造記錄統計報告之完成。

(4)其他有關修理上必要事項之辦理。

業務之明細區分

第 八 條　前三條之業務各單位間明細區分另訂之(現場保養工作與
非現場保養工作之區分)。

設備保養記錄卡

第 九 條　保養單位應依設備種類及先後次序將下列各項內容分別詳
細登記於設備保養記錄卡(卡式另訂)並整理完成負責保管
之責。

檢查計劃

第 十 條　保養單位與有關生產及修理單位協調,分別將設備檢查分
　　　　　列日常檢查,定期檢查。並將日期及停工時間詳細擬定,
　　　　　完成檢查計劃執行之。

檢查標準

第 十 一 條　⑴保養單位將每設備訂定檢查標準,分別擬定,經廠長核
　　　　　　定後實施。
　　　　　　⑵檢查標準應依設備之情況,分別訂立成表,其內容如下:
　　　　　　　①檢查之部位。
　　　　　　　②檢查之項目。
　　　　　　　③檢查之方法。
　　　　　　　④判定之標準。
　　　　　　　⑤處理方法。
　　　　　　　⑥週期。

檢查之實施

第 十 二 條　保養單位依據檢查標準,依照檢查計劃分別執行。
　　　　　　⑴檢查表格及突發事故原因分析表之擬定。
　　　　　　⑵臨時檢查之實施辦法(與有關單位協議)。
　　　　　　⑶檢查員之派定。
　　　　　　⑷檢查業務之執行。
　　　　　　⑸檢查結果之記錄。

保養工作之實施

第 十 三 條　保養單位之檢查結果,如認為必要修理者,應將該工作之
　　　　　　數量、內容、方法、時期等分別通知修理單位,並取得協
　　　　　　議派工修理之。

保養工事之控制
第 十 四 條　保養單位應與修理單位排定修理計劃，按照該計劃之先後次序辦理，不得隨意變更。

生產單位之協辦事項
第 十 五 條　設備之全部或一部分需停機修理時，生產單位應全力協助，按照保養單位之計劃執行，得以如期完成。

突發事故之處理
第 十 六 條　(1)生產單位之設備突然發生故障，或發覺其原因與徵象時，一方面通知保養單位，立即派員檢查，如緊急時應自行設法處理。

(2)保養單位應聯繫修理單位，如在修理工作中發覺有發生故障之徵象時，必須急速處理。

(3)保養單位接到前二項通知時，應立即設法予以必要之處理，不得延誤。

(4)保養單位在檢查過程中，如發覺有重大事故之徵象時，而認為必須停機者，應立刻通知生產單位，同時作必要之處理。

事故調查報告
第 十 七 條　保養單位應查明前條所述之事故原因，予以分析，作為今後保養之資料，其原因分析調查時，應取得生產單位之協助，依據事故處理規則，填具報表呈報。

保養連絡事項
第 十 八 條　保養單位根據有關下述各項認為保養上有必要時，得隨時連絡有關之生產單位注意。

⑴設備運轉之有關事項。

⑵保養工作實施之有關事項。

⑶購入機材之有關事項。

⑷設備之新設增置或改造之有關事項。

⑸設備保養上之改造之有關事項。

⑹其他有關保養上必要事項。

保養報告

第 十 九 條　保養單位應每月提出保養報告書(式樣另訂)，經由保養單位呈報廠長核閱。

3-3 工廠佈置的原則及型式

　　工廠佈置的好壞關係日後生產之能否順利，因此，不可草率為之。提高工作效率，減少物料搬運浪費，人員操作舒適，都是工廠佈置的課題，它是一種藝術，下列幾個原則是在進行工廠佈置時，必需加以考慮的原則：

1. 物料之搬運路程愈短愈好

　　　物料之搬運包括兩種，一種為原物料，一種為在製品，不論那一種，在佈置時，應儘可能以最短的路程為設計原則，能夠節省之搬運過程儘可能節省，生產線各過程之銜接亦愈接近愈好。同時，在搬運的方法上力求機械化，減少人力用在搬運工作上，因為搬運並非直接生產，以機械代替人力，除了能勝任笨重的物品移位外，效率亦可提高，並可將人力投入生產控制與操作上，自然能增加產量，增加盈餘，也就是節省成本。

2. 保持彈性

　　現階段之佈置，必需預留發展或擴展之空間，或者新機器之汰舊，亦應預留調整之用，避免重新佈置時，大事更動，容易破壞。

3. 使設備與人員工作安全

　　某些精密機器或儀器必需要有適當溫度、濕度及清潔度，因此，此類設備之佈置必需特殊溫度調節之房間。至於震動聲音特別大的機器，宜安置在工廠之偶角地帶，容易發出廢氣的操作，宜安置在通風的地方，工作人員之空間及方位，應考慮到安全方面的問題。必需引火的操作，如電焊、氣焊、熱作、鑄造，宜獨立房間，且四周應通風，不可封閉，這些問題在佈置時，能夠考慮週到時，人員之工作情緒自然高昂，且工作安全度將給工作人員一種安全保障感。

4. 配合製程，作妥善安排

　　工廠的佈置，應隨時注意到生產程序，如果能夠配合得宜，自然不會發生物料搬運浪費，或機器擺置錯誤不便的現象，因此，必首先了解製程，再從事佈置計劃。

5. 彈性製造系統的規劃

　　國內工業已逐漸改變結構，傳統工業邁入高科技、高技術密集之生產型態，因此，工廠佈置應自我期許，配合工業政策，提昇我國工業生產品質，生產效力作長遠規劃，那就是規劃一貫化、自動化、無人化為目標的彈性製造系統佈置，使我國工業展現新紀元，改變產業結構。

　　這些是佈置工廠時應考慮的原則，但是，工廠因為生產產品數量，加工步驟，還有產品類別多寡之要求，有下列之佈置型態：

一、按產品佈置生產線(layout of product process)

　　產品佈置又稱爲生產線佈置，將所有設備，按製造程序連續排列，其主要目的是將操作程序採連續性生產方式之佈置。其方式有單一零件逐一組合至成品之產品所採取之排列爲一單線直線，如圖3-12所示。

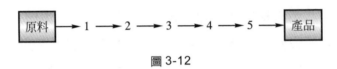

圖 3-12

　　另外，有先採取連續方式組合配件，再依一定連續程序將所有配件組合成成品者，亦稱爲連續生產，如汽車及傢俱之製造，有很多連續生產線製造配件，於總裝配生產線中，在適當的地點，裝配入主體，如圖3-13所示。

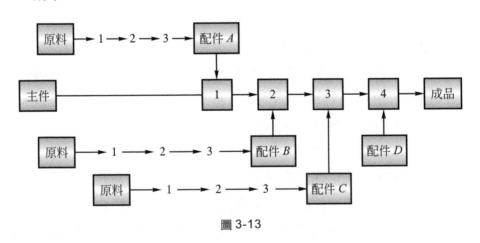

圖 3-13

　　產品式之直線佈置，主要適用於下列情況：

1. 　規格一致，分工精細，操作單線之生產方式。
2. 　半自動或全自動生產之連續程序加工製造。
3. 　標準化且大量之生產過程。

4. 採取連續性操作較易得到產量及品質之穩定者，且物料之流程單線者。

採用產品式佈置之優點為：

1. 生產過程為連續性生產，物料之搬運距離短，可用輸送設備，成本低。
2. 生產能經常在穩定下進行，保持平衡。
3. 直線操作時間短，資金積壓少。
4. 在製品數量少，節省物料投資。
5. 檢驗工作易於進行，且次數亦可降低，間接成本減少。
6. 不需高度技術工人，招僱及訓練容易，效率可提高。
7. 管理簡便，監督易行。
8. 改變生產結構為彈性製造系統及自動化容易。

但是，它仍具有下列缺點：

1. 管理人員必需能力強，機械常識豐富，製程熟稔者。
2. 為了一貫化連續生產，同類機器可能重複佈置，投資大。
3. 使用設備之彈性小，產品改變，則設備及模具要大事更動。
4. 工人無法習得一專業技術，工人較無保障及遠景。
5. 操作單純又機械化，工人之情緒低。
6. 部分生產設備如發生故障，可能造成整個生產線停工，損失很大。

二、按程序式佈置(layout by process)

程序佈置就是將同類或操作，功能類似的機器集中在某一區域，產品之製造在各區域間移動加工。此種佈置之生產型態為訂貨生產，因產品種類繁多，每項產品的產量不多或不連續，為了適應這種產品要求乃將機能相同的機器集中在一起，隨時加工不同種類的產品，例如生產汽車之齒輪即是利用這種方式，汽車型別，大小不相同，則齒輪不同，因

此，同類機器擺設在同一區域，其可改變不同產品之生產，只是操作方法不同或模具改變而已。如果生產期間有機器故障，也不會完全中斷。不過應付各種變化的物料，通道設計往往較大，各工作區域亦大些，以應付不同物料，及存放物料或配件之需要。

此種佈置型式，適於下列情況：

1. 同類機器較多的工廠。
2. 所用機器設備為一般性，而且屬於單項加工，無需反覆以同種機器操作同一產品之某些過程。
3. 產品種類多時，工具為共通性。
4. 工人之操作技術高，工具應用廣泛性，工廠機動性大。

工廠採用程序式佈置之優點如下：

1. 機器能夠生產各種產品，使用效益高。
2. 改變生產方式容易，適合種類多產量少的生產。
3. 減少重複設備，適應多變化生產。
4. 部分機器損壞，並不影響其他機器繼續生產。
5. 操作人員在某一機器區域操作，其生產效率高，遇少數人員缺勤、離職，不會對生產有太大影響。
6. 可隨時作技術性或進行日程之調整。
7. 可發揮技術專長，激勵員工效率。

此種佈置也存在著若干缺點：

1. 物料搬運頻繁，減低生產效率。
2. 生產控制較難實施，如途程設計、日程編定等。
3. 製作產品或零件日程表，儲存保管等費用與精神代價高。
4. 不可能用輸送帶來提高輸送效率及節約成本。
5. 各區域分工專業，使協調控制等管理工作增加許多困難。

6. 易造成在製品之高數量，增加資金投入。

7. 技術性高，員工較難僱得或培養成功又易離職之困擾。

8. 產品標準難求齊一，必須加強品管，因而費用較高。

三、固定位置之佈置(layout by fixed position)

某些待加工的物料或配件，可以停留在一固定場所，然後逐步由作業員去完成一切作業。其類型包括兩種：1.製造加工，2.裝配作業；第一類將原料固定，作業人員將機器、工具移動至物料陳放位置，逐步施以加工至成品。第二類將各種零件運至一固定場所，一般爲裝配廠，將這些零件組合起來，成爲一種主件，如手工藝、玻璃製品，較簡易的手工業都採用此種佈置方式。

下列情況適合用固定式之工廠佈置：

1. 製造件數少、速度慢。

2. 使用之工具機械簡單，可攜帶式。

3. 爲了利於確定責任範圍之工作項目。

4. 主物件龐大，搬運不便者，例如鍋爐、火車車箱、造船、飛機等。

此種工廠佈置型式，其優點如下：

1. 工具和設備之投資較小，一般屬輕便型。

2. 固定工作物，減少搬運費用。

3. 工作程序易於設計和變異。

4. 生產之彈性大，不受連續結合之影響。

此種佈置型式的缺點如下：

1. 無法大量生產及高度標準化。

2. 工人屬專門性技術難以遴聘。

3. 無法大規模生產，效率低。

4. 品質進行不易，一般多以人工辨識或簡單攜帶式儀器檢查爲主。

四、自動化生產佈置(automatic layout)

國內經過三、四十年工業化，提昇國民生活水平，但是相對的人民由於物質生活的提高對於薪資收入期望也漸漸高漲，讓企業界感受人工成本的提高，此外，收入豐裕、消費能力增強、社會的服務業相繼問世，吸走了不少從業員工，致使製造業員工長期短缺，迫使部分傳統，且需大量勞工的工廠外移，而留在國內之企業，政府也希望他們能改變工廠生產結構，降低人力使用，使用高科技控制系統，來改變生產體質，所以自動化生產佈置，遽為近年台灣企業追求的目標。

自動化生產設備佈置，不論生產、倉儲、配料、派車等作業，均透過電腦監視系統，隨時掌握生產流程。在自動化生產佈置的理念中，「無人化生產」是追求的最終目標，但並不意謂生產時不需人力，反而是生產過程中，操作員只要藉由電腦控制，即可管制所有的產品製程，而不由人工操作；並隨時透過偵測，修正等作業，提高產品的生產品質。所以「無人化工廠」是產業自動化的產物，其優點是不但可提昇產品的產能外，並可節省人力，提高產品品質及生產技術。此外，自動化生產佈置除了「無人化生產」之理念外，對於製造業，尚有彈性製造系統(flexible manufacturing system，簡稱FMS) 之佈置。什麼叫彈性製造系統？它是一種由電腦控制之半獨立工作站及物料搬運站所組成，針對中小量生產但可加工多種工件而設計的一種高效率製造系統。

近年來，由於市場需求快速變化，使得製造業普遍面臨激烈之競爭，稍一不慎，就可能遭到淘汰，而近代市場有何特性，有下列四種趨勢：

1. 產品種類愈來愈多(但產量卻減少)。
2. 產品生命週期愈來愈短。

3. 產品技術複雜性愈來愈高。

4. 產品交貨期愈來愈短。

我國以外銷爲導向，產品難以避免趨勢之衝擊，加上服務業興旺吸走大量勞工，製造業普遍面臨之問題爲：

1. 人力不足，人工難求。

2. 訂單生產趨向多種少量。

人力不足，人工難求的解決辦法，就是把生產儘可能改爲自動化，追求「無人化生產」目標，而第二個問題，則在於彈性，傳統工廠佈置，連續性生產必須是大量生產的產品才有可能，但是，市場對產品的需求已不若過去有長期週期的喜愛，連續性生產佈置比較朝單一固定產品之佈置，漸漸不適合現代企業之需求，所以，近代工廠解決之道，便在實施「彈性自動化」，「彈性製造系統」正是符合此一需求之利器。

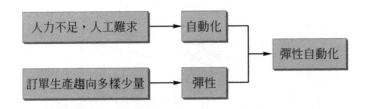

彈性製造系統可區分爲三個子系統，即加工系統、物流系統與資訊系統等，其組成系統圖如圖 3-14。圖 3-15 爲自動化工廠主體全貌。圖 3-16 爲工業技術研究院，機械工業研究所 FMS 之示範工廠配置圖。

工廠機器之佈置，最主要還是需配合生產工廠產品、市場、資金、長期發展目標等因素來取捨，作最好的選擇，目的在方便工作、提高效率、降低成本、增加品質、永續經營。

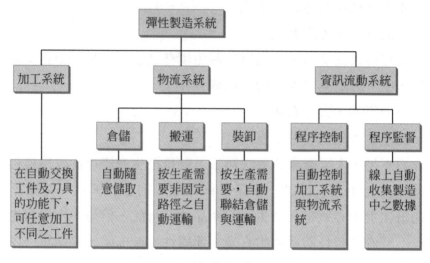

圖 3-14　彈性製造系統之組成

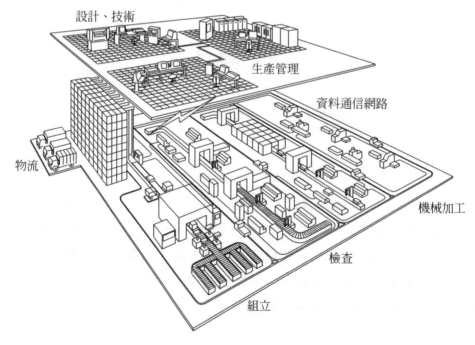

圖 3-15　自動化工廠立體全貌

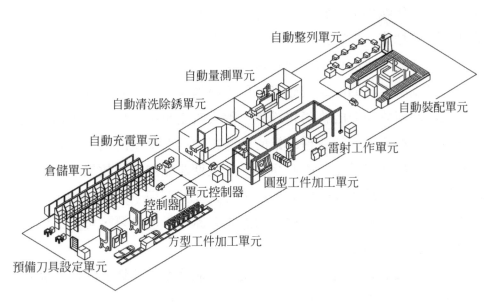

圖 3-16　機械所 FMS 示範工廠

五、情境佈置

　　新近工廠公司的佈置，除了在生產線的流程考量外，由於辦公用品的進展，引進高級建材，OA辦公室(office automation)等，亦極重視美觀、造型，我們稱為情境佈置。

(一)情境佈置的意義

　　當客戶到工廠拜訪時，如果能面對井然有序、綠化美化、高雅格調的環境，對這家公司的制度規劃、產品品質、人員素質一定留下深刻且美好的印象。反之，如果空間規劃不當、髒亂、昏暗、道路狹窄、物品放置雜亂等，縱使公司經營者再三保證公司的品質管制制度如何完善、人員如何重視品質，客戶一定存著懷疑的眼光。

　　就員工而言，若每天到工廠上班，面對的是單調、沈悶、不協調、空間窒礙的環境，工作情緒無法高昂，一定容易精神疲憊、效率不張。

反之，若工作職場清潔雅緻、綠意盎然，有回家的感覺，員工必然工作愉快、情緒穩定，對於品質與效率的推動，必然有正面的效果。

　　所謂情境，可解釋為一種環境的狀況。這種環境的狀況有硬體設施與軟體設施所合成的氣氛與感受。硬體設施除了生產設備的佈置以外，對於環境的佈置需要的綠美化設施，藝文設施也都包括在內。而軟體設施則是員工與工作崗位各種設備的動態組合或與環境的無形氣氛製造，軟體氣氛可以潛移默化、靜心淨心，是長期才能展現的效果，西方學者杜威曾說：「要想改變一個人，必須先改變其環境，環境改變了，人也就改變了」。我國古人亦流傳所謂近朱者赤，近墨者黑，可見情境在人的活動中佔著一席重要地位。

　　情境佈置廣意分為「情」與「境」兩個範圍。「情」的佈置就是希望藉佈置能讓員工對公司有「感情」，公司對員工有「情誼」，這是管理的最高境界，猶如品管最高境界「零缺點」的生產必須出自員工的自動自發，相對的公司對員工有上乘人性化的管理。「境」的佈置即是以有形的物品，如藝術品、裝飾品，將文化感帶進公司，也可利用生物、植物，讓廠區綠化與美化，人性與自然結合，將家的感覺延伸到廠內，工作中亦覺舒適、精緻、精神愉快。

　　所以「境教」即佈置一種情境，讓員工置身其間，身處其境，獲得心靈啟示，讓工廠不僅是產品的製造場所，亦是員工適當的教育場所，人生向上啟迪的場所，甚至藉優雅的佈置，如圖畫、古文佳句、藝品，可蘊藏無限禪機，激勵員工創造正面的人生觀，除了工作勤奮以外，亦能營造健康的家庭生活，正確價值觀的人生。所謂「萬物靜觀皆自得，靜觀皆我師」，情境所提供的境教，在員工的生產活動中，扮演相當重要的角色。

(二)情境佈置設計的原則

　　工廠情境佈置的最主要的當然是能讓員工能樂於工作、增加生產效率、提升公司產品品質爲職志。不過，萬物歸一統，有些事可以用不同方法與途徑來執行，但最後的目標卻是一致的，所以情境佈置不論用在事務所、廠內、倉庫，或訓練教室，目標一致下，其原則自有相同之處，在工廠實施情境佈置設計時，其原則有下列數點：

1.　教育性

　　　　藉佈置的詩詞、標語、書畫及藝品來達到對員工的春風化雨、潛移默化之境教功能，比直接的管理深具效果。

2.　實用性

　　　　配合各區處的不同性質來佈置，例如餐廳、廁所、宿舍、人事室、會計室、品管室、加工處、倉庫……等不同的處所、設計主題，來發揮實用性。

3.　安全性

　　　　情境佈置所使用的物品或施工方法，皆要考慮到員工的安全，例如吊掛飾物或放置藝品等，應不會掉落撞擊員工之危險。

4.　整體性與美觀性

　　　　主題設計明確，要兼顧部門原有的空間以及整體視覺及動線的流暢，不要因工作場所情境佈置而妨礙原有的機器設備的規劃設計。

5.　創造性與生動性

　　　　創意與生動是怡人的最佳催化劑，如果能因佈置而讓員工賞心悅目、心情開懷，則是最佳的人力管理策略。

6.　經濟性

　　　　情境佈置是工廠佈置的附屬佈置，自以經濟爲原則，如果能夠以小而美，高貴不貴的佈置最恰當不夠了。

(三)情境佈置的典範

OA 辦公室推出以後，許多工廠也漸漸重視職場的 CIS 形象，但對現場的情境佈置國內應首推健生公司，該公司由莊銘國教授策劃及指導，費時 3 年，完成國內首屈一指的情境管理，極具創意，並深獲業界欽羨，莊教授時任健生公司總經理，秉持「一種理想、幾些追尋、永世執著」的精神，由工廠美化做起，矢志讓員工在雅靜創意的環境中工作，再走入企業藝術化，由書畫雕塑中，刻劃管理策略、品質方針、工作要領等，做到耳提面命的功效，人雖不在場，仍能讓員工自立自強，達到經營目標，情境佈置可以說是融合現代人性化管理的上乘管理措施。

3-4 工廠佈置與物料搬運

工廠佈置型式配合工廠生產的產品，及經營指標而有所選擇後，實際生產後，每天流動的頻率最高的應是物料的流動，也就是物料搬運的問題，物料搬運的路程應愈短愈好是基本的原則，但是，整體工廠的流程還包括生產方式、機器擺置、廠房的局限等問題，一般工廠的生產流程如圖 3-17。選擇流程，整體規劃物料搬運路線及方式。

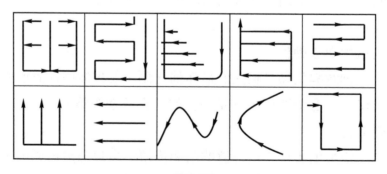

圖 3-17

一、工廠佈置的程序

佈置工廠，有一定的程序與步驟：

1. 蒐集必要的資料

工廠佈置之前，應蒐集及建立一些資料，包括：⑴產能，⑵產品的模式，⑶廠房工程藍圖，⑷製程計劃，⑸產品規格及種類，⑹設備數量及型式，⑺存料管理狀況，⑻生產程序，⑼可利用的空間等。

2. 分析與決定

將上列資料詳細分析後，並決定必須的員工總數(工作崗位數)，加工的站數，存儲材料，在製品及成品的空間大小及設備大小及數量。

3. 決定生產部門

產品至成品之加工過程決定後，中間要劃分為幾個單位部門必須決定，然後佈置按此部門予以計劃。

4. 其他應有設施

如飯廳、宿舍、辦公室、工具室、倉庫、康樂室、洗手間等亦應一併規劃。

5. 各部門之細部計劃

部門決定後，每一部門內部之佈置詳細計劃，並繪製草圖。

6. 詳細予以佈置

部門決定後，內部佈置位置完成時，應合乎下列要求：

⑴ 適當的空間，如高度，人員工作活動範圍大小。

⑵ 方向按流程方向佈置。

⑶ 工作速率須前後平衡，以免生產中造成瓶頸。

7. 房屋設計

廠房設計在部門及工廠佈置規劃完成，即可開始設計並建築。

8. 檢討與改進

　　　佈置前、佈置規劃中，甚至廠房建築中應不斷的檢討，若發現有不利的地方，立即重新檢討，必要時也可變更設計，力求盡善盡美。

二、工廠佈置的工具

　　工廠的幹部，被界以佈置工作時，往往不知如何著手規劃佈置工作，有下列的工具可以協助其完成佈置的模擬作業。

1. 製程分析符號

　　　在繪製佈置圖，必須運用一些符號，表 3-29 為製程分析的符號。

表 3-29

製程名稱	符號	包含意義
加工	○	將原料、零件或半製品，依作業目的而施以改變其形態之功能。
搬運	⇨	將原料、零件或半製品，由一位置移動至另一位置。
檢驗	□	判斷原料、零件或半製品是否合乎標準要求。
儲存	▽	將加工告一段落之原料、零件或半製品儲放在固定位置。
等待	◻	因待料或待修所形成之等待。

2. 依照流程程序圖(flow process chart)佈置設備

　　　流程程序圖係以記號表示製程上所發生之操作、搬運、檢驗、儲存等順序的圖表，必要時尚可記載所需的時間，移動距離等資料，如表 3-30 為流程程序圖一般分析用表。

表 3-30

工作令號碼：		統計			
產品：		項　　　目	現行動作	建議	節省
動作：		操　作　○			
		搬　運　⇨			
地點：		等　待　□			
		檢　驗　□			
操作人：		儲　存　⇨			
		距　離(公　尺)			
設計者：　　日期：		時　間(一　人　份)			
審定：　　　日期：		成　　　　本			
		總　　　　計			

動作說明	數量	距離(公尺)	時間(分)	符號					工人數
				○	⇨	□	□	▽	

表 3-31

工作令號碼：			統計		
產品：活動板手鍛品		項　　　　目	現行動作	建議	節省
動作：噴砂、研磨、檢驗		操　　　作 ○			
		搬　　運 ⇨			
地點：製二組		等　待 □			
操作人：製二組作業員		檢　　驗 □			
		儲　　存 ▽			
設計者：　　　　日期： 審定：　　　　日期：		距　　離(公　尺)			
		時　間(一　人　份)			
		成　　　　本			
		總　　　　計			

動作說明	數量	距離 (公尺)	時間 (分)	符號 ○	⇨	□	□	▽	工人數
從鍛造組運送鍛品至製二組	100	15	2						2
將鍛品放入噴砂機內	200		8						1
開電後開始噴砂			15						
等待噴砂完畢									1
噴砂完畢，將鍛品取出			8						
運送至研磨機房		8	2						2
卸下搬運車			5						2
放鍛品入研磨作業員旁之容器			3						2
開始研磨毛邊			10						10
運送至檢驗處		3	2						2
等待運送工									
搬運至下一製程		15							2

　　例如：活動扳手本體係由鍛造而來，鍛造後，必須噴砂及研磨鍛造殘留的毛邊，現在以表 3-31 表示其流程程序圖，雙線上之空欄爲現行佈置改善用，本例題暫時不用。

3. 製程流路圖(process flow diagram)

　　製程流路圖常被認爲程序圖之一種，用以補充流程程序圖。其實，製程流路圖乃依比例繪製之工廠或工場平面圖(工場乃工廠內各工作場所之意)。

　　且將儀器、工作地點等，依正確關係位置，一一繪製於上。其材料、零件或在製品，在各加工地點，及發送路線，均須繪出，有時並用程序圖符號，指示各停止點所做的動作，如圖 3-18 爲(二)節中例題之製程流路圖。

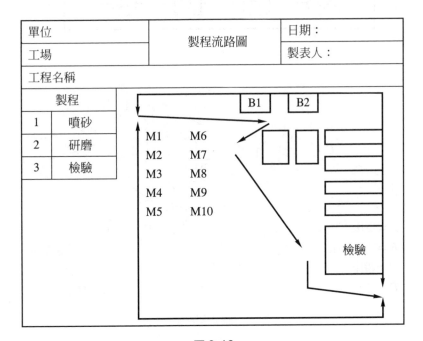

圖 3-18

4. 使用樣片預行佈置

　　即為二度空間樣板佈置，以不同顏色的樣板代替機器、工具
及設備，按照製造流程排列在一塊圖板上，可利用攝影或直接複
印出來，以為永久記錄之用，如圖 3-19 所示。

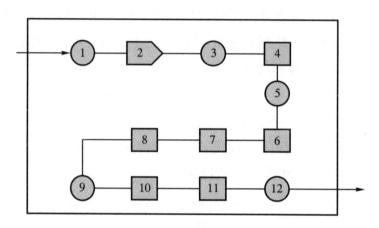

圖 3-19

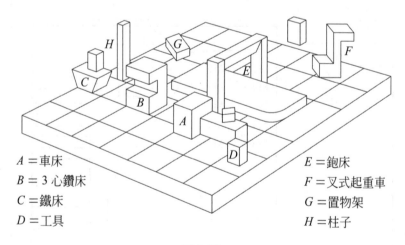

A ＝車床　　　　　　　　　E ＝鉋床
B ＝ 3 心鑽床　　　　　　 F ＝叉式起重車
C ＝鐵床　　　　　　　　　G ＝置物架
D ＝工具　　　　　　　　　H ＝柱子

圖 3-20

5. 使用模型預行佈置

　　即三度空間之佈置，此種佈置成本雖高，但是懸空設備能夠表示，如運送機、起重機、吊車等，其真實感及美觀亦較佳，如圖 3-20 所示。

三、物料搬運

　　工廠生產後，必有物料的流動，而有物料搬運的工作發生。物料涵蓋的範圍頗廣，就工廠管理立場，物料包括材料、原料、零件、半製品、成品、剩餘材料、報廢材料、在製品、各類用品及間接材料，其搬運的目標有：

1. 減低搬運的成本

　　能夠機械化儘量機械化，或減少搬運次數。

2. 減少製造週期時間

　　從物料至成品之時間，包括物料搬運時間，如果搬運的時間能夠縮短，對整個製造週期時間亦減少。

3. 合理的安排流程，增加生產

　　生產流程安排適當，物料搬運工作可以降低至最少次數，最短距離及最適當時間到達操作者手中。

4. 應用機械化及良好器具

　　為了品質，器具有決定性的影響因素，所以搬運器具的大小、質地，以及如何應用機械，都是設計的重點。

　　物料搬運的範圍，係從原料進廠以至於成品出廠之供需作業，其作業範圍自亦包括在廠中各項搬運作業之項目，即使工廠中非生產性作業，如倉儲，亦非常重要。所以其範圍包括：(1)接收與儲藏，(2)發料製造及加工，(3)單一零件或組合件送回倉庫再發料給裝配單位，(4)包裝及

運送至客戶手中及港口，(5)若有協力廠商則託外加工件之品檢、接收、登記皆是物料搬運涵蓋的工作。

　　從事倉儲及物料搬運，其效率的高低，受搬運機具影響很大，但是要選擇搬運機具受下列因素影響很大：(1)機具之可用類型，(2)安裝路線，(3)機具性能，(4)成本，(5)有效使用年限等；因此，選擇搬運機具，要能適合搬運目的，搬運機具的種類一般有：(1)人力(man power)，(2)滑槽(chute)，(3)輸送機(conveyor)，(4)起重機(crone)，(5)吊車(hoists)，(6)廠外或廠區很大時用運送車，(7)成品出貨用貨櫃車。

　　不過，在政府致力推動自動化生產結構，工廠物料搬運也有革命性的進展。物料搬運就是讓物料流動。一般自動化工廠包括物流(自動化)、電腦流(電腦硬體設備)及資訊流(資訊化)、搬運功能除了輸送帶的自動化輸送之外，還包括大量使用電腦控制技術及電腦資訊管理。使主體倉儲進步到自動化倉儲。

　　一般自動化搬運系統包括自動倉庫、天車、台車、無人搬運車、分類機、夾持系統、回轉架、移動架、垂直搬運機、滾輪箱工作台盤、電腦、器具箱及流動架等，所以，近代自動倉儲是自動化搬運設備與電子資訊等進行系統整合，將自動倉儲的功能發揮，真正達到倉儲「自動化，無人化」。圖 3-21 為自動倉儲的主要設備圖。

四、整理整頓 5S 制度

　　工廠佈置與物料搬運主要目的在於協助生產工作順暢，而設備的維護正是保持生產力的要件之一，企業界為做好現場管理工作，整理整頓工作是第一步要做的事，藉 5S 工作，以做為全面品質管理和全員生產保養的先期基礎，那麼什種是 5S 制度呢？

(一)5S 定義

1. 整理(seiri)：將工廠的物品區分爲要用與不要用的。
2. 整頓(seiton)：要的物品定出位置擺設。
3. 清掃(seiso)：不要的物品，清除打掃乾淨。
4. 清潔(seiectsu)：工廠時時保持在美麗的狀態。
5. 修身(shitsuke)：要每一位員工養成良好習慣，並且遵守規定、規則，做到以廠爲家的境界。

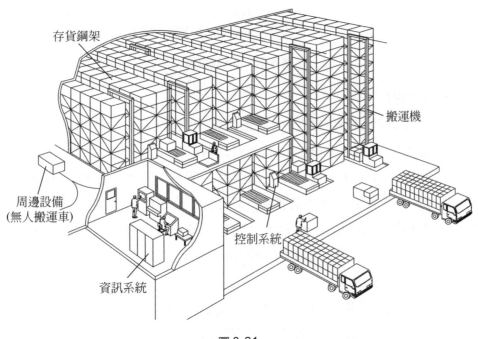

存貨鋼架
搬運機
周邊設備
(無人搬運車)
控制系統
資訊系統

圖 3-21

(二)5S 的關連圖

所以工廠實施 5S 活動，不只是把物品擺整齊而已，而是要在其過程中，把「力行」、「徹底」、「革新」和「人性」等要素加入，變成一種 sense(直覺)，變成公司企業文化與企業特質的一部分。

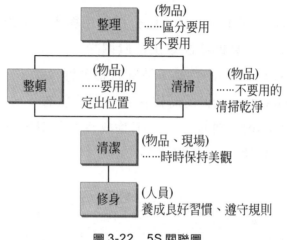

圖 3-22　5S 關聯圖

(三)5S 的內容

一般實施5S活動的公司，必須制定5S的內容，並且輔以競賽，並設定獎懲辦法，來強化員工共識及貫徹執行，當然，推行委員會必須藉一連串對員工的訓練、宣導、先期活動、觀察、整理、定位、競賽活動來完成5S，如果能夠成功的推動5S活動，公司陸續推動人事、生產、品管、物料等各項制度，也會十分順利，業績自然會成長。現將某電子公司推行5S制度活動的內容述說於後。

1. 整理的部分
   (1) 辦公室及現場擺放的物品，定時清理。
   (2) 辦公桌、鐵櫃、置物架等定時清理。
   (3) 單據非當月使用需入櫃保管。
   (4) 報紙雜誌近三天存於報架。
   (5) 過期表單、卷宗的定時清理減少公文、資料的積壓。
   (6) 桌面及抽屜之定時清理。

    (7) 有效的運用料袋容器區分物品材料或廢料、垃圾等。

    (8) 原材料、零件、成品、半成品與垃圾等廢料、餘料等置放清楚。

    (9) 料架、RUZ 機架之正確使用與清理。

2.   整頓的部分

    (1) 個人離開工作崗位或下班後，工作桌、辦公桌等物品整齊置放。

    (2) 茶杯私人用品及個人衣物定位置放或置於櫃內。

    (3) 將要的資料、檔案分類、整理入卷宗、儲放櫃、書桌。

    (4) 將卷宗標示，顏色標準化。

    (5) 會議桌、茶水間、物品之定位。

    (6) 公用地點或特定地點責任者之設定與查檢表之運用。

    (7) 消耗性用品(如抹布、手套、掃把、拖把等)定位置放。

    (8) 加工材料、待檢材料、半成品、成品堆放整齊。

    (9) PCB 架、零件箱等，定位置放整齊。

    (10) 生產工令完畢後有關用品之收拾與歸位。

    (11) 通道、走道保持暢通，且通道內不得擺放任何物品(暫存區除外)

    (12) 電線、延長線不跨越走道及正確使用。

    (13) 所有零件定位置放。

3.   清掃部分

    (1) 桌面除一般使用資料，長時間離席一概清理。

    (2) 過期文件、檔案之銷毀。

    (3) 公佈欄、記事欄內容定時清理或更換。

    (4) 下班前有效打掃收拾物品。

    (5) 垃圾、紙屑、煙蒂、塑膠帶等的掃除。

    (6) 機器設備、工作台、工作桌、辦公桌、窗戶等清理擦拭。

    (7) 廢料、餘料、呆料隨時清理。

    (8) 抹布、包裝材料的清除。

4. 清潔部分

　(1)　排定輪職打掃。

　(2)　窗戶、大門每月擦拭一次。

　(3)　盆景之設定。

　(4)　工作環境時時保持整潔乾淨。

　(5)　設備、機台、工作桌、工作台、辦公桌等保持乾淨無雜物。

　(6)　工作桌、工作台上不得任意置放物品。

　(7)　長期置放(一週以上)物品、材料設備等加蓋防塵。

5. 修身部分

　(1)　人員遵守作息時間。

　(2)　員工按時出勤。

　(3)　工作狀況應該良好(員工無談天、說笑、離開工作崗位、呆坐、看小說、打瞌睡、吃東西)。

　(4)　員工按規定穿工作鞋。

　(5)　工作現場不得吸煙。

　(6)　幹部確實督導部屬、部屬並能自動自發工作。

　(7)　使用公物時，能確實歸位並保持清潔(廁所、茶水間、鞋櫃的使用)。

　(8)　不破壞工作現場的環境(亂倒垃圾、工具任意擺放)。

　(9)　停工前確實打掃和整理。

　(10)　電話禮貌的應對與備忘留言。

　(11)　接待客人的禮節。

　　企業管理經營，一方面透過科技的進步來提高效率，如自動化，自動倉儲，但另一方面又需有效的制度來維護生產力，5S活動即是企業界喜愛的制度，對工廠設施維護，物料管理，都有明顯的成效。

五、TPM 全面生產管理

(一)定義：

　　TPM 是建立在 5S 現場管理之上的一種挑戰自我，挑戰極限的企業管理的全方位改善活動。最初的 TPM 活動還僅限於企業的生產部門，以後逐漸擴展到整個企業，以改設備狀況，改進人的觀念，精神面貌及改良現場工作環境的方式來改變企業的體制，塑造企業生產活力的文化。

　　TPM 全名為 Total Productive Management，譯為全面生產管理，即工廠全體人員，包括企業領導、生產現場人員及辦公室人員參加的生產維修與維護體制，以提高生產設備的綜合效率。

(二)TPM 的具體內容與目標為：

1. 追求設備及人員發揮最大效能，以零故障、零缺點為目標。
2. 採取小組討論活動方式來進行，讓全體員工與高層領導人員的意見能夠相互溝通與連結。
3. TPM 以 5S 為基礎，開展自主設備維修活動。
4. 推動 TPM 期望工廠能提高設備綜合效率，降低損失，包括減少設備故障、安裝調整、空轉停機損失、生產速度降低、加工廢品及縮短初期未達效率的時程。
5. TPM 推動不是侷限企業的生產部門，而是包括全公司的設計開發、行政部門以及其他業務部門都應納入。

(三)推動 TPM 活動的核心工作為：

1. 建立員工能夠個別改善自己生產設備的訓練制度。
2. 建立讓員工能夠自主保養的體制，初期加強宣導及訓練。
3. 保養部門必須擬定完整的保養計畫書。
4. 提高各項設備操作及保養的技能訓練。

5. 建立設備保養與生產之產品品質管制的體制。

6. 加強安全衛生與環境的管理制度。

7. 釐訂工廠其他部門與生產單位效能的責任連結關係，才能全公司萬眾一心，促進工廠良善管理。

(四)企業推動 TPM 的步驟：

企業為求體質改善，鞏固生產效率，計畫推動TPM，其步驟分為準備階段、實施階段及鞏固階段，其具體內容包括下列項目：

階段	步驟	主要內容
引進 準備 階段	1.領導層宣傳引進 TPM 的決心。	宣佈 TPM 開始，表示決心，公司公告。
	2.TPM 引進宣傳和人員培訓。	按不同階層培訓、教育。
	3.建立 TPM 推動機構。	成立各級 TPM 推動委員會和專業組織。
	4.建立 TPM 基本方針和目標。	找出基準點和制定目標。
	5.制定推動 TPM 之計畫流程。	計畫包含開始引進及最後完成之評估。
	6.TPM 正式開始推動。	舉行儀式或宣告活動。
推動 實施 階段	7.提高設備綜合效率措施。	選定基準或設備，作為改善標竿。
	8.建立員工自立維修體制。	草擬員工維修步驟、方法及診斷方法。
	9.維修部門建立維修計畫。	定期保養、預防保養、備用物料之管制。
	10.提高員工操作及維修技術之培訓。	分階段及職階進行培訓。
鞏固 階段	11.定期檢討、評估，漸進的全面進行 TPM。	總結評估、獎勵、改善並提高目標，進步再進步。

本章重點彙整

1. 工廠的 8M 要素是人(man)、資金(money)、材料(material)、設備(machine)、方法技術(method)、市場(market)、士氣(morale)、管理(management)。

2. 工廠的生產過程可分為投入(input)、製程(process)、產出(output)。

3. 投入最主要因素為材料及人員，製程最主要因素為廠房及設備，產出最主要因素為儲存及市場。

4. 設廠以原料運費及產品運費之最低總和為考慮設廠地點。

5. 設廠時人力方面應考慮的因素有工資率、技術工人之獲得、勞力市場、流動率、曠工率、工人可信賴程度及工作習慣、招僱及訓練費用、工會態度等。

6. 設備運轉需要考慮的問題有水、電力、污染、噪音及氣候問題。

7. OEM(original equipment manufacturing)原廠零組件加工廠。

8. 設廠要了解的法令有該地區的稅制、稅率、工廠法、勞工法、投資條例、污染管制法令、保險法等。

9. 機器設備分為效率固定不變型及效率遞減型。

10. 工廠動力系統分為動力間、傳導設備及輸給區三部分。

11. 傳導架設之線路有空中架設式、地上式及埋設式。

12. 良好的保養，可以使任何機件及機器達到應有年限的精度及堪用度，觀念上保養無法保持機件及機器永久不壞。

13. 保養的種類分為事後保養、糾正保養、預防保養、生產保養。

14. 預防保養機器的選擇可就生產能力、品質、成本、交貨期、安全、士氣之考慮來選擇。

15. 保養之編制有集中保養、分區保養及混合保養制。

16. 預防保養的工作範圍及內容有組織編訂、資料之蒐集與建立、計劃之擬定、檢查工作、潤滑、填寫報告、排工及記錄與評估。

17. 機器之檢查有日常檢查及定期檢查,定期檢查又分為機能檢查及精度檢查。

18. 實施潤滑應該適時、適質的油及適量的油。

19. 工廠應訂定保養規則,以制度化實施保養。

20. 物料搬運並非直接生產,能節省最好。

21. 工廠佈置的種類有產品式、程序式、固定式及自動化生產佈置。

22. 自動化生產佈置理念中,「無人化生產」是追求的最終目標。

23. 彈性製造系統是符合自動化且少量多樣的生產。

24. 製造業面臨的難題是:(1)人力不足,人工難求;(2)訂單生產且少量多樣。

25. 工廠佈置有一定的程序與步驟。

26. 加工以○代表,搬運以⇨代表,檢驗以□代表,儲存以▽代表,等待以□代表。

27. 一般自動化工廠包括物流(自動化)、電腦流(電腦硬體設備)及資訊流(資訊化)。

28. 自動倉儲是自動化搬運設備與電子資訊等進行系統整合達到倉儲「無人化自動化」之境界。

29. 5S 制度是整理(seiri)、整頓(seiton)、清掃(seiso)、清潔(seiectsu)、修身(shitsuke)。

自我評量

( )1. 分解法的加工方式，設廠地點以　(A)遠離　(B)靠近　(C)無所謂　原料供應地為佳。

( )2. 下列何種工廠廠址，應靠近原料產地　(A)大理石加工廠　(B)魚罐頭加工廠　(C)水果酒廠　(D)以上皆是。

( )3. 下列何種廠房屋頂可有通風及採光優點　(A)鋸型　(B)氣樓頂　(C)都可。

( )4. 選擇廠址可用　(A)積點評價表　(B)勘誤　(C)員工表決　方式。

( )5. 下列哪些特性屬於機器的效率遞減型　(A)平行度　(B)垂直度　(C)真圓度　(D)以上皆是。

( )6. 工廠的主動力是　(A)內燃機　(B)空氣壓縮機　(C)電力　(D)柴油機。

( )7. 下列何種機器要作預防保養　(A)瓶頸機器　(B)昂貴機器　(C)修理費時機器　(D)以上皆是。

( )8. 適當的　(A)潤滑　(B)噴漆　(C)調整　可使機器減少磨耗，保持精密度。

( )9. 產品佈置又稱為　(A)生產線佈置　(B)製程佈置　(C)彈性佈置。

( )10. 解決製造業面臨人工難求且少量多樣訂單的難題是　(A)外移　(B)改為服務業　(C)彈性自動化　的生產方式。

習 題

1. 何謂工廠經營的 8M 要素？

2. 試述在投入、製程及產出過程最主要的因素是什麼。

3. 為何設廠時要考慮該地區勞工的曠工率問題？

4. 試說明工廠的勞務設備有哪些。

5. 為何設廠時要考慮到氣候問題？

6. 設廠時哪些地方上的公共設施要評估？

7. 決定或選擇廠址的步驟如何？

8. 近年來，工廠選擇廠址的趨勢如何？

9. 何謂效率固定型及效率遞減型機器？

10. 人類動力演進有哪些時期？

11. 解釋保養的意義。

12. 試述保養的種類。

13. 就士氣考慮，哪些設備應實施預防保養？

14. 試述混合保養制之優點。

15. 試說明預防保養的工作範圍與內容。

16. 試述預防保養應蒐集及建立哪些資料。

17. 定期檢查分為哪兩種檢查，試說明之。

18. 實施預防保養，填寫報告有何功用？

19. 試簡述物料搬運佈置時應考慮的原則。

20. 簡述產品式佈置適用之情況。

21. 解釋彈性製造系統(FMS)。

22. 試述近代市場有何特性及趨勢。

23. 試述工廠佈置的程序與步驟。

24. 工廠佈置應蒐集的資料是什麼？
25. 工廠佈置以模型表達有何優點？
26. 簡述物料搬運的目標。
27. 試述自動化搬運系統的內容有哪些。
28. 試說明5S制度之定義。
29. 5S活動的最終目標是什麼？

Chapter **4**

Factory Management

工作研究

　　生產工作，固然需要良好機器設備，精密儀器，進步的科學方法，突破的技術。但是，這些的主控者還是在人，人有意識，有體能，有情緒，上帝賦予人肢體，如果能夠善加調適，則能發揮淋漓盡致，猶如一個運動者，要突破記錄，則從運動生理學去研究，讓比賽時，生理、心理處在巔峰狀態，創造佳績；工業生產工作，人的操作方法，方式也是一個研究的課題，那就是人體工學，希望能夠讓操作者專心、輕鬆、減少疲勞，安全的從事操作工作，所以，企業實施工作研究。工作研究(work study)係以科學方法，研究工作方法(method)工作程序(process)，求出最有效的方法，再衡量(measuse)該工作的時間價值(time value)，作為一切管制(control)、誘導(motivation)和估量(estimation)之基礎。工作研究是對直接生產的現場作業體系及各別機能照下列兩方面來檢討：

1. 生產對象(物)，透過製造程序，從空間的、時間的變化上來研究廣義的製程分析。
2. 生產主體(人)，透過作業程序操作，在生產對象的作用方面加以研究。

　　工作研究的目的，在尋找最經濟最有效及最舒適合理的工作方法和工作時間，以確保人員及物料、機器設備均能作最有利的運用，而達到增高生產力及降低成本之要求。

4-1 工作標準

　　工作標準猶如一種規範，說明一項操作或工作之詳細內容，工作實施方法，工作場所之設置，特別是所使用之機器、工具與設備，以及工人之職責等。通常包括給予工作之標準時間或容許時間。因此，工作規範是代表勞資雙方依據獎勵辦法實施作業而互相認同的工作準據。工作標準之建立理論上應愈詳細愈好，舉凡工作時間、工作方法、工資、獎勵……等皆應詳細記載。但仍以有關之作業性質而迥異。機械工廠內大部分為機械操作，其操作方法可說大同小異，因此，有關各項工作之一般條件及標準可以以整個工廠為單位而建立之。僅有細部差異之處需要特別予以記載，在另一方面，當一項作業涉及整個工場或部門，幾乎在時間上皆沒有限制，基本上不會改變，且經久都是相同的，一般情形之下，以下各點應包括在工作規範(標準)之內。其內容自應包括由工作研究之結果所決定之標準方法。

1. 工作物或產品之各項資料包括

　　　圖樣、規格或產品號碼及標示，材料規格。必要時，尚需零件或需加工面之草圖。

2. 實際操作之機器或工廠之各項資料包括

　(1)　廠牌、大小或形式，工廠登記號碼。

　(2)　機器轉速及加工速度，皮帶盤大小或其他相當數據。

　(3)　模具、夾具、工具或夾頭。

　(4)　工作位置佈置草圖。

3. 操作之工作單號數及應做工作之一般說明。

4. 品質標準包括

　(1)　品質等級、加工及公差。

　(2)　檢驗及計量要求、樣板及其他檢驗用具。

　(3)　檢驗週期。

5. 工人等級及性別包括

　(1)　直接生產工及間接工。

　(2)　檢驗員或監督員部分時間之協助。

6. 所有有關工作之詳細說明包括

　(1)　反覆工作單元，定值與變值。

　(2)　機遇單元。

　(3)　間接工作：裝置與故障。清潔、加油等及實施週期。

7. 時間標準之資料包括

　　　　每一單元，工作或操作之適當標準時間，所有間接工作之容許時間，並附經說明其如何決定的方法。每一單元時間內休閒寬放時間之百分比。

8. 記錄產量及登記無效時間時，操作人應辦之行政手續。

9. 頒發時間標準之條件及任何特殊附件。

　　工作規範凡是管理部門，現場幹部皆應人手一份，特殊工作之員工亦可分送。

4-2 動作研究

　　爲了分析及研究有效率的工作方法，從程序分析及動作分析是最有效的方法，程序分析是對加工之整個過程加以分析，將每個過程所需的人員及時間列出，盡是研究出某些過程是否可以合併，以程序圖記錄分析製造過程之種種浪費，從程序之安排中尋求效率改革方案，如第三章表 3-29，3-30 之製程程序分析表，及圖 3-18 爲製程流程圖皆爲程序分析之用，本節不再重覆述說。而動作分析是研究簡化及改進工作方法，尋求省時、省力、安全及更有效果之動作。其研究之主要對象是工作時人員身體四肢動作的改進，把人類之機能在可能範圍內，發揮其效能到最高境界。動作分析，由於研究精確度之不同，其分析方法一般以下列三種爲最普遍：

1. 目視動作分析

　　即以目視加以觀察操作方法與人體動作而尋求改進。例如仔細觀察各操作之單元動作，然後加以分析改進，此方法，因爲必需配合觀察員之經驗及反應，效果上沒有理論根據，無法達到最理想境界。

2. 動素分析

　　動素及動作研究創始人吉爾伯勒斯(Frank B. Gilbreth)氏所發明，所有操作係由一連貫之基本動作(fundamental motions)所組成，吉氏研究結果，將人體動作分析爲 17 種動素，將工作中所用之各種動素逐項分析，謀求改進。一般用在動作重複很多且工作之週程較短之動作上研究分析。

3. 影片分析

　　以攝影機對各操作拍攝成影片，然後放映影片而加以分析。分析影片內之動作可由拍攝之速度來控制，一般分爲細緻動作研

究及微速度動作研究兩種。由於影片分析之成本太高，此方法往往限於產品壽命長、週程極短，且重覆性很多的手工操作之研究。

一、動素

　　根據吉爾伯勒斯(F. B. Gilbreth)之研究將人之動素分為 17 項之一貫化連續動作，如表 4-1，17 種動素為了研究方便起見冠以符號或縮寫，此 17 種動素，有屬於體力方面或精神方面，有對工作有助益或無助益者，為了便利研究時改善根據，重新分類如表 4-2，一般來說第二類儘量以經驗及技術謀求節省時間，而第三類儘量避免或減至最合理之時間與動作。

表 4-1　動素符號

編號	動素名稱	簡寫	符號	定義	說明例(在鉗台上實施銼削)
1	尋找(search)	S	⊂⊃	為確定目的物位置之動作	尋找銼刀
2	選擇(select)	SE	→	選擇對目的物採取行動	從所有銼刀中，選擇適當形狀及粗細的銼刀
3	握取(grasp)	G	∩	抓住目的物	握取選好之銼刀
4	移物(move)	M	℃	拿取目的物至適當位置	拿取銼刀至欲實施加工之位置
5	對準(position)	P	9	將物體擺放至最適當位置	持銼刀放至欲銼削面之正確位置
6	裝配(assemble)	A	#	配合件之配合動作	將銼刀放在適當位置或套件內
7	應用(use)	U	U	藉設備改變目的物之動作	用銼刀實施銼削
8	拆卸(disassemble)	D	++	將組合件分離	移開銼刀或由套件中抽出銼刀

表 4-1 動素符號(續)

編號	動素名稱	簡寫	符號	定義	說明例(在鉗台上實施銼削)
9	檢驗(inspect)	I		將目的物與標準比較之動作	檢查銼削面之平面度、光度、尺寸
10	預對 (preposition)	PP		放置目的物前準備工作	將工作夾好,把銼刀擺放在適當位置
11	放手(release)	RL		放下目的物	放下銼刀或拆下工件
12	伸手(reach)	R		接近或離開目的物之動作	放下銼刀然後收回手至適當位置
13	休息(rest)	RT		停止動作,而以休養為目的	疲勞時休息
14	遲延(unavoidable delay)	UD		未動作但非人力可控制	因意外事件而停止銼削
15	故延(avoidable delay)	AD		人力可避免但卻不動作	因分心或其他事情而停止銼削
16	計劃(plan)	PN		計劃研究作業方法而遲延	考慮如何來銼削
17	持住(hold)	H		握持或保持目的物之狀態	握住銼刀

　　我們為了改善工作之能有效率與經濟之進行,可以依照吉氏所提出的 17 種動素來加以研究。

1. 伸手(reach)

　　意義:手開始移動

　　開始:當手由神經系統指揮開始活動之剎那。

　　終了:當手已抵達目的物的剎那。

　　改善:(1)儘量縮短手活動之距離。凡手必須經過之空間路徑皆應考慮。

(2)減少「伸手」時，考慮方向意識(sense of orentation)伸
手可能遭遇之困難有：
　①如何對正伸至目的物，一次成功。
　②經常改變位置之目的物。
　③並非很明顯之目的物。

表 4-2

項次	分類	操作單元分類	功能	動素名稱	備註
1	第一類	體力基本單元	進行實際工作	伸手	
2				握取	
3				移物	
4				持住	
5				裝配	
6				應用	
7				拆卸	
8				放手	
9				檢驗	
10	第二類	精神負荷單元	阻礙第一類工作	尋找	
11				選擇	
12				對準	
13				計劃	
14				預對	
15	第三類	延遲單元	對工作無益	休息	
16				遲延	
17				故延	

2. 握取(grasp)

意義：利用手控制物件。

開始：當手指欲握緊物體之剎那。

終了：當手指已完成握緊物體之剎那。

改善：⑴儘量一握即住。

⑵儘量以觸取代替拾取。

⑶充分利用可增加效能之工具。

3. 移物(move)

意義：用身體上之任何部位移動物體之動作。

開始：握好物後，身體之某部分開始朝目的地移動之剎那。

終了：當抵達目的地之剎那。

改善：⑴儘量縮短距離。

⑵不要超過身體所能負荷之重量，而且愈輕愈好。

⑶移動之要領研究。

4. 持住(hold)

意義：握持工具或工作物的動作。

開始：固定工具或工作物開始之剎那。

終了：加工完成，鬆開工作物或工具之剎那。

改善：⑴儘量安全方式。

⑵利用夾具，減少身體用力。

⑶研究自動化，減輕肢體負擔。

5. 裝配(assemble)

意義：兩物體配合在一起。

開始：兩物體開始接觸之剎那。

終了：兩物體完全配合之剎那。

改善：⑴儘量能熟練。

⑵避免失敗。

⑶能使用工具時，儘量使用工具。

6. 應用(use)

意義：為了操作上之方便或達到目的所必需使用之工具或設備。

開始：開始操作設備之剎那。

終了：工作完成，工具或設備使用完畢止。

改善：⑴工具或設備性能之維護。

⑵設計技術突破現有之設備。

7. 拆卸(disassemble)

意義：使兩物體或綜合配合體分開。

開始：當物體開始被拆開之剎那。

終了：零件完全被拆開之剎那。

改善：⑴儘量使用工具。

⑵避免敲擊等不當手段。

⑶按拆卸程序與要領工作。

8. 放手(release)

意義：將手中或工具夾持之物放開。

開始：物體被放開之剎那。

終了：物體完全被放開止。

改善：⑴物體放開後是否可幫助下一動作之實施。

⑵避免損傷。

9. 檢驗(inspect)

意義：檢查物體是否合乎標準。

開始：物體準備好，開始檢查之剎那。

終了：物體之合格與否及品質之優劣已有斷定結果時止。

改善：⑴檢查次數儘量減少。

　　　⑵把握住檢查重點。

　　　⑶對品質之良劣應以檢討改進。

10. 尋找(search)

意義：利用眼睛、手或配合其他儀器找尋之刹那。

開始：已經開始用眼睛尋找之瞬間。

終了：直至物體被發現之瞬間。

改善：⑴常用之工具應儘量歸定位。

　　　⑵工作場所應確定，勿隨便更改。

　　　⑶訓練每一個人熟悉環境，勿盲目摸索。

11. 選擇(select)

意義：在一些類似物中，選取適當的出來。

開始：尋找完畢後即開始選擇，應一貫化。

終了：物體已被選出。

改善：⑴零件之規格需詳細記載，易於尋找及選取。

　　　⑵勿作重覆之選取。

12. 對準(position)

意義：將工具或物體放置於適當位置。

開始：當操作人員開始朝適當位置移動時之刹那。

終了：物體已安置在適當位置時止。

改善：⑴培養豐富經驗。

　　　⑵了解製品規格。

　　　⑶熟悉工作方法。

13. 計劃(plan)

意義：在操作進行前，對工作作周詳的考慮。

開始：開始考慮之瞬間。

終了：考慮完畢，決定開始操作之瞬間。

改善：⑴設計工作方法與程序。

　　　　⑵提高工作效率。

14. 預對(preposition)

意義：物體在對準之前，先預備模擬可能正確的位置。

開始：開始對準即開始預對。

終了：對準完畢即預對完畢。

改善：⑴力求一次成功。

　　　　⑵改善可能失敗的機會。

15. 休息(rest)

意義：因工作疲倦而停止工作。

開始：操作停止之瞬間。

終了：休息完畢，開始重新工作之瞬間。

改善：⑴改善工作環境，避免疲勞。

　　　　⑵檢查並分析疲勞之原因。

16. 遲延(unavoidable)

意義：在操作中，由於無法控制之原因而造成工作中斷。

開始：工作停止，開始等候之剎那。

終了：繼續轉換工作之剎那。

改善：⑴遲延之原因為工人無法避免與控制，即應尋求新工作辦
　　　　　法。

　　　　⑵重新調整工作程序。

  (3)提高工作素質與水準。

  (4)加強技術訓練。

17. 故延(avoidable)

  意義：在操作中，由於人為之疏忽，使工作中斷。

  開始：工作成果停止出現之剎那。

  終了：正常工作恢復之剎那。

  改善：⑴加強工人之管理。

     ⑵謀求合理的員工福利。

  動作研究的首要步驟，是用動素符號記入一切操作動作現狀，一般皆採用「動作分析單」如表 4-3，經詳細記載其動素作用後，再研究改善之要領，美國工業工程專家巴恩斯(R. M. Barnes)教授，將動作經濟運用之發展，歸納為三類：

1. 人體之利用。

2. 工作位置之安排。

3. 工具及設備之設計。

  其觀點工場及辦公室皆可應用，現將其簡化說明如下，並名為動作經濟原則 "Principle of Motion Economy" 22 條。

(一)關於人體之應用如果可能

1. 兩手應同時開始並同時完成動作。

2. 除休息時間外，兩手不應同時空閒下來。

3. 兩臂之動作應對稱，反向並同時為之。

4. 所有動作，應以用最低級而能得到身體滿足為佳。

  現將人身之利用動作分類為五級如下，表 4-4。

表 4-3　動作分析單

動作分析用紙			編號		頁次	
簡　　　圖	品　　　名		操 作 項 目			
	圖　　　號		單　　　位			
	材　　　質		工　　　廠			
	規　　　格		操　作　者			
	操　作　單		年　　　齡			
	程　序　法		性　　　別		男	女
	加 工 機 器		工 作 經 驗		年	月
	派　工　令		級　　　別			

操 作 項 目	動　　　素	使 用 工 具	預 測 時 間	備　　　註

觀測	時間	氣候	溫度	濕度	照明	觀測者	主管
	年　月　日 時　分						

表4-4 動作分類

級別	樞軸	人身運動部位
1	指節	手指
2	手腕	手及手指
3	手肘	前臂、手及手指
4	肩膀	上臂、前臂、手及手指
5	身驅	驅幹、上臂、前臂、手及手指

依據上表之說明，級數愈高(1 級至 5 級)，則動作部位愈多(皆包括其較低級動作)，所以，利用最低級動作，可以節省動作部位，相對的可以省力。

5. 身體的運動量應儘可能利用，但如果需要肌力來制止動作時，則應減至其最小程度。

6. 連續之曲線運動，較含有方向突變之直線運動為佳。

7. 彈道式(即自由擺動式)之運動，較受限制或受控制的運動，輕快確實。

8. 動作應儘可能出現輕鬆自然之節奏，因節奏能使動作流利自然。

(二)關於工作位置之安排

1. 工具、物料應置於固定場所，以養成習慣。

2. 工具物料及設備應佈置於工作者之前面或近處，避免尋找。

3. 零件物料之供給，應利用其重量墜至工作者手邊。

4. 工具、材料及管制點應位於最大工作面內，並儘量接近工作者。

5. 材料工具應按照最佳之工作順序排列，「墜送」或「彈送」(ejectors)應儘可能使用。

6. 應有適當照明設備，使視覺滿意舒適。

7. 工作台及坐椅之型式及高度，應可使工作者保持良好姿勢，並使工作者坐立適宜。

8. 工作處所之顏色，應與作物顏色相襯托，以減輕眼睛疲勞。

(三)關於工具及設備之設計

1. 儘量解除以手「握持」之工作，而以夾具或足踏工具代替之。

2. 可能時，應將兩件或多種工具合併為一。

3. 手指分別工作時，其各個負荷，應按照基本能予以分配。

4. 工具物料應儘可能預放在工作位置。

5. 曲拐及大起子之手把，其設計應儘可能使與手之接觸面增大。

6. 機器上槓桿、十字桿及手輪之位置，應能使工作者極少變動其姿勢，且能利用機械之最大能力。

以上 22 條是「動作經濟原則」，利用表 4-3 分析後，我們對工作之改善可朝下列諸方向去實施：

1. 儘量刪減不必要之動作

在工作者之操作行為中，去思考那些動作可以合併一貫化，而減少動作或節奏，手腳並用，工作事前適度技能訓練，可降低試作的時間，工作者手腕使力或雙手移動的方向等都是思考改善的重點。

2. 採取最短路徑之動作。

3. 動作之方向應採取最圓滑順暢者。

4. 採取減輕疲勞最多的動作。

工作台的高度、照明度、工作者坐姿或站立的選擇、眼睛及精神思考使用程度等。

此外，關於安排工作位置時應行注意的事項，有下列數點：

1. 若兩隻手所作的工作相同，物料與零件之供應應分開，左手用者放於左邊，右手用者放於右邊。

2. 若需用眼睛選物料，應將物料置於使用者之前方，俾使其一眼即可瞧到，特別是組合裝配之工作物時，切勿將零件放於兩側。

3. 物料之性質及形狀對位置之佈置大有關係，必需加以配合。

4. 手工具之取放應避免妨礙動作之韻律及對稱。操作者取放手工具應配合手自工作物之一部分移至另一部分同時完成，不要加以分解實施。工具放置在手移動曲線(非直線)之端點。

5. 工具之取拿與放回，應力求方便，最後能自動還原，或於取拿次一物料時能順手使工具復元。

6. 完成之工作物應
   (1) 自一孔或滑槽落下。
   (2) 當手開始次一週期之第一個動作時，自滑槽滑下。
   (3) 放入一容器內，容器之位置以使手之運動減至最低限度為宜。
   (4) 若此項工作物必須交由他人繼續完成時，則該工作物容器之放置，應使次一過程操作者容易取得為佳。

7. 關於用夾具固定工作物，或處理成品之動作，最好研究它能由踏板或膝蓋操動桿負責完成。

二、影片分析

採用攝影法從事動作研究乃由吉爾伯勒斯(F. B. Gilbreth)所創始。其過程是以電影攝影機對準各種動作拍攝，沖製影片後，利用放映機逐框分析研究，其目的無非是利用電影攝影機能，將各組微動作拍攝無漏之特點對於各種動作分析與改進，較之目視能夠正確與周全，且能夠反覆放映研究。

影片分析分為：

1. 細微動作研究(micro-motion study)。

2. 微速度動作研究(memo-motion study)。

(一)第一種細微動作研究

其步驟為：

1.　選擇兩位最佳之操作者，將其動作拍攝影片。

2.　逐框分析動作影片，將其結果繪製於「對動圖」(simo chart)上。

3.　運用「動作經濟原則」，研究改善方法。

4.　對操作者教導新方法，並使之標準化。

5.　再將新方法之操作拍攝成動作，以為次一研究資料。

　　細微動作研究對目視之優點為：

⑴　記錄較周詳。

⑵　便於分析。

⑶　記錄正確。

　　而在實施細微動作分析研究時有關的設備器材，最重要的為電影攝影機和放映機，另外還須下列之輔助設備攝影機、三角架、廣角鏡頭、望眼鏡頭、自動影光機、室內攝影輔助燈、微計時儀(micro-chronome-ter)、放映機、手提影幕及影片剪接器等。拍攝影片有三道手續：拍攝影片、影片分析、圖示。

　　拍攝影片屬於專業技術，至於影片分析，為動作研究之依據，影片分析之基礎為逐框分析，其方法係將整個操作過程之影片利用放映機及銀幕放映數遍，已確定某一過程為最適當者，取上一過程之完工件之「放手」(release)動素剛完成的一框為開始分析的端點。因此，本過程之開始的基本動作即為「伸手」之開始。「伸手」指開始有意識取等待加工件或工具之一剎那。這一剎那就是操作過程之開始端點，分析人員立即以此端點之片框為零，以便記錄其各單元之經過時間，如果以動素作為基本劃分之單位，則計算此動素所包含之影片框數於「細微動作數值表」(micro-motion data sheet)即對動圖(simo chart)如表4-5。

表 4-5　對動圖

工作部門：_____　操作名稱：_____
影片編號：_____　操 作 人：_____

時間指標	時間(閃時)	左手操作說明	符號	動作級次					動作級次					符號	右手操作說明	時間(閃時)	時間指標
				1	2	3	4	5	5	4	3	2	1				

對動圖中亦註明動作級次，如表 4-4，如此在分析者能夠明確判斷刪除或改善該動作之可能性。

根據影片分析，記載於對動圖，可以作方法改善，計算出生產性時間及非生產性時間，然後加以合併某些動作或改善其操作時間，研究出新的工作方法，同時，實施員工訓練時，作為輔助媒體，如果另外作時間研究，對動圖可以幫助其作時間之研究。

(二)第二種微速度動作研究

是以 1945 年，美國普渡大學(Purdue University)工業工程系教授曼德勒博士(Dr. Marvin E. Mundel)採用每秒 1 框之速度所攝製之影片。因此以其姓氏縮寫 MEM 而定名為「微速度動作研究」(memomotion study)，微速度動作研究之優點有：

1. 減少影片費用

    因為細微動作研究採用每秒 16 框之攝影速度，因此，微速度動作研究之影片費用可節省16倍。

2. 減少分析時間。

3. 影片能顯示清晰之操作，利於改進。

4. 協助長時間的工作抽查。

總之，動作之研究，係將人體機能之有效配合，並以其他技術來完成工作，目的是符合經濟原則，但人體機能也能發揮高效率及舒適的動作，任何一種加工動作，可能同時有很多種方法來完成它，不過，這些方法中，有的多餘，有的容易產生疲勞及受傷，有的緩慢，因此，我們必須隨時配合本節所述之原則加以分析研究，俾能藉細微之研究，除了減輕人體機能之疲勞外，工作方法也能獲得改進，甚而工作效率也能提高，注重「人體工學」是近代企業效率改善的重要方法之一。

工業工程人員欲實施加工程序中某些動作之改善，下列檢核表，可以作事前分析了解目前現況之參考。

(三)動素(therblig)檢核表

1.　關於「伸手」和「移物」

　　☐(1)　這些動作可否刪除？

　　☐(2)　距離是否最適當？

　　☐(3)　有否應用適當的媒介？如手、鑷子及輸送器等。

　　☐(4)　是否應用了正確的身體部位？如手指、前臂和上臂。

　　☐(5)　能否使用滑道或輸送器？

　　☐(6)　輸送單位增大是否較有效率？

　　☐(7)　能否用腳操作之裝置來輸送？

　　☐(8)　輸送是否因接下去有較難做的「對準」而緩慢下來？

　　☐(9)　工具放置於使用處之附近是否能夠減少輸送。

　　☐(10)　較常使用之零件是否置於使用點附近？

　　☐(11)　有否使用適當之托盤或箱子？操作是否經過正確地排列？

　　☐(12)　前一動作和後一動作是否與此動作互相關連？

　　☐(13)　能否避免突然之轉變方向？能否去除障礙物？

　　☐(14)　對於物之移動是否使用身體最耐久之部位？

　　☐(15)　有無可刪除之身體移動？

　　☐(16)　手臂之移動能否同時，對稱而依相反方向行之？

　　☐(17)　能否以滑動代替拾取？

　　☐(18)　眼球之移動是否與手之動作配合？

2.　關於「握取」

　　☐(1)　是否可以一次握取一件以上之物件？

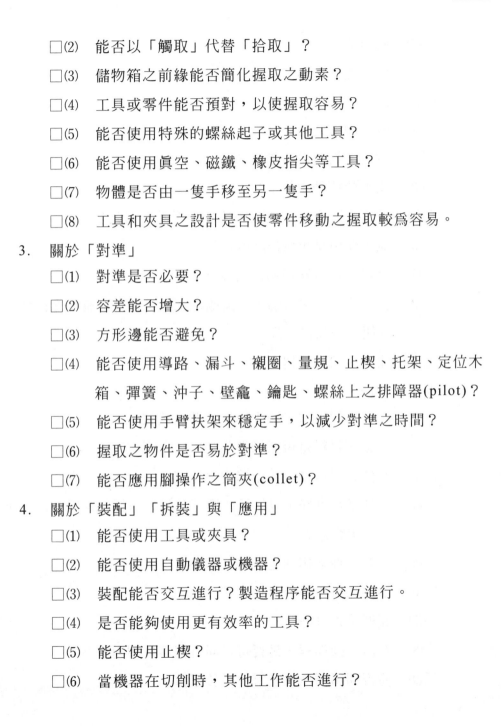

□(2) 能否以「觸取」代替「拾取」？

□(3) 儲物箱之前緣能否簡化握取之動素？

□(4) 工具或零件能否預對，以使握取容易？

□(5) 能否使用特殊的螺絲起子或其他工具？

□(6) 能否使用眞空、磁鐵、橡皮指尖等工具？

□(7) 物體是否由一隻手移至另一隻手？

□(8) 工具和夾具之設計是否使零件移動之握取較爲容易。

3. 關於「對準」

□(1) 對準是否必要？

□(2) 容差能否增大？

□(3) 方形邊能否避免？

□(4) 能否使用導路、漏斗、襯圈、量規、止楔、托架、定位木箱、彈簧、沖子、壁龕、鑰匙、螺絲上之排障器(pilot)？

□(5) 能否使用手臂扶架來穩定手，以減少對準之時間？

□(6) 握取之物件是否易於對準？

□(7) 能否應用腳操作之筒夾(collet)？

4. 關於「裝配」「拆裝」與「應用」

□(1) 能否使用工具或夾具？

□(2) 能否使用自動儀器或機器？

□(3) 裝配能否交互進行？製造程序能否交互進行。

□(4) 是否能夠使用更有效率的工具？

□(5) 能否使用止楔？

□(6) 當機器在切削時，其他工作能否進行？

□(7)　應否使用動力工具？

□(8)　能否使用凸輪或空氣操作之夾具？

5.　關於「放手」

□(1)　能否刪除此動作？

□(2)　能否使物體自由墜落？

□(3)　能否於運動中放手？

□(4)　是否需要小心地放開物件？能否避免如此？

□(5)　能否使用排出器(ejector)？

□(6)　材料盒是否經過適當之設計？

□(7)　在「放手」之末端，手或輸送工具是否在最有利之位置，以便次一動作之進行？

□(8)　能否使用輸送器？

6.　關於「選擇」

□(1)　是否佈置得當以減少尋找物體之浪費？

□(2)　工具和材料是否能標準化？

□(3)　零件和材料是否各予適當之標記？

□(4)　排列是否良好，以便易於選擇？例如用托盤預置零件，使用透明容器等。

□(5)　一般零件之排列是否有互損性？

□(6)　零件和材料是否混在一起？

□(7)　亮度是否良好？

□(8)　在前一操作裡，是否可以同時把零件預對好？

□(9)　能否利用顏色來使零件易於選擇？

7. 關於「檢驗」

☐(1) 能否刪除？

☐(2) 能否使用多重量規或試驗器？

☐(3) 能否使用壓力、振動、硬度或閃光試驗器？

☐(4) 能否增加照明強度，或重新安排光源，以減少檢驗時間？

☐(5) 目視檢驗能否代替機器檢驗？

☐(6) 操作者使用眼鏡是否有益？

8. 關於「預對」

☐(1) 物體能否於運送中預對？

☐(2) 能否使工具平衡，使其把柄處於直立位置？

☐(3) 「持住」之裝置是否使工具把柄處於適當位置？

☐(4) 工具能否懸掛起來？

☐(5) 工具能否存放於準備工作之適當位置？

☐(6) 能否使用導路？

☐(7) 物體之設計能否使其各邊相同？

☐(8) 能否使用加料管道？

☐(9) 能否使用堆筒裝置？

☐(10) 能否使用旋轉夾具？

9. 關於「持住」

☐(1) 能否使用夾鉗、釣子、架子、夾具或其他機械裝置？

☐(2) 能否應用黏性或摩擦？

☐(3) 能否用止楔(stop)以免「持住」？

☐(4) 如「持住」不能避免，能否提供手臂扶架？

4-3 時間研究

時間研究為一種工作衡量技術，用以記錄在特定狀況下實施一特定工作之動作單元所需的時間及速度，並且可用以分析資料，以獲悉一既定之標準時間與測得之時間比較情形或藉此找出執行工作的標準時間，作為對工作人員管制的基礎。早年泰勒領導科學管理，即以時間研究為核心，由建立標準的工作時間內來進行各項管理措施。

一、時間研究的用途

時間研究的用途，一般都配合動作改善，其功能有可以決定機械負荷，公平決定員工的工作量及作合理的考核基礎，作為生產計劃及控制、成本控制、獎工制度的依據，此外，釐定每項工作之標準時間都是時間研究的用途。

二、時間研究應該具備的設備

欲實施時間研究，需要一定的設備，基本時間研究設備包括下列各項：

馬錶(stop watch)、時間觀測板(time study board)時間研究表格(time study form)、電子計算機、有秒針之準確鐘、測量儀器——皮尺、鋼尺、分厘卡、轉速表等。馬錶現代已有數字顯示型在市場流通，精確度相當高，是時間研究的利器。時間觀測板與一般單片夾板無異，不過設計時最好板上有一固定馬錶的裝置，如圖 4-1，使工作人員不需手提著馬錶，而影響工作。

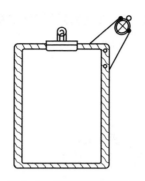

圖 4-1　特製時間觀測板

　　至於時間研究表格,是研究時記載時間的空白表格,分為現場測試時記載用及研究分析整理用。

(一)現場使用之表格

1. 時間研究首頁表(time study top sheet)

　　　此表用以記錄一切與研究有關之重要資料,由研究工作所細分之動作單元及所用之分點,如表4-6。

2. 連續表(continuation sheet)

　　　供記錄後繼續研究週期之用如表4-7。

3. 短週期研究表(short cycle study form)

　　　如表4-8為一種簡單型表格,適合大多數普通短週期工作。表 4-9(正面)、表 4-10(反面)所示較為複雜,若短週期工作為正規者用之。

表 4-6 通用時間研究表首頁

時間研究表首頁								
部別：					研究編號： 張　　號：			
操　　作：　　　　　方法研究編號： 工廠／機器：　　　號　　　碼： 工具及樣板：					停止時間： 開始時間： 經過時間： 操 作 人： 鐘　　號：			
產品／零件：　　　號　　　碼： 圖　　號：　　　物　　　據： 品　　質：					研 究 人： 日　　期： 審 核 人：			
注意：將工作位置佈置／機器裝置／零件等草圖繪於反面或另附一紙。								
動作單元說明	R.	W.R.	S.T.	B.T.	動作單元說明	R.	W.R.	S.T.	B.T.
注意：R＝評比(Rating)　　　　　　W.R.＝錶讀數(Watch Reading) 　　　　S.T.＝減去時間(Subtracted Time)　　B.T.＝基本時間(Basic Time)								

表 4-7 通用時間研究表之連續頁(正面)

研究編號 時 間 研 究 續 頁 張號: 之									
動作單元說明	R.	W.R.	S.T.	B.T.	動作單元說明	R.	W.R.	S.T.	B.T.
注意：與反面相同，但無表頭									

表 4-8　簡單型短週期研究表

短週期研究表															
部　　別：　　　　課　　　別：											研究編號： 張　　號：				
操　　作：　　　　方法研究編號： 工廠／機器：　　　號　　　碼： 工具及樣板：											停止時間： 開始時間： 經過時間：				
											操 作 人： 鐘　　號：				
產品／零件：　　　號　　　碼： 圖　　號：　　　　材　　　料： 品　　質：　　　　工 作 狀 況：											研 究 人： 日　　期：				
											審 核 人：				
注意：工作位置草圖繪於另一頁。															
單元號碼	動作單元說明	觀察時間										總觀察時間	平均觀察時間	R.	B.T.
		1	2	3	4	5	6	7	8	9	10				

注意：R ＝評價比(Rating)　　　O.T.＝觀察時間(Observed Time)
　　　B.T.＝基本時間(Basic Time)

表 4-9　（正面）

短週期研究表

研究編號：
張號：　之

研究日期

完成時間　　　　　分
開始時間　　　　　分
總過時間　　　　　分

特　　別：
作　　業：
使用工具：

零件名稱：
圖　　號：　件號：
速率：每分鐘轉數　公厘／分鐘

基本週期時間　　　　　分
或
總平均單元時間
評比因素
基本週期時間　　　　　分
容差　[人員%]　[延遲%]　[疲乏%]　[其他%]　　　　　%
每件標準時間　　　　　分

機器及號碼：
操作人：　　自動□　腳動□　手動□

標　準

研究原因
原來研究
方法研究改變
檢查既定標準
□　□　□

材料

工作位置佈置

方法說明

備考：

表 4-10 （反面）

研究日期

完成時間											操作人姓名：
開始時間											讀號：
經過時間											觀察人
單元號碼：	1	2	3	4	5	6	7	8	9	10	核定人

站立 □
坐 □
移動 □

外來動作因素

週期號次											符號	說明
1											A	
2											B	
3											C	
4											D	
5											E	
6											F	
7											G	
8											H	
9											I	
10											J	
11											K	
12											L	
13											M	
14											N	
15											O	
16											P	
17											Q	
18											R	
19											S	
20											T	
總計												
觀察次數												
平均												
評比%												
基本時間												

(二)研究室之表格

1. 工作單(working sheet)

用以分析研究期間所得之記錄讀數,及獲得每一動作單元之代表時間,因為實施分析的方式很多,表格亦互異,表 4-11 即為一例。

表 4-11　研究分析表

研究號碼	研究分析表							張號：
工作單元次數	A	B	C	D	E	F	G	MCT (實際時間)
1								
2								
3								
4								
5								
6								
7								
8								
9								
10								
總數								
次數								
平均								

2. 研究統計表(study summary sheet)

研究統計表係將研究過程中所得之全部資料作一詳盡的統計。如表 4-12,表之右邊可任意加上我們所要的資料。

表 4-12　研究統計表

研究結論表						
部　　　別：　　　　　組　　　別：				研　究　編　號：　　　　之 張　　　　　數：		
				日　　　　　期：		
操　　　作：　　　　方法研究編號： 工廠／機器：　　　　號　　　碼： 工具及樣板：				停　止　時　間： 開　始　時　間：		
				經　過　時　間： 校　正　時　間：		
產品／零件：　　　　號　　　碼： 圖　　　號：　　　　物　　　料： 品　　　質：　　　　工　作　狀　況：				工　作　淨　時　間：		
				觀　察　時　間：		
				不　能　計　算　時　間： 不能計算時間％：		
操　作　人：　　　　M/F　鐘　號：				研　　　究　　　人： 審　　　核　　　人：		
草圖及註記在第一頁背面						
單元號次	單元說明	B.T.	F.	Obs.		
注意：B.T.＝基本時間　　F＝每一週期頻率　　Obs＝觀察次數						

表 4-13　研究分析表

研究分析

操作

機器、物料等之詳細資料

研究號碼：
實施日期：
操　作　人：
鐘　　　號：
機器號碼：

部別　　　組別

研　究　人：
研究週期數：

單元號次	單元說明	基本時間	週期	B.M.	B.M.	B.M.	%	S.M.

注意：E.I.＝單元　　B.M.＝基本分鐘　　S.H.＝標準小時

3. 研究分析表(analysis of studies sheet)

用以記錄由研究統計表所提供的對一項操作實施各種研究之結果，無論在任何時間或任何人所實施者均應記入，由此表中歸納而得各動作單元所需的基本時間，如表4-13。

4. 休息寬放時間之釐訂，如表4-14，為一特製表格，寬放之項目可由研究人員自行增減。

表4-14　消閒寬允時間之計算

消閒寬允時間													
部別：		個人需要寬舒時間	基本疲勞寬舒時間	額外之疲勞寬舒時間									
產品：　　規格： 重量：				站立	不正常之姿勢	使用力量	照明狀況	空氣狀況	眼力疲勞	聽力疲勞	腦力疲勞	單調精神	單調體力
操作員：													
工作環境：													
單元	操作單元略述												

三、標準時間

時間研究最主要的目的是決定單元操作的標準時間，建立標準時間，下列三項條件乃必需者：

1. 操作者必需具備標準技能者。
2. 根據標準方法操作。
3. 必需正常的努力狀況去工作。

標準時間的構成要素如圖 4-2。

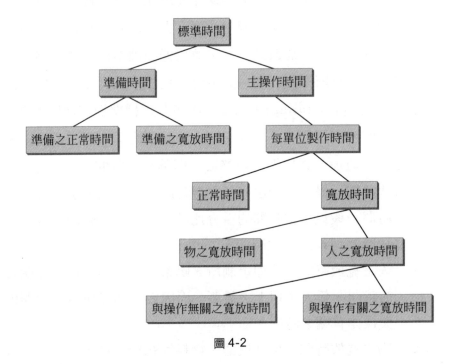

圖 4-2

(1) 準備時間：與製造數量無關，在每項工作之前之物料準備，機具借用或作業調整皆為是項加工的準備時間。例如車工作業前，齒輪之配置，夾頭之夾緊，上車刀等皆為準備工作。

(2) 主操作時間：實際加工的操作時間總數。

(3) 每單位製作時間：每個加工件所必需的加工時間。

主作業時間＝每單件製作時間×N個

N為批量數。

(4) 正常時間：反覆操作之加工時間

正常時間＝馬錶觀測單元時間×評比值

　　評比是指被觀測者實際操作速度並不一定維持在第一次假定的「正常速度」與「適當速度」上，故必需將實際之操作時間與假定之時間比較評比之，並依據該因素比例加以調整，使其更接近實際操作時間。此調整的過程即為評比。評比可依速度評比(speed rating)來調整，例如假定標準操作速度100，再依實際速度評價為 125 ％或 85 ％等之比率，觀測者實際觀測之平均值加上評比因素調整之，即為正常時間。

(5) 寬放時間：操作上無法避免之遲延時間，無法分析，因此，寬放時間一般以正常時間的百分比計算之。寬放時間又分為人之寬放時間與物之寬放時間。

① 人之寬放時間：例如上廁所、喝茶、擦汗等與操作無關之寬放時間，係人生理上之需要。而因疲勞休息所需之時間則為與操作有關之時間。

② 物之寬放時間：舉凡機器、物料等花費於加工上之無效時間皆是，例如機器之潤滑、調整、刀具之研磨等。

　　標準時間訂定後，可作為績效獎金及計件單價之參考，同時，亦是工業工程追求改善的指標。

4-4　工作研究與獎工制度

　　工廠實施工作研究，藉「工作衡量」可建立工作標準時間，而協助作業員工作進步可藉「方法分析」來完成，其關係如圖 4-3。如此，工廠生產作業上，可取得一合理的單元標準工作時間，其最終目的在以此標準時間為基準，以訂定獎工制度，若標準時間之訂定相當合理，而且執行者之態度亦為公平客觀，則實施獎工制度不獨能提高工作效率，尚且可促進勞資關係。

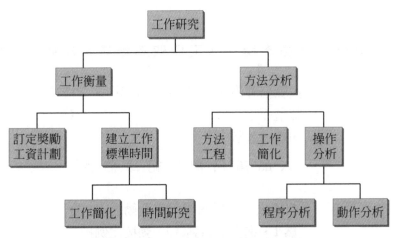

圖4-3　工作研究與獎工制度之關係

　　企業經營之基本目標有三，即：獲利能力、償債能力與擴充能力。無可置疑的，在此三個基本目標中，任何企業當以獲取利潤為主要目的，並以之遂行到期債務之償還，進而添購設備、擴建廠房、開發市場、擴大產銷、達穩建而快速的成長。既然獲取利潤為企業經營之優先目標企業經營者自然而然將其注意力集中於「如何提高企業之獲利能力」之焦點上。要實現企業提高獲利能力，「降低成本」及「提高生產力」是兩大途徑，而獎工制度，即為達成此兩大途徑之直接措施之一。

一、工作研究與獎工制度關係

獎工制度乃秉功過賞罰之基本概念，它的目標是員工高效率高報酬，對公司與勞工皆大歡喜，所以，獎工制度的建立，包括若干個子系統，這些子系統達到標準，發生績效，即實施獎工，如圖 4-4。工作研究建立時間標準，再根據已開發設計出來的職務評價制度去評訂各種工作之階層，品質管制要求合格，並訂定出勤等紀律倍數作爲核發獎金的核算方式。如下列公式即爲一種方式，每一公司皆可自行調整適合的模式去實施。

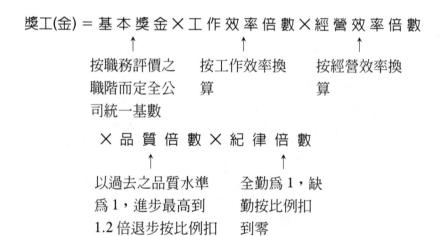

$$獎工(金) = 基本獎金 \times 工作效率倍數 \times 經營效率倍數$$

按職務評價之　　　按工作效率換　　　按經營效率換
職階而定全公　　　算　　　　　　　算
司統一基數

$$\times 品質倍數 \times 紀律倍數$$

以過去之品質水準　　　全勤爲 1，缺
爲 1，進步最高到　　　勤按比例扣
1.2 倍退步按比例扣　　到零

由圖 4-4 及列舉之獎工計算公式，我們可知工作研究之推行，是協助公司實施獎工制度的重要過程，同時，因爲工程人員的研究，協助作業改善，經營者如能將因提高生產力獲取的利潤回饋給員工，那將是兩全其美的事，良性循環之下，促進勞資關係。但如果標準時間的訂定不甚合理，或執行態度失去客觀立場，則不但不能收到任何利益，尙且導致弊病叢生，所以訂定標準時間是實施獎工制度的最重要前提。

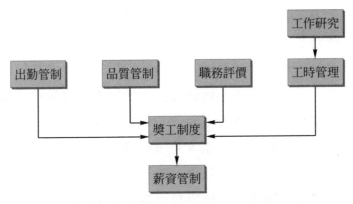

圖 4-4　獎工制度之架構

二、改善

　　公司要實施工作研究、工作分析、時間研究、動作分析,進而推行獎工制度,其動機必須全體上下員工有改善意願。而「改善」是在任何場所都進行的,並不是說:「只有現場才要做改善,其他地方就不用改善」。然而,改善從現場做起,是可以立竿見影,馬上看到效果,被人們肯定及激勵士氣的。改善並不限於那一個行業,不論這個行業是製造業或服務業,甚至可以發揮在任何工作裡,不論是操作、文書、管理等。只要有一顆改善的心,一點一滴去執行,所有的投入、努力都會得到該有的「報酬」與「收穫」,這是不容置疑的。

　　那麼,如何做好改善?下列要件是做好改善的前提:

1.　要有「任何事都有改善可能」的共識

　　　公司裡,只要有人提出改善的建議,大家都應認真的討論、研究、甚至拿來執行,否則,一開始改善的意願就被扼殺了。

2.　從日常的生活中、工作中開始改善

　　　改善要從每一個人的身邊開始,不是高階也不只低階,從自己的生活中、工作中開始實踐,無形中隨時會發現新的工作方法來彌補原有工作方法之不足。

3. 積小改善,省大成本

　　改善並不一定要找大的事下手,而看不上一些小事,因為小的改善累積起來,成果通常是極為可觀的。古諺語有言:「勿以善小而不為,勿以惡小而為之」。所以改善的真正精神在於:每一個人要有一顆改善的心及改善的熱忱。

4. 改善後,藉著標準化、制度化去維持成效

　　改善如果要有真正效果,唯一的秘訣即是:持久。將現段的改善標準化、制度化,讓所有可能接觸到這份工作的人都嘗到你今天改善的果實,與你一同維持成果。不要流於故態復萌,而必一而再,再而三重覆改善的形式化,那將永遠無法竟其功的。

5. 不以目前成績為滿足,再接再厲

　　人,最大進步的阻力是容易滿足,在精益求精,競爭激烈的工業生產經營上,改善應該是沒有終點的,改善會因為人、地、時的不同,隨時可做不同「程度」與「份量」的改善。

　　所以,要做好工作分析與工作研究,事實上,就是改善的工作,每一個人要有不畏懼改善的挑戰,才能做好工作研究與分析,企業為了生活、生存,更不能放棄,如何激勵員工做好改善的心理建設是工作研究的先遣工作之一,對企業來說:「今天不做改善,明天也許就會後悔」。

本章重點彙整

1. 精密設備與儀器,其主控者為人。
2. 工作標準是工作方法的規範。
3. 分析及研究有效的工作方法,程序分析及動作分析是最有效的方法。

4. 吉爾伯勒斯創立動素分析，人有17種動素。

5. 吉爾伯勒斯 17 種動素可分為體力基本單元、精神負荷單元及延遲單元。

6. 伸手應減少方向考慮。

7. 美國工程專家將動作運用歸納為三類22條，稱為動作經濟原則。

8. 人體之動作分類為五級，並以最低級動作最省力。

9. 人體動作之應用以曲線、彈道式及自然節奏為佳。

10. 關於工作位置之安排應放置固定場所，放置工作者近處，墜送及彈送，坐椅高度適宜，工作場所顏色柔和等。

11. 影片分析作為計算動素之合理否是採用對動圖。

12. 動作研究一般配合時間實施。

13. 時間研究最主要是決定單元操作的標準時間。

14. 工作之主操作時間＝每單件製作時間×批量數。

15. 正常時間要考慮評比值。

16. 寬放時間指無法避免的遲延時間，包含人與物之寬放時間。

17. 企業經營之基本目標有三：獲利能力、償債能力及擴充能力。

18. 降低成本及提高生產力是企業提高獲利能力的兩大途徑。

19. 獎工制度建立應包含下列子系統：基本獎金、工作效率倍數、經營效率倍數、品質倍數及紀律倍數。

20. 經營者如能因提高生產力而將一定比例獲利回饋給員工，則能促進勞資和諧。

21. 要做好工作分析與工作研究，事實上就是改善工作。

22. 激勵員工做好改善的心理建設是工作研究的先遣工作。

自我評量

( )1. 人的操作方法方式之研究是 (A)運動生理學 (B)人體工學 (C)生理學 (D)心理學 的範疇。

( )2. 下列何者是工作標準必須具備的資料 (A)圖樣 (B)產品標示 (C)加工規格圖示 (D)以上皆要。

( )3. 吉爾伯勒斯將人的動作分為 (A)20 (B)19 (C)17 種元素。

( )4. 伸手動作之距離應愈 (A)短 (B)長 (C)無關。

( )5. 握物應 (A)利用雙手 (B)利用夾具 (C)利用手套。

( )6. 動作經濟原則 22 條是誰提出的 (A)泰勒 (B)杜拉克 (C)巴恩斯。

( )7. 人體之應用以 (A)雙手同時動作 (B)兩臂動作對稱 (C)動作以最低級為佳 (D)以上皆是。

( )8. 時間研究之用途為 (A)工作標準時間之釐定 (B)成本控制 (C)獎工制度依據 (D)以上皆是。

( )9. 正常時間之評比一般以 (A)速度評比 (B)時間評比 (C)數量評比來調整。

( )10. 企業經營之優先目標為 (A)償債能力 (B)獲利能力 (C)擴充能力。

習 題

1. 工作研究的意義是什麼？
2. 工作研究一般就哪兩方面來檢討？

3. 何謂工作標準？

4. 工作標準應包括哪些內容？

5. 解釋程序分析是什麼。

6. 解釋動作分析是什麼。

7. 何謂動素分析？

8. 伸手動作之障礙有哪些？

9. 拆卸改善要點為何？

10. 美國工程專家將動作經濟運用歸納為哪三類？

11. 試述人體動作分類為哪五級。

12. 對工作改善可以朝什麼方向去實施？

13. 影片分析之功能有哪些？

14. 時間研究的用途為何？

15. 建立標準時間，需具備哪三項條件？

16. 標準時間構成要素如何？

17. 解釋評比。

18. 列舉獎工制度計算的方式。

19. 試述如何做好改善。

Chapter 5

Factory Management

生產計劃與管制

　　生產計劃可以說是生產活動的開始，正式生產工作之前，要有計劃，那麼要計劃些什麼？凡是能使生產工作順利的所有工作要項都是生產計劃的內容，我們從事生產工作，最終目的就是能生產出符合顧客需求的產品，要能生產出符合顧客需求的產品，要有合乎要求的品質，要合乎需求的市場供應量，及合乎市場需求的季節性，此外，對商品的介紹推銷及售後使用服務等一系列工作，都是生產計劃要去規劃的內容，因此，要有物料計劃、生產人員計劃、生產日期的日程計劃及如何生產出產品，這些屬於技術領域的途程計劃，模具開發計劃，同時，還要考慮同業競爭，所以成本控制計劃，及如何提昇生產力等也應併入計劃活動之中。

　　生產計劃力求周詳、可行，實際開工後，則應確實執行，為了確保這些計劃能如期完成且發生效用，在計劃執行中應由另外一組人員

協助管制，並協助解決困難，這就是生產計劃與管制，所以，計劃應力求詳細周延，管制要確實，有助力，生產工作才能順暢展開。

5-1 產品之研究發展

一、產品研究發展組織

工廠的經營，除了提高生產效率、降低成本，以獲得較佳的利潤外，對於產品的研究發展，可以刺激消費者的購買慾，提高銷售量，同樣也可以開發利潤，因此，一個生產者，產品之研究發展應該列是組織的一部分，如圖 5-1，有專責研究發展機構對於產品之分析、研究，則能具體的企求成果。

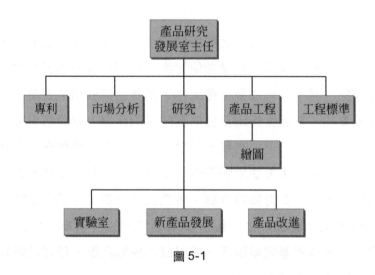

圖 5-1

二、產品研究發展的目的

產品研究發展的目的，具體的說，有下列數項：

1. 發展新產品或更佳產品。
2. 發展產品製造方法或更佳方法。
3. 發展產品新用途或更佳用途。
   (1) 原始產品：其功用為人類前所未有的。
   (2) 競爭產品：其功用須與現有產品相競爭者。

無論是哪一種，企業經常投入研究，並能常保朝氣與挑戰。

三、市場研究與產品開發

任何產品的開發與製造，其最終目的即是上市，且占有市場，要占有市場，則需符合顧客的需求，符合顧客的需求即是滿足顧客品質與功能的需求，顧客就是我們產品的使用者，也就是對象，需求是我們提供產品的方向，也就是我們生產的指標，至於如何符合，那就要研究其方法，以及此方法能夠做出什麼產品、服務、工作成果，這一系列的活動，要考慮的是成本及自身的能力，以及來自同業的競爭。考慮自己能力，能將品質做到什麼程度；考慮生產成本，在成本範圍內，把顧客需求的程度做的愈高愈好，顧客的滿足程度，永遠沒有止境。因此，能力與成本，必須同時考慮在內，來決定公司生產的方向，也就是產品開發與研究的目標。

生產導向時代是

成本＋利潤＝售價

企業的生產成本加上想獲得的利潤，就是市場的售價。而市場導向時代是

價格－成本＝利潤

市場主導，有所選擇，價格已被能接受的顧客鎖定，所以要獲得較好的利潤，惟有降低成本。不過，有生產，一定就有競爭，因此競爭導向時代是

價格－利潤＝成本

市場競爭激烈，價格愈低，愈有競爭力，但企業又有強烈獲得利潤的企圖心，所以，成本的目標追求，是企業經營的本事，成本要低，價格還能低，才有競爭力，也才談得上利潤的獲取。

要了解產品開發的方向，必須做好市場研究。

市場研究，要做三項工作：資料蒐集、資料分析及推論。

(一)資料蒐集

時代在變，社會在進步，消費者也在進步，所以資料蒐集應該包括下列諸項：

1. 產品的／技術的資訊

產品及技術是企業競爭的重點，不管是產品或技術不斷追求創新，有助成本的降低。

2. 經濟的／市場的需求

經濟的變革，市場的潮流，國際動態，要隨時作資料蒐集，以作為分析預測的準備。

3. 社會的／文化的演進

社會是人類活動的場所，文化是人類表現的行為，產品如果不適合場所及行為，那此產品將毫無競爭能力可言。

4. 政治的／法律的因素

政治會影響經濟，法律對產品的約束具有某種程度的影響，因此，企業產品的開發也要注意這些資料。

以國內企業經濟發展，21世紀可以預見的變革有下列幾點：

1. 資訊化

    電腦、通信結合，但是商品壽命週期短，且獲利週期也短，因此，速度、時機掌握是未來競爭的重點所在。

2. 自由化

    自由競爭將引來國際化，閉關自守已不合時代潮流，保護政策也不是永遠的利器，不管市場、資訊、競爭都將邁向自由化、國際化。

3. 環保被重視

    地球環境受到高度工業化而遭到破壞，因此企業生產，應注意環境保護。

4. 產品及技術變革

    台灣面臨人力短缺、工資上漲的壓力，產業不得不改變生產結構，所以自動化，彈性製造系統是 21 世紀的主力，而產品也將走向附加價值高的技術密集產業。

5. 高齡化及嬰兒潮人口中年化的來臨

    這一代由於營養豐富、醫藥發達、壽命增加，未來會更高比例的高齡化人口，而這一代也因為勤奮，經濟普遍獲得改善，加上政府教育更普及，所以這一代的子女在未來成長後，有晚婚的趨勢，面對的是這一代的高齡及晚婚的幼兒之影響，生活有不一樣的結構產生即老人照顧事業及幼兒託養是未來社會迫切需求的行業，及相關的產品也將因應而生。

6. 消費意識高漲

    國人生活富裕，消費能力增高，意識也增強了，所以，對商品的品質要求也漸漸變為第一個需求。

(二)資料分析

本產業與上游產業(供應產品)及下游產業(消費產業)有互動的關係，同時要分析潛在對手及替代產品來增加或移轉經營壓力，其關係如下：

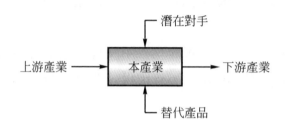

分析上游產業的供應材料及相關零件之能力及下游產業需求的目標，決定擴大或縮小本產業。潛在對手如果造成本產業生存壓力時，要積極發展替代產品，另創新局。

(三)推論

將資料作分析後，推論產品、技術、市場、產業發展趨勢，然後決定公司可能發展的趨勢。

由於公司可能發展的趨勢必須配合產品之研究發展，因此，企業必須常設產品發展組織，隨時作新產品的開發，及替代產品問市的準備。

四、產品開發的方法

產品開發的方法可以朝摹倣改善、轉配(例如電子錶)及發明著手，不管採取什麼方法，產品開發時，要注意下列事項：

1.　消費者可能接受的程度

　　　　從下列方向去評估消費者是否能夠接納新產品

(1)　外觀方面。

(2)　使用方便程度。

(3)　用途。

⑷ 使用程度。

⑸ 使用及維護費用。

⑹ 售價。

⑺ 種類型式及花色。

2. 發展新產品應調查別人是否已申請專利。

3. 製造成本問題

　　發展新產品，目的是推介給消費者，所以其成本之高低影響售價，自然影響消費者的購買狀況，當然，追求高品質也許帶來高成本，自然必須以高售價來補足其成本，產品要走的品位(質)及價位，其關係如下表，所以，不管要選擇哪一種商品，製造成本要注意，從競爭導向時代來臨，成本愈低，售價可以愈低，若再配合高品質之商品，那就是物美價廉的好商品。

	← 質		
	高	中	低
↑ 價格　高	遠離	謊價	暴利
中	流通	中價	名位
低	美廉	廉價	薄利

4. 新產品在工廠內是否有製造設備及人力之可利用

　　製造方面包括廠房設備、技術人力及材料供應，如果開發的新產品，廠房及機器設備必須重新購置，人力必需重新訓練或招募，材料之供應現成市場沒有把握，則此新產品投入生產線製造之投資是否值得，必需藉成本計算來決定。

5. 新產品之分銷機構

新產品上市，最迫切需要的是讓消費者認識與接受，那麼其銷售組織、代銷商、推銷人員之尋覓是否有把握，應事先評估及組織起來。

6. 對本公司其他產品之影響

新產品是否：

⑴ 補原有產品線之不足。

⑵ 與原有產品相競爭：最好避免。

⑶ 為原有產品之替代品。

7. 新產品之副產品利用狀況

開發新產品，如有副產品可利用，如碎料及副加產品，將可降低成本。

5-2 銷售與生產預測

公司經過市場研究所決定產業及公司發展趨勢後就要擬訂發展策略，而如果要擬訂中長期發展策略，可以從產品分析、市場分析及如何整合產品、技術、市場來著手。

一、公司中長期發展策略

1. 產品分析

根據美國一家公司發明一套稱為「矩陣數據解析法」(portaflio analysis)作為產品分析頗為稱道。此矩陣將產品市場占有率(x軸)及市場成長率(y軸)分為四區，分別稱為 CAT 區、STAR 區、Cash cow 區、及 DOG 區如圖 5-2，分析方法是將產品依其市場

占有率及市場成長率作分析，給予－x，y值，然後在矩陣對應值尋找其對應位置，如 A、B、C、D…各產品，經分析後得到 $(x_0，y_0)$、$(x_1，y_1)$…值，然後將 $A(x_0，y_0)$、$B(x_1，y_1)$、$C(x_3，y_3)$、$D(x_4，y_4)$…，在矩陣圖中尋找對應位置，這些經過分析的產品分佈在四個區內。

圖 5-2

落在 CAT 區內之產品屬於市場占有率低，但是市場成長率高的產品。屬於高成長，卻是低占有，檢討是什麼原因，因為有前途，要努力找出原因：

(1) 是否通路差。

(2) 沒品牌。

(3) 行銷能力差。

然後努力去改善，如作市場研究，行銷研究或打開通路等等。

落在STAR區之產品屬於市場占有率高，且市場成長率也高的產品，目前狀況很好，未來也不錯，但是會有競爭者，所以應

付市場增加的需求要有能力，否則占有率會被別人搶走，惟有從產品、包裝、生產等力求標準化，以提高生產力，方能穩定市場占有率，標準化是必走之路。原來落在 CAT 之產品，如果改善成功，也會落在此 STAR 區內。

　　落在 Cash cow 區之產品屬於市場占有率高，但是卻是低成長的產品，表示產品目前很受歡迎，但是壽命週期會很短，所以，把握機會，儘量降低成本，防止對手價格競爭。這類產品是公司的金牛，搖錢樹產品，銷的愈多，利潤愈多。一般商品壽命週期，經過成長期後，成熟期的末端商品會由 STAR 走向 Cash cow 區，也就是商品週期要進入萎縮的徵兆，如圖 5-3。

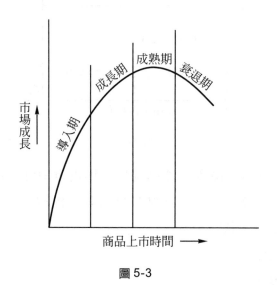

圖 5-3

　　落在 DOG 區之產品屬於市場占有率低，且市場成長率也低的產品，也就是夕陽產品，該產品已進入衰退期，公司採取的策略是削價競爭，因此，一個企業應該謀求新產品開發，替代產品，另創新局。

2. 市場分析

　　在前節我們曾經以資料蒐集作市場研究之敘述，本節我們再以顧客爲對象來做市場分析，因爲市場分析到最後，就是以顧客爲對象，所以，顧客的集合就是該商品的市場。我們將顧客以消費能力爲 x 軸，購買實績爲 y 軸，不同顧客 A、B、C、D……分別分析到一個對應的 $A(x_0 , y_0)$、$B(x_1 , y_1)$、$C(x_2 , y_2)$、$D(x_4 , y_4)$……值，然後載入圖 5-4 中，A、B、C、D…各類型顧客要對應一個位置。將這些對應的顧客，分成 5 個區，分別爲聚寶盆、危險區、寶山、權衡區、無效區。

(1) 聚寶盆：此區之客戶，消費能力及購買慾望皆大，表示喜歡該產品，所以公司只需作高層次互訪，不需再多作其他促銷活動，因爲客戶對產品已有認同感。

(2) 危險區：該區顧客可能失去或轉移到其他產品，因爲有消費能力，但卻無多大購買慾望，必須多用心，加強聯繫及促銷，否則會失去顧客。

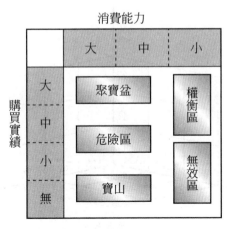

圖 5-4

(3) 寶山：該區顧客有消費能力，但還無慾望，公司必須全力開發，多促銷，以創造績效。

(4) 權衡區：因爲消費能力小，雖然有購買慾望，但可能要很長時間才會再購買，所以，在公司須有多餘能力去繼續鼓勵及促銷其產品。

(5) 無效區：屬於無消費能力及購買慾望的族群，應該放棄。

3. 整合分析

公司經過產品及市場分析後，已經找到產品與市場的定位，如果再加上自身生產技術能力的考慮，三者加以整合，其關係如圖 5-5。不論技術、產品及市場皆可分爲三類即現有、改良及新的型態，各種組合會產生不同的效果，有的對市場好的效果但在公司的技術及產品的努力上要付出極大的代價且時間長久，作效率分析時，值不值得去做是權衡的關鍵。又如圖 5-5 中，現有產品用改良的技術，降低成本，賣到類似的市場 0 點，也許會有績效出現，但是改良技術要付出多少投資是企業評估的關鍵。

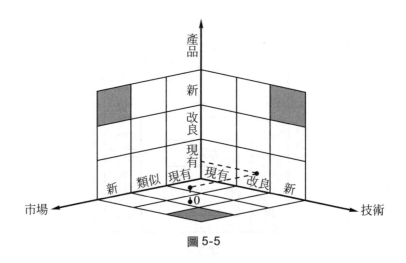

圖 5-5

在圖 5-5 中，陰影部分是較難的三區，即是同時將技術、產品及市場作新的開發。不過，如果能以公司現有技術，開發新產品，然後銷售到各種市場，則是公司最有效、最快且是最重要的經營策略及銷售策略，如圖 5-6。

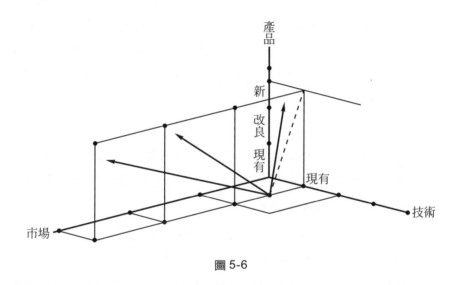

圖 5-6

由上述產品分析、市場分析及公司整合之道，產品銷售及生產的預測我們應有明確的概念，且如何把握目前自己的優勢，將產品、技術、市場整合，那麼，開發計劃就可得到答案了，因此產品、技術、市場三種關係是互動的，如下圖所示，是息息相關的。

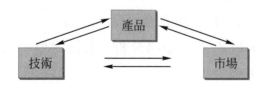

二、產品生產的執行

　　企業經過市場、產品分析研究後，已經找到公司發展策略，但是策略只是指導方針、教戰守則，一個企業朝著指導方針去執行，還有許多步驟要實施，可分為三個步驟，首先將研究發展的產品，如何使其商品化，因為有些產品開發後，社會大眾並不喜歡它，或可以不要它，因此，應該企劃產品能在市場成為商品化。其次企業內部作產品生產企劃，該產品要走什麼方向的產品，都決定後，生產部門投入設計、開發、生產計劃及生產工作。

1. 商品化企劃

　　　產品要作商品化企劃，其主要目的及步驟為：形成概念，定位及可行性分析，形成概念及定位可以以 5W 3H 作研討，可行性分析可以以 6M 來分析：

(1) What(什麼)：商品定義、概念名稱，用途及功能之企劃。

(2) Why(為何)：商品化理由，概念形成背景。

(3) Where(何處)：市場分析、市場區隔、市場特徵、目標市場。

(4) Who(對象)：顧客分析、顧客層別、顧客特徵、目標顧客、競爭分析(現有市場及潛在市場)。

(5) When(時間)：壽命週期、同類產品現階段情況、上市時機，季節性及急迫性如何。

(6) How(如何)：以什麼姿態出現該商品。

(7) How much(多少)：價格分析、範圍定價、利潤、目標成本，產品品位。

(8) How many(多少)：市場容納量、市場成長預估、市場占有率預測、產銷量計劃。

　　以上述 5W 3H 形成商品概念及定位後，在正式計劃生產之前，尚須作 6M 之可行性分析。

(1)　Man(人員)：勞工招募、訓練、人才獲得等。

(2)　Machine(機器設備)：設備能力(質)、設備產能(量)、購置、技術移轉、維護能力、備用零件、服務結構、空間、環境……等。

(3)　Material(材料)：材料品質、來源、存量、空間、搬運方式、儲存環境等。

(4)　Method(技術)：產品生產技術、行銷銷售能力、管理能力等。

(5)　Money(資金)：投資金額、來源、投資報酬率等。

(6)　Market(市場)：市場定位、市場接受性等。

　　經過 6M 分析後，能夠一一克服及解決，該產品生產可行性即已取得。

2.　產品企劃

　　產品企劃只要是如何生產出顧客滿足的產品，當然，還要顧及生產成本、公司的利潤、售價等因素，因此，產品企劃首先要了解顧客的需求，然後決定產品的特性，如規格、品質、功能、收藏、使用年限等特性，那麼什麼是顧客的需求呢？可以用訪談、問卷方式找代表群求答案，顧客對產品可以以兩個要件為因素，即滿意及滿足(充足)，不滿意令其滿意，不滿足(不充足)使其滿足(充足)。我們以充足程度為 x 軸，滿意程度為 y 軸，繪出顧客對商品的滿意與滿足關係圖，如圖 5-7。

(1)　魅力的：該曲線表示不附給顧客該產品之特性不會有抱怨，但附加上去，會很高興，即期望以外所獲得的，如贈品之類。

(2)　無異的：附加在產品之上的特性，顧客沒感覺，因此，可以省去該項特性，以降低成本。

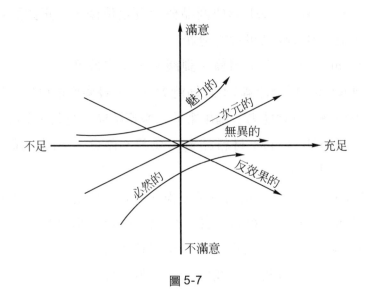

圖 5-7

(3) 反效果的：應該避免，附贈該特性，購買族會有反感的，則應避免，例如買車送防煙器，刺激到吸煙族，反而是反效果。

(4) 必然的：給很多，顧客會停止抱怨，但不一定會滿足，不過，不給，顧客會不滿，故認為應該給的，絕對不能省略。

(5) 一次元的：顧客的需求是一次元線性方向的，大家都希望滿意又充滿各種特性及功用。

　　不過，在一分錢一分貨的品質領域內，區隔市場扮演相當重要的功能，顧客與商品的關係不一定是一次元的，且這些需求在產品不斷開發，及潮流的影響，顧客需求會隨時間而改變，而且顧客本身隨著歲月年齡的增加，喜好也會產生變化，因此，沒有絕對的關係存在，而企業必須隨時把握市場動態作修正。如以產品壽命週期分析，其關係概可歸納為：

(1) 產品導入期：必然的很重要。

(2) 產品成長期：一次元的要施行。

(3) 產品成熟期：魅力的要附加，提昇產品品位。

所以，必然的是基本需求，一次元的是送的愈多，買的愈多，魅力的是心靈的感受，企業可以作不同時期產品的經營與銷售策略。

3. 生產部門投入設計及生產工作

在產品商品化及產品企劃後，企業就著手準備生產工作，擬定生產計劃，正式進入量產，投入市場。

5-3 生產計劃之擬定

企業經過產品研究發展，然後規劃中長期發展策略，並且完成產品投入生產各項因素分析與準備後，企業之生產單位即須著手擬定生產計劃。

一、生產計劃的定義

生產計劃(production planning)簡言之，係指企業為實行生產活動，而建立一有系統、有組織的規劃，以達成企業目的之一種思考活動。亦即在產品開始生產之前，將所欲生產之製品種類、數量、售價及生產方法、機器設備、生產期限、物料、人員等，編成一最經濟、最合理的預定計劃。

生產計劃又名生產工程(production engineering)，係屬計劃性的工作，主要研究如何以最有效而最經濟的方法，在何時、何地、用何種物料、工具、設備及人力來製造或裝配完成產品，而符合設計規範及樣品條件。

二、生產計劃的任務

生產計劃的任務主要是決定下列事項：

1. 工作量計劃

    決定工廠的生產量及生產能力。

2. 人員計劃

    決定由於工作計劃所需要的人員補充及調配的安排。

3. 設備計劃

    決定由於工作量計劃所需要的機械設備之補充及調配。

4. 資材計劃

    決定生產時使用的材料需要量。

5. 日程計劃

    決定作業的分配及完成的日期。

6. 途程計劃

    決定工作之加工順序與負責單位。

7. 生產預定

    具體的指示生產目的，如產品的種類、產品的品質。

三、生產計劃的類型

生產計劃的類型，以時間觀點可以分為長期生產計劃及短期生產計劃。一般在擬定計劃時，可細分為：

1. 大日程計劃(master schedule)

    通常以半年或一年為單位，並以調整銷售計劃為主要目的。

    此計劃即一般所稱之綜合生產計劃，如圖 5-8 所示。

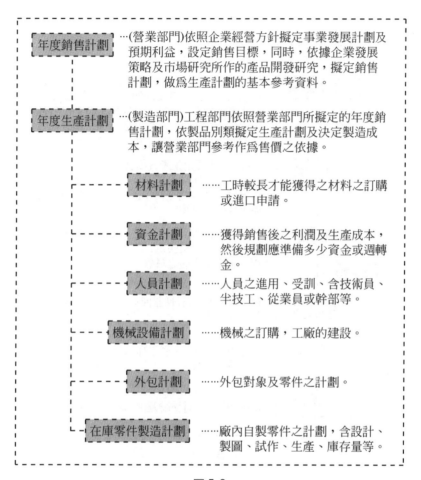

年度銷售計劃 … (營業部門)依照企業經營方針擬定事業發展計劃及預期利益,設定銷售目標,同時,依據企業發展策略及市場研究所作的產品開發研究,擬定銷售計劃,做為生產計劃的基本參考資料。

年度生產計劃 … (製造部門)工程部門依照營業部門所擬定的年度銷售計劃,依製品別類擬定生產計劃及決定製造成本,讓營業部門參考作為售價之依據。

材料計劃 …… 工時較長才能獲得之材料之訂購或進口申請。

資金計劃 …… 獲得銷售後之利潤及生產成本,然後規劃應準備多少資金或週轉金。

人員計劃 …… 人員之進用、受訓、含技術員、半技工、從業員或幹部等。

機械設備計劃 …… 機械之訂購,工廠的建設。

外包計劃 …… 外包對象及零件之計劃。

在庫零件製造計劃 …… 廠內自製零件之計劃,含設計、製圖、試作、生產、庫存量等。

圖 5-8

2. 中日程計劃(shop schedule)

通常以一個月或一季為單位,其最主要目的是將年度生產計劃更具體化,明確表示各月的生產目標,確定產品的項目、數量及交貨期,同時亦需決定開工日期及材料之需求量。中日程計劃是個別的生產計劃,如圖 5-9 所示。

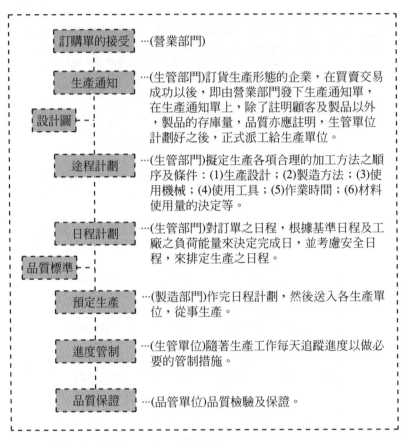

圖 5-9

3. 小日程計劃(detail schedule)

　　根據月份計劃，對於各製程安排的詳細細節，此項工作由現場最直接的主管去安排，如領班、組長。但生產中，常會因材料遲延或事故發生，而使生產計劃與實際的生產狀況發生偏差，必需予以修正，因此，多以一旬或一週為單位從事小日程計劃。

四、生產計劃所需要的情報與資料

1. 銷售預測

    銷售可能數量及上市最佳時機。

2. 製品及零件之需要量

    每一製品需要材料種類及數量,還有需要哪些零件及數量。

3. 工程之加工順序

    生產管制人員要了解該產品之加工程序,以便準備各項模型、機器及排定途程。

4. 各加工過程的開工及完工時間。

5. 人員資料

    員工之現有數量及可能解僱的數量,還有預估員工的出勤率及流動率。

6. 機械設備資料

    機械之總數量、堪用率及故障率。

7. 在庫品資料

    查詢各項零件、半製品、成品、材料、工具之在庫品數量。

8. 其他資料

    工廠現行之佈置及組織狀況,是否需要變更。

例題: 某工廠欲生產socket一批,如圖5-10,其生產程序單如表5-1,此表包括途程計劃、人員計劃、機器計劃。生產管制員按此生產程序單,或稱為工程表,擬定日程計劃,一般可用甘特圖,如圖5-11或用生產日程表加上工作負荷表讓各單位知道應有的生產數量及日程,如表5-2、5-3。

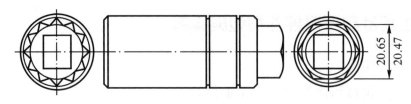

圖 5-10

表 5-1

生產管制組			生產程序單			日期	
品名	socket 套筒	規格	1/2"	製造批號		D 401	
批量	20000	開工日期	×月 ×日	完工日期		×月 ×日	
順序	加工項目	加工部門	機器設備	工人數	每件工資	作業時間	材料
1	下料	倉庫	60T 沖床	1	1.0	5"	16φ×15m/m
2	鍛造	鍛造課	50T沖床，加熱爐	2	4.0	10"	碳鋼
3	切兩端	車床班	5 尺普通車床	1	0.5	10"	
4	車外徑	車床班	5 尺普通車床	2	0.9	9"	
5	車肩徑	車床班	5 尺普通車床	2	0.6	7"	
6	倒角端邊	車床班	5 尺普通車床	2	0.8	6"	
7	切溝槽	車床班	5 尺普通車床	1	0.8	6"	
8	銑六角邊	車床班	油壓自動銑床	1	0.6	6"	
9	粗磨	研磨組	無心研磨機	2	0.5	5"	
10	熱處理	熱作組	加熱爐，油槽	2	0.5	5"	
11	精磨	研磨組	無心研磨機	2	0.4	6"	
12	酸洗	電鍍班	酸洗槽(筒)	1	0.4	10"	
13	電鍍	電鍍班	電鍍設備	8	0.6	10"	
14	包裝	包裝班	高週波加熱機	4	0.5	8"	

生產部管制組		品名	Socket	規格	1/2"	數量	20000	製造批號	D401

製造單位	加工項目	加工日期																								
		1	2	3	4	5	6	7	8	9	10	11	12	13	14	15	16	17	18	19	20	21	22	23	24	25
倉庫	下料	━	━	━	━	━																				
鍛造課	鍛造			━	━	━	━	━	━	━	━	━	━													
車床班	切兩邊				━	━	━	━	━	━	━	━	━	━												
車床班	車外徑						━	━	━	━	━	━	━	━	━											
車床班	車肩徑							━	━	━	━	━	━	━	━											
車床班	倒角端邊									━	━	━	━	━	━											
車床班	切溝槽									━	━	━	━	━	━											
車床班	銑六角邊									━	━	━	━	━	━	━										
研磨組	粗磨										━	━	━	━	━	━										
熱作組	熱處理											━	━	━	━	━	━									
研磨組	精磨												━	━	━	━	━	━								
電鍍班	酸洗													━	━	━	━	━	━	━						
電鍍班	電鍍													━	━	━	━	━	━	━						
包裝班	包裝																━	━	━	━	━	━	━			

圖 5-11

表 5-2　生產日報表

生產部管制組		品名		規格		數量		製造批號	
次序	加工項目	加工部門		開工日期		完工日期		備註	

5-4 生產管制之執行

　　企劃人員已將生產計劃訂出，製造現場應依該計劃進行生產。然而，製造現場究竟有無依據生產計劃進行生產？沒有按照生產計劃時應怎麼辦？這就是生產管制要執行的工作範圍。

　　表5-1之工程表3～9加工順序如改為切削中心機(machine center)，則工人數、作業時間之計劃不同。

一、派工

(一)工作分派的意義

　　何謂派工？所謂派工就是根據細部排定的途程與日程計劃，按所既定的預計開始及完成排程表，把工作分配給執行單位的人員和機器。同時，開出的工作命令，指示現場開始進行生產活動。工廠規模很小時，派工只要靠言語傳達即可。但如規模較大，人員機器及製造程序複雜時，則須靠各種傳票及通知來溝通情報。

(二)派工的方式

　　派工的方式分為下列兩種方式：

1. 集中指派

　　由生管部門統一指揮分派。生管部門將工作命令送至各工場，再由工場主管轉交給作業員執行。工作完工後，由工場主管轉知生管部門。如圖5-12。此種方法適合小工廠，其生產型態少種多量、機器不複雜及工廠位置集中之情況。

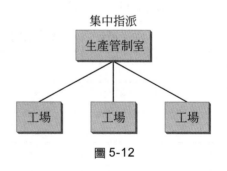

圖 5-12

表 5-3　生產數量預定表

品名			規格			數量		製造批號		
次序	加工項目	加工部門	產量 ＼ 日期							
1			預定產量							
			實際產量							
			累計差額							
2			預定產量							
			實際產量							
			累計差額							
3			預定產量							
			實際產量							
			累計差額							
4			預定產量							
			實際產量							
			累計差額							
5			預定產量							
			實際產量							
			累計差額							

2.　地區指派

　　生產部門只做到細部排程計劃之訂定，並依預計開工時間開出工作令。至於人員、機器之分派則由現場主管來進行，此種辦

法適合中型以上的工廠使用，其生產型態為產品少量化、製程複雜、員工及機器種類繁多和工廠位置分散之情況。如圖 5-13。

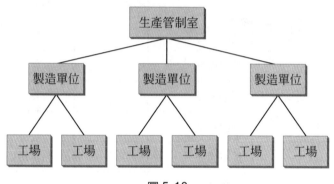

圖 5-13

(三)工作指派之程序

1. 按日程所定的開工日期先後排列，于開工前適當日期(視各工廠情形而定)，派工給各單位。

2. 查對材料準備情形
   於開工前幾天，將工作命令副本送至物料存放室，於開工前一天或更短時間把材料送至加工單位。

3. 查對工具準備情形
   於開工前幾天，將工作命令副本送至工具庫查對工具，於開工前一天或更短時間內，再把工具送至工作單位。

4. 如至開工前一天材料及工具尚無法準備完竣，則將原工作命令單註明缺料之原因，並通知計劃人員重新協調再排定生產日期。

5. 在製造中的工作命令副本應按順序整理好，作為催查的依據。

6. 延期完工的工作命令副本亦應按照延後完工日期先後而予以追查。

7. 完工的工作命令，應與成品同時送庫簽收，然後將工作命令正本送至成本部門登帳，工具退還工具庫，工作命令副本則存查。圖 5-14為工作令，流程表、材料流程系統圖。

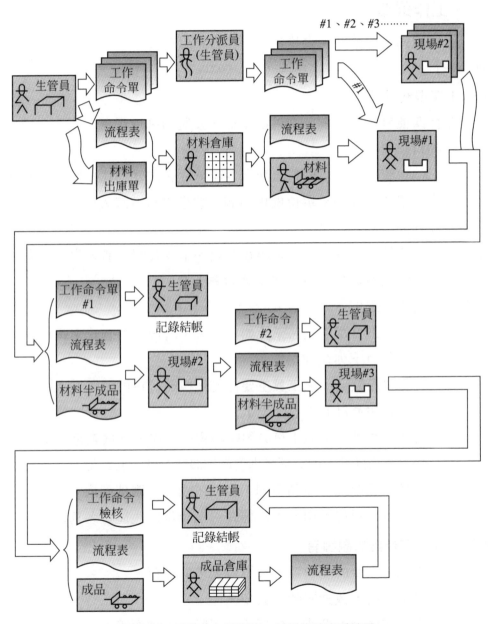

圖 5-14　工作令、流程表、材料物流表系統圖

二、工作跟催

工作跟催主要目的先查核製造工作的實際進度,並設法使其與計劃進度相符。

(一)工作跟催種類

工作跟催有物料跟催,託外品跟催,及製造進度跟催。

1. 物料跟催

生管單位必須催料以配合生產單位之需要,其催促的對象為物料單位,而物料單位催供應商,要求物料準時入庫。

2. 託外品跟催

託外製造零件一定要趕在本廠加工或裝配之前入庫,並完成品質鑑定與數量確定,才不會影響工期。

3. 製造進度跟催

製造進度跟催是希望能如期交貨,若按生產方式來區別,其跟催工作有下列幾種型態:

⑴ 存量生產製造:催工員主要任務為核對材料供應與生產數量是否符合生產計劃。

⑵ 訂貨生產製造:催工員必須隨時會同工場主管檢查每一工作程序之實際進度,如有落後進度時則設法補救,其跟催方式有二:

① 按產品跟催:產品從開工至完工由一人跟催到底。

② 按單位跟催:由一人跟催在一個單位內生產之各種產品。

(二)一般工作延誤的原因有

1. 裝備能夠生產的能力遠不及單位要求的負荷。

2. 批量不經濟,致調置時間太多。

3. 人力需求估計太低或人員請假、曠職、出勤率差。

4. 設計修改。

5. 工具損壞。

6. 機器故障超出預期太多。

7. 物料延擱。

8. 製造產生不良，須重做。

9. 原材料不良，使加工或裝配產生困擾。

10. 生產計劃考慮欠週詳或錯誤。

11. 意外事故而引起。

一旦發生工作延誤，生產管制室應派生產管制員協助解決困難及作各方連繫，此人必須工作經驗豐富，各方連絡很熟，可在短時期內解決困難。

三、JIT 交貨管理

JIT(Just In Time)即時生產的交貨管理始於日本豐田汽車，目標是物料零庫存，重要效益是大幅降低庫存成本，將庫存風險分散到上游的供應商。

JIT 制度以訂單來驅動管理，利用看板把供、產、銷緊密的銜接起來，使物料儲存、成本積壓和再製品大為減少，提高生產效率。

建立成功的 JIT 物料交貨制度，企業必須從組織、供應商與運輸系統的健全運作來規劃。

(一)組織的調整

由於JIT物料管理系統與傳統的採購流程有相當程度的差異，例如：採購表單重新設計、採購進貨手續與規格簡化，建立標準化作業程序以及提高採購人員的作業效率，因此組織要進行必要的變革。

(二)供應商關係

建立 JIT 物料供應制度必須強化與供應商的關係。JIT 強調原料或貨物到廠的時間與數量，包括原料只需要在生產前送達，而且只需依當日的生產量運交適量的原料。因此，買方工廠要精確計算生產排程、採購作業時間、運送時程外，就是要能確實掌握供應商的生產計畫。

為了要達到這一目標，需要買方與供應商建立密切的長期合作關係，彼此信任，雙方的需求與供應都能精準實施，達到長期穩定的合作。

(三)運輸系統

實施JIT除了買賣雙方必須在出貨時間、運貨、收貨、驗收等各方面達成協議，還有運輸系統和運輸業者能否配合雙方的作業時程，在JIT中也扮演極重要的角色。

運輸業者要配合的事項例如：

1. 要有配合運送的組織系統。
2. 足夠的運輸業者及運送車輛、工具。
3. 有運送服務契約，明載涵蓋的範圍。
4. 多利用資訊通訊設備。
5. 設計原料的包裝規格，而且能夠自動化。

JIT 的基本原理是以需求來決定供應，供應方按照企業需求的物料品種、規格、品質、數量、時間、地點等要求，將物料準時送上。供需雙方在長期互動中，必須各自提升物料管制與供應物料的時間、品質、數量的精確性，對雙方長期的好處是(1)零庫存(2)零浪費(3)零廢品。

JIT 是理想的物料管理制度，適用於各類製造業，也可適用於服務業，只要極力想降低生產成本的企業都可嘗試實施。

四、外包生產

工廠外包的意思就是把一些零件的製造委託其他工廠加工或生產，生產成品的工廠，很少所有配件及零件都是自己廠內製造。有的是從外面購買成品(稱為現成零件)，有的是本廠設計然後請其他工廠製造。也有全權委託其他工廠設計及製造零件，母公司則負責組裝成成品。

因此，外包是工廠生產的流程之一，影響相當大。有時還比廠內自行製造的部份更重要。因為廠內加工是一個公司內部生產管制的一環或流程，外包則必須借助於外面工廠(或稱衛星工廠)的供應，無論品質或交貨期的障礙，相對較難掌控，往往對本廠的組裝製造產生延遲或品質不穩定，影響本廠生產管制及交貨期。因此，外包亦是工廠工作跟催的延續流程。

5-5 外包管理實例

筆者曾至某治具製造公司(後文簡稱為 A 公司)輔導，其中「外包制度」亦是輔導改善的項目，茲將輔導實例概述於後。

(一)源起

1. 在公司延誤交貨的原因探討中，來自外包延誤的比例相當高，約為50%以上。

2. 因此，擬尋求一有效的外包管理制度來突破這個困境。

(二)背景資料診斷

1. A公司加工治具現行業務流程表如圖5-15。

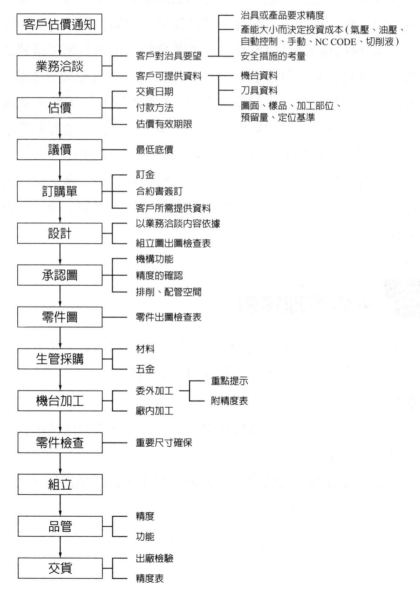

圖5-15 A公司加工治具業務流程表

2. 而目前公司交貨延誤高於50%的原因有：

(1) 客戶訂單交貨日期迫近。

(2) 客戶設計變更太多。

(3) 生產日程與進度無法控制。

(4) 臨時增加的訂單(插單)比例甚高，約為30%。因此，已因原生產計劃訂單交貨急迫，又再插單，真是「雪上加霜」，久之，延期交貨已成「惡性循環」。

(5) 有多品種少量生產方式的特性。

(6) 作業進度管理的工具如(甘特圖)，已因計畫及製程混亂，而無法有效使用。

(7) 新手造成品質必須修改延誤。

(8) 外包廠商配合觀念弱。

(三)現行外包管理方式與制度

1. 負責人是為生管組長汪小姐。

2. 流程為：圖5-16。

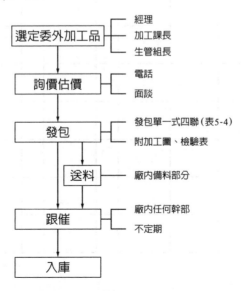

圖 5-16

(四)現行外包管理困難點及缺失

1. 業務接單交貨期過於急迫，當接到設計課交付之零件圖時，時間已呈緊張期。

2. 由於要求協力廠商的交貨日短促，所以「科學化」的表單管制無法有效運用，只好運用「人力」盯稍催工，有時一日數次。

3. 如此長期循環製程及計劃自然混亂，協力廠商也呈現「疲勞反應」管制困難。

4. 過度催工下，協力廠商品質無法要求嚴格，入庫後有缺點，為趕時效，只好廠內加工課自行修改，增加廠內工時，生產計劃受影響。

表 5-4　A 精密模具股份有限公司委外加工發包單

協力廠商：

聯絡人：　　　　　　　　電話：　　　　　　　　年　　月　　日

項次	工令	品名	數量	單價		金額		交貨日	備註	
										一式四聯、一聯自存、二聯會計、三四聯廠商

主管：　　　　　　　　　　　　　經手人：

協力廠商代表人：

(五)輔導改善之外包管理方法

1. 外包管理流程表

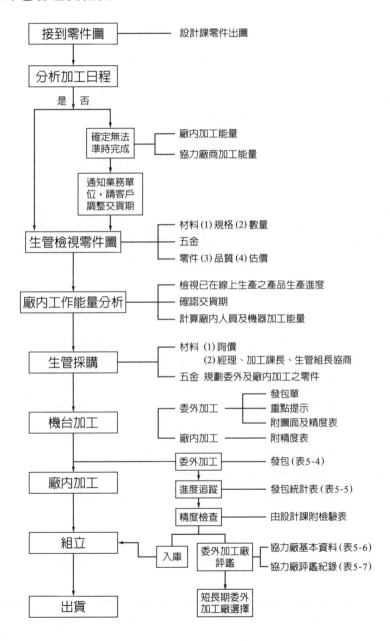

表 5-5 A精密模具股份有限公司發包統計表

協力廠商	圖號工令	發包日期	跟催記錄	完成日期	圖號工令	發包日期	跟催記錄	完成日期	圖號工令	發包日期	跟催記錄	完成日期

註：跟催記錄以月／日登錄，藍字表示能準時完成，紅字表示已無法準時交貨。

表 5-6 A精密模具股份有限公司協力廠商基本資料表

填表日期：　　　　　　　　　　　　　　　　　　　　　編號：

廠商全名		聯絡人	
負 責 人		傳 眞	
電 話			
地 址			
工作性質		員工人數	人
設 備	設 備 加 工 能 力		
主要客戶	配 合 年 數 及 工 作 內 容		
承製本公司之工作			
基本計算單價公式			

表 5-7　A 精密模具股份有限公司委外加工廠評鑑表

協力廠名稱：　　　　　　　　　　　　　　準時交貨：○，延誤：×

工令	品名	發包日	預定完成日	交貨日	準時交貨	金額		延誤原因
合計	項				次			
					%			

(六)效益評估

1. 外包管理只是生產管理系統中的一部份，在A公司過去生管人員與協力廠之間的溝通意識「鬆散」狀況下，延誤交貨似乎是「家常便飯」。經過這次輔導後，生管人員對協力廠的要求嚴謹了許多。現場的效率也精準與提升，所以可喜的是改進後連續兩個月產品都能如期交貨。

2. 事實上，A 公司延誤交貨的原因，不全來自生管及現場製造部門，而存在的外來因素，的確也讓銷售部門頭疼，過去來往的工廠，包括汽車廠，以及精機公司，他們本身都有模具製造部門，之所以會委外製造不外乎下列因素：

   (1) 本身技術無法勝任。

   (2) 本身工作量無以應付。

   (3) 藉託外吸取外來技術與經驗。

　　　　基於上列因素，銷售部門在接洽業務時，往往面臨下列情況，而這些情況正是A公司生產日程計劃與控制形成混亂及控制不力的原因：

⑴ 客戶要求的交貨期限緊迫，本身為了業務需求不得不接受。

⑵ 臨時增加而急需完成的工作多。

⑶ 中途變更計劃與設計頻率相當高。

　　因此，公司整體經營上面臨：

⑷ 無法預估需求，所以無法訂立明確的預定表。

⑸ 標準製品預估生產困難。

⑹ 決定生產計劃的時間遲延(一般為 3 個月內的計劃)。

⑺ 因為交貨的壓力，銷售人員常在現場指示生產，使生管的計劃容易形同虛設。

3. 　因此，建議A公司為提昇準時交貨效益，還須另外檢討公司短、中、長期發展策略。

　　比方說如下諸點：

⑴ 研發「零件標準化、規格化」的可行性。

⑵ 生管部門積極建立協力廠商素質評鑑，作為更換協力廠商的依據。

⑶ 作好產銷一體化，也可增加備用生產線，以應付突發的趕工狀況。

⑷ 體認「多種少量生產的困難」，因此公司應有中長期發展策略，例如改變生產形態，朝單一或少類產品生產。

(七)結論

　　公司長期發展可以採取「管理二分化」方法，就是產品(包括零件)區分為「多品種少量生產」及「中少品種多量生產」，然後管理較明確。

　　更長期發展則可選擇公司的經營方向，提昇生產效率，創造更高的利潤。

本章重點彙整

1. 產品的研究發展，可以開發企業利潤。
2. 開發產品要滿足顧客的需求。
3. 生產導向時代是成本＋利潤＝售價
   市場導向時代是價格－成本＝利潤
   競爭導向時代是價格－利潤＝成本
4. 市場研究是產品開發方向的依據。
5. 國內企業 21 世紀變革預測有資訊化、自由化、環保重視、產品及技術變革、高齡化及嬰兒潮人口中年化來臨及消費意識高漲。
6. 開發產品的方法可以朝摹倣改善，轉配及發明著手。
7. 開發新產品如能品質高、售價低，那是美廉產品，最受歡迎。
8. 公司要擬訂中長期發展策略，可以從產品分析、市場分析及如何整合產品、技術、市場來著手。
9. 顧客的集合就是商品的市場。
10. 以顧客的購買實績及消費能力，區分為聚寶區、危險區、寶山、權衡區、無效區等五區。
11. 產品、技術、市場三者關係是互動的，息息相關的。

12. 產品要作商品化企劃之步驟為形成概念、定位及可行性分析。形成概念及定位以 5W 3H 作研討，可行性分析以 6M 來分析。

13. 顧客滿足與滿意的條件有魅力的、必然的、一次元的、無異的、反效果的五種。

14. 生產計劃又名生產工程。

15. 生產計劃以時間分為大日程、中日程及小日程計劃。

16. 生產計劃大日程一般是一年或半年，中日程是一季或一月，小日程是一週或一旬之計劃。

17. 生產管制是考核現場有無按照生產計劃去執行生產，發生異狀，提出處理辦法。

18. 派工分為集中指派及地區指派。前者適合小型工廠，後者適合大型工廠。

19. 工作跟催有物料跟催，託外品跟催及製造進度跟催。

自我評量

(　)1.　開發新產品要滿足顧客的需求，但也要顧及　(A)自身的能力與成本　(B)自身的喜好　(C)他人的建議。

(　)2.　高齡化人口來臨，會有什麼經濟變化　(A)休閒事業需求　(B)老人照顧事業蓬勃發展　(C)老人用品相關企業被重視　(D)以上皆是。

(　)3.　公司發展趨勢必須配合　(A)產品研究發展　(B)潮流　(C)市場　(D)以上皆是。

(　)4.　開發新產品不要與競爭廠商的　(A)價格　(B)品質　(C)專利　相衝突。

( )5. 如果一產品是屬於DOG區之產品，企業之策略應如何 　(A)削價售出 　(B)發展新策略 　(C)開發新產品 　(D)以上皆是。

( )6. 在矩陣數據解析法中落在DOG區之產品屬於 　(A)成長期 　(B)衰退期 　(C)成熟期 　(D)導入期。

( )7. 落在聚寶盆區之客戶，公司宜 　(A)只做高層互動 　(B)促銷 　(C)削價 　(D)廣告。

( )8. 下列就產品、市場、技術的關係，哪一種效果最好 　(A)改良技術現有產品銷到類似市場 　(B)新的技術新的產品銷到新的市場 　(C)現有技術，開發新產品銷到各種市場。

( )9. 如要節約成本，下列給顧客的條件，哪一種可以省略 　(A)無異的 　(B)必然的 　(C)一次元的 　(D)魅力的 　條件。

( )10. 大日程生產計劃通常以 　(A)一年 　(B)一月 　(C)一週 　為單位。

習 題

1. 產品研究發展的目的是什麼？
2. 為何競爭時代是價格－利潤＝成本？
3. 市場研究要蒐集哪些資料？
4. 21世紀國內企業變革預測之走向為何？
5. 試述本產業與上下游產業之關係。
6. 開發新產品，哪些事項應注意消費者可能接受的程度？
7. 新產品對本公司產品之影響有哪幾種狀況？
8. 矩陣數據解析法將產品分為哪四區？
9. 矩陣數據解析法如產品落在CAT區，應如何因應？
10. 說明以顧客的消費能力及購買慾望分為哪五區。

11. 危險區及寶山區，企業應如何因應？

12. 試述產品生產執行之步驟。

13. 說明產品定位之 5W 3H。

14. 何謂 6M 分析？

15. 在顧客滿意與滿足程度關係中，什麼是反效果？

16. 以產品的壽命週期，顧客的需求有何變化？

17. 解釋生產計劃。

18. 試述生產計劃之內容與任務。

19. 說明大日程生產計劃之內容。

20. 說明中日程生產計劃之內容。

21. 生產計劃所需要之情報與資料有哪些？

22. 派工有哪些方式，其適合之工廠是何種型態？

23. 工作跟催的目的是什麼？

24. 按生產方式，跟催工作有何區別？

25. 簡述一般工作延誤之原因。

Chapter **6**

Factory Management

物料管理

　　工廠要能生產，必須有適合及足夠的物料，做好物料準備，能促進生產效能的提高。物料管理大師貝年米恩(Berjamin)，是美國 Purchas-ing 雜誌主編，其巨著「物料管理」(Management of Industrial Inventory)中說明金錢與物料之重要性：⑴物料係由等值金錢交換而來，除了等值外，物料之獲得與接收尚須花費時間與努力，所以物料的價值多於金錢；⑵物料種類眾多，特性迥異，照顧上倍覺費心；⑶金錢閒置不用，僅有利息損失，倘物料呆置不用，除了損失等值金錢利息外，尚須負擔各種保管費用；⑷金錢之面值永遠不變，但物料之市價隨時變動。因此，庫存物料與市價息息相關；⑸企業有盈餘資金，第一想到的會應用在物料之採購上，以避開市價波動的風險，所以物料受關心度在企業家眼裡更甚於金錢之庫存；⑹物料—形成呆料必需廉價出售，因此不宜有浪費情形發生，物料管理在企業界內佔相當重要的工作。

物料尤有甚於金錢，所以經營者應重視物料管理，而與銷售管理、生產管理及財務管理同等重要，而且物料管理得當，有助於其他三種管理正常運作，對公司整體經營績效有幫助，企業經營者不得不重視。

6-1 物料管理之意義及範圍

一、物料的意義

物料者從廣義的範圍來述說的話，包含原料、材料、間接材料、配件、半製品、在製品、用品、報廢材料、包裝材料、商品等，換言之，無論政府機關、部隊、工商企業及工廠等之必需品，皆可言之。

但是狹義的物料乃指材料而言，亦指一般工廠為了維持工廠生產所必需之物品，而這些物品可包含原料、零件、半製品或生產上所必需的物品皆為包含在物料之內，現在我們僅就狹義的物料作敘述。

二、物料管理的意義

物料管理(inventory management)，係指計劃、協調與控制各部門之業務活動，且以經濟合理的方法供應各方需用的物品之一門學術。

三、物料管理的業務範圍

物料管理的業務範圍概可分為：

(一)事務性方面：包括物料計劃及採購申請

1. 物料計劃

物料政策之決定，端賴適當的組織系統，及有效的蒐集、整理、分析及研判各種資料，來預測將來發展之趨勢走向，而訂出物料配合生產或庫存的政策。

2. 採購申請

　　採購處理很好，成效將大，舉凡採購的時機、採購的對象、採購數量之釐定、採購價格之商談，進而採購規格及品質之要求等，皆包含在採購工作中。在複雜的今日工業社會中，亦需幹練精明者來做，因此，當今亦有採購工程名詞(purchasing engieering)出現，發展爲一專門之採購技術。

(二)管理方面

1. 物料接收與檢查

　　物料或國外進口物料上岸，接收方法及應辦之驗收手續等工作。至於物料規格及品質是否符合採購要求，如何檢查及檢查辦法如何，皆需有所規定。

2. 倉庫管理

　　物料儲存未使用前之管理、存放方式、分類、保護措施、安全措施、數量管制、帳目管理等工作。

3. 物料出入庫之管理

　　物料出入庫帳目必需記錄清楚，有因超額領取而退回者如何重新入帳，以免混亂。由於時間因素，氣候溫度因素造成物料品質降低成失效品，藉物料出入庫之管理來減低物料折損的機率。

4. 物料儲存之盤點

　　定期盤點與用量之綜合對照是物料管理的重要工作之一，物料遺失或呆存(不知有該物料)，皆可藉盤點來發現。

5. 物料搬運

　　倉庫內之搬運，如入庫時如何卸貨，出庫時如何起貨，皆應標準化，以免作業方法不對，造成時間、金錢的損失。

　　工廠之經營種類若很多，則物料管理愈紛歧，因此，若工廠之經營額愈高，則物料管理愈重要。一般產品之價格，其中以物料費之比例甚高，大部分皆高於加工費，因此，如何使物料作最有效及最經濟的運用，實為企業成功的重要因素之一。

　　綜合言之，物料管理若實施完美，則有下列優點：

1. 能管制請購及入庫品質、規格一致。
2. 能減少破損、遺失及劣化之損失。
3. 對於物料儲存方式之研究，可節省物料儲存面積。
4. 可防止過量儲存。
5. 可配合生產需要，以免影響效率。
6. 由於定期的盤點，對在庫品之控制隨時掌握情報。

四、物料的需求計畫(MRP)

　　企業如何在規定的時間、地點，獲得需要的物料，換句話說，庫存原料及其他相關物料的管理如何才能滿足生產的要求，這就是物料需求計畫(Material Requirement Planning)，簡稱 MRP。

　　企業製造生產有輸入、製造、產出三個過程，物料需求計劃也不例外的要從這三個程序來了解。

　　物料需求計畫(MRP)有

(一)輸入項

　　主生產計畫(MPS：Master Productive Schedule)、產品訂單、庫存信息。

(二)處理項

　　現場的物料需求計畫(MRP)

(三)輸出項

採購計畫如下圖所示：

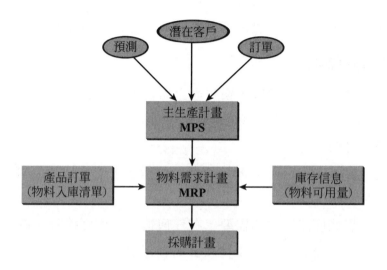

由上圖中，我們知道物料的數量管制為：

某一時段的物料可用量＝現有庫存量＋計劃入庫量－已派工使用量

　　　　　　　　　　　　－安全儲存量

所以 MRP 系統要涵蓋的內容如上圖中的各項，都要精確分析即掌握信息。

6-2 物料的獲得與接收

物料由申請、採購、送貨、接貨、庫存等一系列過程中，在企業裡面也要有一套規範來執行，期能採購到成本合理、品質恰當，使用者歡喜的物料。

一、採購的意義

所謂採購就是買進原物料、零件、半製品、刀具、工具、機器及辦公用品等，以配合生產、設備修護及行政事務所需的系列工作。

二、採購的原則

物料採購係以金錢換取工廠生產上所需各項活動之物料，爲了達到生產活動的目的，在採購時必須根據下列原則：

1. 適合實際用途

   買入之物料，必需是使用單位所要求的規格及品質。

2. 適時供應

   根據使用單位的需要，在任何情況下均應適時、適地、適量供應，以免發生「停工待料」的情形發生。

3. 合理的價格

   物料價格影響物料成本及影響產品的成本，因此，在不影響物料品質及規格要求下，應力求物料價格低廉。

4. 儘量國內購買

   爲了促使國內相關工業之發展，應儘可能採用國貨，一方面還可節省外匯支出及減少維修時間。

三、採購計劃

採購業務，必須以生產計劃爲基礎而設定材料計劃，決定需要何種原料、零件、消耗品？何時需要及其用量多少？以及應考慮到價格問題，以計劃出一套適時、適量、適當價格的採購計劃。由此看來，採購計劃與物料計劃及生產計劃實則密不可分。

四、採購部門的職責

要做好採購工作，包含四個要素：

1. 品質

	需符合使用單位所開出的規格、性能。

2. 數量

	與批量及寬放量有關，此由生產管制部門決定。

3. 時間

	依據採購計劃上之規定來採購。

4. 價格

	是採購部門應負的責任，議價、比價過程之策劃及商談，俾獲得較低的價格。

綜合言之，採購部門之職責有下列幾項：

1. 必須熟悉物料或代用品之來源。
2. 廠內生產計劃、零件需求量及產品的材料成本比例必需隨時有詳細資料。
3. 按公司規定的程序辦理採購工作。
4. 交涉價格。
5. 累計整理並分析報價單。
6. 處理訂購合約書。
7. 隨時注意合約書的交貨期。
8. 檢查發票與交貨條件是否相符。
9. 記錄並整理所有的採購案件。
10. 與其他部門連繫有關採購事宜，使其掌握生產計劃之可行性。
11. 託外加工事項之處理。
12. 經常調查市場或由報章雜誌獲得物料之各項情報，並呈報主管參考。

五、採購程序

一般工廠採購的程序如下：

1. 收到請購單

工廠內各部門皆可開出請購單，載明請購品之名稱、數量及使用日期。一般請購單如表 6-1，一式二聯或三聯。

表 6-1　×××工業股份有限公司

請購單

請購單位：			請購日期：		使用日期：	
品名	規格	數量	單價	總價	備註

2. 審核請購單

由採購單位研討是否有代用品或能否在工業市場於期限內買到，然後層轉主管核准後進行採購。

3. 選擇供應商報價

簡單物品或常用物品可由採購單位自行詢價，然後決定向那家廠商購買。較大宗物品之採購，則需由廠商供應報價單，然後根據報價單上所載明的價格、交貨情況、數量、服務及保證情

況，然後比較各廠商的條件後，決定由哪家廠商供應，表 6-2 為設備機器之報價單，表 6-3 為材料之報價單範例。

表 6-2　××××工業股份有限公司

報價單　　　　　　年　　月　　日

項次	品名	規格	廠牌	數量	單價	總價	備註

表 6-3　×××工業股份有限公司

報價單　　　　　　年　　月　　日

項次	品名	規格	材質	類別	加工項目	數量	單價	總價	備註

4.　發出訂單或契約書

　　由報價單中選取適當採購對象後，即進行訂購，訂單上應載明詳盡的條件要求，諸如物料種類、規格、數量、單價及廠牌

等，如表 6-4 為訂購契約之範例，各項條件應載明清楚，以免日後有疑義或糾紛。

表 6-4 ×××工業股份有限公司訂貨契約書

簽訂日期： 年 月 日

立契約人 甲方：

乙方：

訂購物料名稱	規格說明	單位	數量	單價	總價	備註
貨價總計	新台幣 萬 仟 佰 拾 元整					
交貨期限	年 月 日	分批交貨日期				
付款辦法		附 件	1.規格說明 2.圖面			
貨品驗收						
逾期罰款						
解約辦法						

5. 追蹤訂單

採購部門應隨時注意訂單的交貨狀況，以免逾期交貨，增加雙方的困擾。

6. 訂購物品入廠，著手驗收及接收。

六、採購的方式

(一)依據價格獲得方法來區分

1. 招標

採購大宗物質時，一般以刊登廣告，使供應廠商投標競爭，從而獲得最低價格。

2. 比價

由合乎條件之供應商報價格，然後從這些價格中選擇最低者。

3. 議價

由購料部門參照物料成本、合理利潤及市價與供應商協議價格。此種採購方式一般於獨家供應或緊急需用時使用。

4. 洽購

對小量之物料，由購料部門以現金購買。

5. 直接採購

對政府指定專賣物料，直接向指定機關採購。

6. 合作性採購

以工廠本身產品與物料供應廠商，議定價格，交換所需物料。

(二)依據工廠需要與市場變化來區分計有

1. 隨時購買

現在需要什麼，當請購單送到後，即可著手購買，一般訂購生產之製品都以此種方式採購。

2. 定時採購

常備定量的材料，使用到某一階段後即行購入，一般工廠存貨生產採用此種方式購料，購料量依生產計劃而定。

3. 市況採購

這是依據市場之狀況採購，認為有利的時機即儘速購入，一般以原料占大部分，市場跌價時，則為採購之大好時機。

4. 投機性採購

投機性採購是決定於決策者的意願，所以並不是屬於採購部門之業務，其情況為有利時即大量採購，縱使超過使用需要量亦在所不惜，直到價錢回升後，再轉賣一部分獲取利潤。

5. 長期契約採購

長期契約可以預先固定價格訂下採購合約，而規定提交日期，對於生產穩定之工業非常有利，因為成本之管制能事先確定，產品之售價亦能以較平穩的價格與客戶洽商，不怕受材料漲幅之影響。

6. 計劃性採購

企業之採購配合生產計劃、企業發展計劃、銷售計劃，而也訂有計劃性的採購，等於公司全盤發展策略的一環。

七、採購規格

採購之訂購單必須將擬採購材料之品質要求、檢驗方法及各種條件作具體的規定。據此規定，採購人員用於洽商價錢，交貨廠商用於生產及交貨；品管人員用於驗收。此規格一般由設計部門訂定，採購、品管、設計、製造等單位協助擬定。

表示採購規格之方法有下列數種方式：

1. 以廠牌或商號表示

   例如 5/16" 鑽頭 Nachi 牌，紅 30# 描圖紙，Mobil 30# 機油等表示之。

2. 以藍圖或規格來表示

   特殊配件，或加工時須參考之特有規定而設計之藍圖，藍圖上應註明公差及加工程度。

3. 以化學成分分析或物理性質表示之方式

   如金屬材料、塑膠材料、化學原料及電鍍藥品等。

4. 詳列所用材料及製造方法之表示方法

   用於大量採購或對品質及交貨日期規定很嚴之物品，一般以派人駐廠檢核為多。

5. 以材料規格及驗收標準之表示法

   契約單上載明廠內材料之公司規格、標準，以便讓供應商參考及本廠驗收之依據。

6. 以實物作樣品之表示

   無法表達時，則選一標準之樣品(sample)作為採購之規格依據。

7. 詳細列出所有需要條件之表示方法

   有些工廠為了避免錯誤及誤解，將所有對供應商之要求項目，列於採購規格書上，使買賣雙方一目了然，採購規格書之內容包括：

   (1) 品名。

   (2) 使用目的及用途。

   (3) 數量及交貨期。

　　⑷　品質特性。

　　⑸　製造方法或加工方法。

　　⑹　試驗與檢驗方法。

　　⑺　合格制定基準。

　　　　例如採購旋臂鑽床之規格範例：

1.　品名

　　　　旋臂鑽床。

2.　一般要求

　　⑴　表面塗漆必須為高級漆。

　　⑵　外表不容許有鑄孔或砂孔。

　　⑶　機器操作運轉不能有明顯振動。

　　⑷　馬達為正字標記馬達。

3.　規格

⑴	機柱直徑	350mm
⑵	機柱裡面與主軸中心最大距離	1450mm
⑶	機柱裡面與主軸中心最小距離	280mm
⑷	機頭左右走動距離	1020mm
⑸	主軸下端與機台面最大距離	1400mm
⑹	主軸下端與機台面最小距離	400mm
⑺	旋臂昇降距離	660mm
⑻	機台工作面大小(L×W)	1550mm×850mm
⑼	機台大小(L×W×H)	2000×8550×180
⑽	主軸孔	MT#4
⑾	主軸上下行程	320MM
⑿	主軸轉速(r.p.m)	(40－1920)×12 段

⒀	主軸推送速度	$(0.08-1.00) \times 6$ 段
⒁	主軸馬達	3HP
⒂	旋臂昇降馬達	1 1/2 HP
⒃	冷卻裝置馬達	1/2 HP
⒄	機械全高	2260mm
⒅	機械淨重	3200kg
⒆	裝箱尺寸(L×W×H)	2100×900×300mm

4. 附件要求
(1) 工作台一組。
(2) 電動機三組。
(3) 照明設備一組。
(4) 調整工具一組。
(5) 說明書 6 份。
(6) 40 小時 10 人員工訓練

八、驗收

所謂驗收即指自貨品到達工廠的接收，以至卸貨，按照訂購單規格與品質要求之對照，檢查合格與否，良品辦好入庫手續，不良品辦好退貨手續之一系列工作。

(一)驗收的主要工作
1. 貨物與訂購單是否一致。
2. 收貨的記錄。
3. 貨物之檢查與抽查。
4. 告知倉庫請購者到貨之物料。
5. 不良品退貨。

(二)驗收物料之進度

物料進庫後，如未能即時或在規定期間內驗收時，日久可能影響品質或造成帳目核對困難，因此，驗收進度應予以控制，且須注意下列數點：

1. 大量採購時，應分批交貨，以免過於集中，無法立即處理。
2. 最佳乃先排定各項物料之驗收日程。
3. 根據過去經驗，對於需用化學分析、物理測試之物料，規定其標準驗收日數，以做為日後參考及遵行。
4. 訓練驗收人員之技能及予以編制。
5. 物料驗收順序應事先排定，易腐蝕之物優先驗收。

(三)進料驗收程序

材料由請購至入庫大略可分為下列步驟：(如圖 6-1)

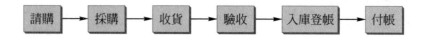

請購 → 採購 → 收貨 → 驗收 → 入庫登帳 → 付帳

驗收的程序一般如下述：

1. 交貨廠商送物料及送貨單，管理員清點數量無誤後，簽收送貨單交回。
2. 收貨員填寫驗收單，請驗收單位派員驗收 ，如表 6-5。
3. 開箱拆包，與裝箱單或其他文件詳細核對，名稱規範是否相符，所交貨品是否混淆，及有無破損之檢查。
4. 如需取樣時，依規定取樣本，如表 6-6。
5. 送化驗部門或以量規、量尺檢驗，如表 6-7。
6. 根據檢驗結果，決定允收或退回，如表 6-8、6-9。
7. 如檢驗合格，即開具檢驗合格報告單，由倉庫入帳，由會計單位付款。

上列程序結束，也就是該項或該批貨品採購工作完成。

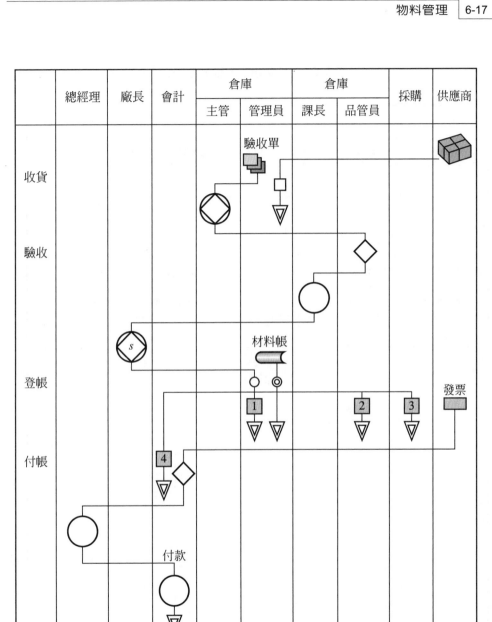

圖 6-1　材料驗收程序圖

表 6-5　　○○電機工廠股份有限公司

驗收單

倉庫主管				經辦			
品名	規格	單位	送驗數	實收數	單價	金額	
1							
2							
3							

請購單位及請購單號碼		納品廠商	
付 運 單 或 憑 證 號 碼		到達日期	年　月　日

廠長	品課 管長	檢 查
檢查情形		判定
1		
2		
3		

檢查日期：年　月　日

總經理

表 6-6　抽樣檢查記錄表 FILE No.

品名		交貨日期　年　月　日									
批量	個	檢查日期　年　月　日									
抽樣方式　個數		交貨廠商									
指示書 No.		檢查者									
不良率	％	判定合・否・特・選									

計數檢查	合格判定值		Ac／Re 微缺點／輕缺點／重缺點／致命缺點							不良數	不良率
	檢查項目	n	0	5		10	15		20		
											％
											％
											％
											％

檢查項目						
合格最大值						
合格最小值						
1						
2						
3						
4						
5						
6						
7						
8						
9						
10						
Σ						
$\overline{X}$						
R						
S						

表 6-7 ××實業股份有限公司物料檢驗記錄表

檢驗號碼： 驗收單號碼： 年 月 日 時檢驗

(一)檢驗對象：

廠商	訂單號碼	品名	類別	料號	規格	進貨日期	進貨數量

(二)採抽樣檢驗□或採全數檢驗□ 使用抽樣表：

Po AOQL	P_1	抽驗表		全數檢驗
		樣本數	合格判定個數	

(三)檢驗項目：

1	2	3	4	5	6	7	8	9

(四)檢驗結果： 不良分析

抽樣檢驗		全數檢驗		不良項目						合計
樣本數	不良數	全數	不良數							
				個數						

(五)合格或不合格判定：

判定		備註	

品管主管		品管組長		物料檢驗員	

表 6-8　進貨檢驗成績記錄單

日期	廠商	品名	規範	用途	單位	進貨數量	檢驗數量	合格數	不合格數	不良率	不合格主要原因

廠長	品管課長	檢驗員

表 6-9　材料品質矯正通知單

廠商		進貨日期	
品名		檢貨日期	
規格		通知日期	
數量		通知次數	
不良情形			
擬請矯正意見			
廠商改善措施			
簡圖			

回饋		廠長		課長		檢驗員	

6-3 物料之倉儲與保管

　　企業的物料倉儲涵蓋原物料、工具、半製品及成品之暫時儲存與保管，其效率也影響企業整體經營效率。

一、倉庫的意義

　　凡用於儲存物料之場所，稱為倉庫。如以工廠之生產、儲存及銷售關係，倉庫之意義包括下列四項：

1. 倉庫為有效管理物料之場所

　　　　倉庫雖然是置放物料的地方，但內部的管理也需講求，例如在建築、儲存設備、出入帳之單據方面等，必須相當的講究，以至於在工廠的生產活動中，發揮有效的物料管理功能。

2. 倉庫為連結產銷之中繼站

　　　　近代的產銷活動，繼續加強深廣度，並因為激烈競爭關係，不得不講求更高效率與更大的經濟利益，因此，在產銷活動中，倉庫亦參予一個重要的地位。比如公司各地有分公司，則分公司必備有倉庫，但倉庫非但不能增加成本負擔，尚須增收經濟利益。

3. 倉庫為生產場所

　　　　一些產品組合裝配用之半製品或小組之零件，在倉庫內應分門別類儲存清楚，比方說，車床之尾座、夾頭、刀座、變速箱都可以整體儲存倉庫，然後由裝配單位領出作最後組合工作，因此，倉庫已不純是物料之置放場所，它可積極的在生產活動中配合各項功能。

二、倉儲的功能

　　倉儲的功能計有下列數項：

1. 原料、消耗品、配件、半成品及成品的保管及進出物料的管理。
2. 供應生產所需的原料及器材。
3. 倉庫物料帳卡登記。
4. 物料得以分類及保養。
5. 盤點方便。

三、倉庫的設計

倉庫管理欲完善，有賴倉庫之各項設計是否周全，諸如面積、外形、高度、內部規劃，物料擺設方法等，其設計計劃一般包括下列數項：

1. 倉庫之主要目的應確定。
2. 選擇適當場所。
3. 倉庫數量多時如何佈置與排列。
4. 儲存物料之種類與數量應先予以計劃。
5. 進出庫制度與程序。
6. 儲存單位之決定。
7. 流向與如何機械化。

四、倉儲設備

選擇倉儲設備，以減低倉儲成本為最基本考慮，但是，自動化亦是近代企業考慮的要點，所以要注意物料之儲存安全，不致於變質；存貨地點適中與易於識別，向空中發展，以及與搬運設備配合。除了庫房結構外，倉儲最基本的設備就是放置物料之料架，其種類有：

1. 架眼式料架

　　如圖 6-2，每一架眼儲存一物品，容易決定倉位，但不適於儲存大件物料。

圖 6-2　架眼式斜架

2.　開敞式料架

　　如圖 6-3，物料一覽無遺，清點及查看品質容易，且能配合物料尺寸，自由分配倉位。

圖 6-3　開敞式料架型式

3.　伸臂式料架

　　如圖 6-4，適於儲存管件、圓條、方條等長形物料，可用橫側搬上搬下，相當方便。

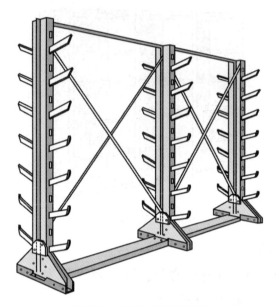

圖 6-4　伸臂式料架型式

4.　天棚式物料架

　　如圖 6-5，上層另有放置空間，尤如兩層式，增加放置空間。

圖 6-5　天棚式物料架

5. 棧板式倉儲鋼架

如圖6-6，利於堆高機或自動倉儲用之鋼架。

圖6-6 棧板式鋼架

6. 棧板

為了避免物料直接接觸地板受潮，以及能用堆高機舉起物料，所以用棧板，其形狀如圖6-7，尺寸及厚薄視需要製作。

圖6-7 棧板

五、倉位編號

(一)意義

倉位編號，係就留供儲存物料之位置，作有系統之標明，以利收發保管。

　　倉庫中的物料種類繁多，一般必須將現有可供儲存物料之位置，劃分成若干大中小區域，分別編號，某項物料儲存於此項編號區域以內時，即於其有關之收發記錄上，登記此項倉位編號，以便能於收發時，一查卡片即可知道其現存何地。

(二)倉位編號後的功能

　　倉位編號是一項重要的物料管理工作，做好編號，倉庫管理人員可以憑既定制度及資料作收發與保管工作，提高工作效率，也不至於有料而無法發出之現象，平常新料進出能夠充分掌握搬運及轉倉工作，年終盤點，也有現存資料可以核對。

(三)建立系統倉位編號應該注意事項

　　管理人員對物料之倉位編號，應注意下列事項：

1. 先對儲存物料之主要區域，予以劃分，並實施編號。
2. 對儲存物料之倉庫、雨棚、露天堆置場等，依一定程序，實行分類並編號。
3. 劃定儲存之標準單位，以儲存物料之性質及尺寸為準。
4. 倉位編號宜有一規則，易懂且能彈性增加或延續。
5. 對每一儲存區域或標準儲存單位，宜有明顯易見之標幟。

六、儲架場地編號

　　無論倉庫、雨棚或露天堆積場所，對儲存場地之編號，均應自主要進出大門或通路起編，在主要走道之兩側，以主要走道為準，自右往左編，或自左往右編，以期能沿進入各區之順序，順利查出所欲尋覓之倉位。

　　所有標準儲存單位或所劃分之區域，宜用黃色或白色油漆，在地面上漆成兩寸或三寸寬之漆線，以資注意，並作明顯之標幟。

七、架櫥上之編號

架櫥上之編號有兩項原則：

1.　所有編號，應自地板面起向上編號。

2.　自主要走道起，一側為單號，一側為雙號，分別依序編號。

八、自動倉儲

自動倉儲之發展已有20多年的歷史，遠在1965年，歐洲國家為了有效的利用倉儲空間及節省搬運人力開始興建及使用立體倉儲，當時已知使用堆高車，而後近十年來科技不斷的發展，尤其電子工業與資訊工業突飛猛進，於是立體倉儲也大量使用電子控制技術及電腦資訊管理技巧，使立體倉儲進步到自動倉儲之新紀元。

時至今日，「自動倉儲」系統是工廠自動化中極為重要的一環，在人力難求、土地成本日高的今天，它對節省人力及空間的效益，是顯而易見的。隨著企業電腦化、自動化的要求趨勢，其將更加受到重視。自動倉儲所扮演的角色已不是單純的倉庫，而係現代化物流的調節中心，具有前瞻性的企業皆已逐漸導入自動化倉儲系統，來提高管理效率及降低營運成本。目前國內一般企業界對自動倉儲已有深刻認識，且接受程度也明顯提高，並已有很多中型廠皆斥資興建自動倉儲而且行業別也逐漸擴散可見一斑。

(一)自動倉儲的功能

以機械零件加工為例，根據國外統計的資料，在機械加工廠中從原料入廠至零件加工完成，約有 95 ％以上的時間花費在搬運與等待上，除此以外須耗費許多非直接員工之生管人員來追蹤物料之流動。自動倉儲系統的建立，除了能節省及有效的利用空間外，對於取放物料頗為便利，最重要功能是在配合無人駕駛搬運車及必要之周邊設備後，將使管

理人員對物料之流動能做到精確有效的控制，減少搬運及等待時間，降低間接人工成本。如果再與生產線上之機器連線，更可大幅提高生產力，縮短原料入廠至零件完成之時間，使產品能配合市場之需求而具有深度之彈性。自動倉儲不僅適用於機械工業，對於食品、化工、紡織、電子、百貨等工業均有肯定之效益。因此，自動倉儲的功能，除了能有效控制安全存量，降低儲存成本、節省儲存空間、降低搬運人工、精確控制搬運時間等功能外，促進無人化工廠及彈性生產系統實現，將扮演重要角色。

(二)自動倉儲系統的分類

自動倉儲系統之建立，依工廠性質之不同，而有很大的差異，其發展的趨勢係以產品的性質為主要考慮因應，再配合電腦整合控制技術達到與生產線、裝配線的連線，而發展適合的自動倉儲系統。如依各國有關資料歸納，依貨取存放方式及搬運機結構及用途予以分類如下述：

1. 依貨取存放方式分類

依貨取存放方式分類，可以分為三種：

(1) 單元負載式(unit load system)：單元負載式倉儲系統其貨物裝載於托板(pallets) 或容器內，如圖 6-8、6-9，貨物之存取只能以整個托板或容器為存取單位，此一系統大多用於裝載體積大、重量大之貨品，其存取動作主要以全自動操作方式控制，半自動或手動方式亦可控制其運轉。

(2) 揀選式倉儲系統(order picking systems)：揀選式倉儲系統適用於存放體積小、重量輕、種類繁多之倉庫，而貨品之存放及取出需靠操作者執行，故其系統隨其使用頻率及存放貨品種類，而有手動控制及自動控制兩種。

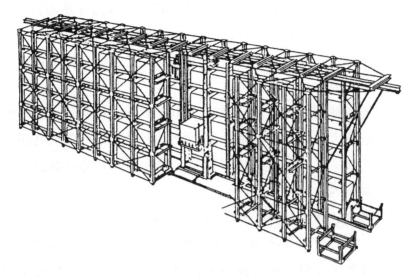

圖 6-8　單元負載式倉儲系統

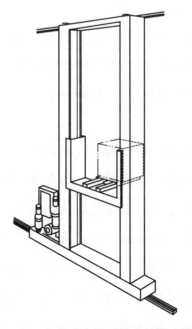

圖 6-9　單元負載式倉儲系統所使用之搬運機

此類倉儲系統又可依揀選位置之不同而分為兩種：

① 就道揀選倉儲系統(in-aside order picking system)：就道揀選倉儲系統其動作方式為操作者隨搬運機之昇降及走行在鋼架走道內存取貨品。

② 離道揀選倉儲系統(out of aside order picking system)：離道揀選倉儲系統其特性為系統中之搬運機可將貨品搬至走道入口處，供管理員揀選貨品，然後再將貨品自動存入倉庫之鋼架內。

③ 複合式倉儲系統(combined systems)：複合式倉儲系統乃綜合單元負載及揀選式系統之優點，其搬運機能作整個托板全自動之存取，亦可就道手動操作，此種系統適用於單位容積存貨及小型零件存貨混合型倉儲。

2. 依搬運機結構及用途分類

依搬運機結構及用途分類，自動倉儲系統可分為五種：

(1) 高揚程倉儲系統(high-rise storage rack systems)：高揚程倉儲系統所使用之搬運機，以單元負載式搬運機與複合式搬運機為主，如圖 6-10 所示。

(2) 輕負荷自動倉儲：輕負荷自動倉儲以儲存小型貨品為主，結構與單元負載式自動倉庫相似，唯其搬運機多為單柱式，在鋼架內儲存物料之容器大多為盆形或抽屜型，材料多為塑膠或板金製品。輕負荷自動倉儲之使用場合甚廣，它除了應用在一般的庫房外，亦可使用在生產線上，使庫存與製造整合為一體，它不僅適用於機械業，亦適合電子業，舉凡小型輕量之物料的存放、生產等，它均合適。

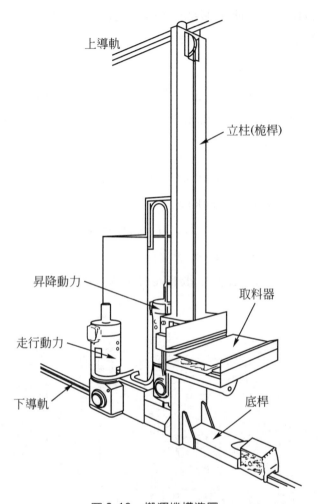

上導軌

立柱(桅桿)

昇降動力

取料器

走行動力

下導軌

底桿

圖 6-10　搬運機構造圖

(3) 密集存貨倉儲系統(high-density system)：密集存貨倉儲系統
托板之間密集存放無空間存在，適用於多量少樣之貨品。

(4) 旋轉自動倉儲：旋轉自動倉儲適合中小企業及一般辦公室，若
再配合各種週邊設備，如自動移載裝置(loading/loading device)
輸送機、條碼識別系統 (bar code system)，便可以做為暫存區

(buffer)，而使工廠達到自動化或裝配彈性化的境界。

(5) 桿料自動倉儲系統：桿料自動倉儲主要用於存取圓形桿料，方形桿料或型鋼等材料，其每次存取之數量依桿料之形狀而定。此系統適用於機械加工業，如能配合 NC 鋸床，或 NC 剪床以及自動輸送系統，則可與自動加工機械形成桿料彈性生產系統。

(三)自動倉儲的主要設備

自動倉儲由八大部分組合而成，如圖 6-11。

1. 存貨鋼架(storage rack)。

2. 防火偵側及消防系統(fire protection systems)。

3. 堆高式搬運機(stack)。

4. 出入庫台架(pickup & delivery P & D station)。

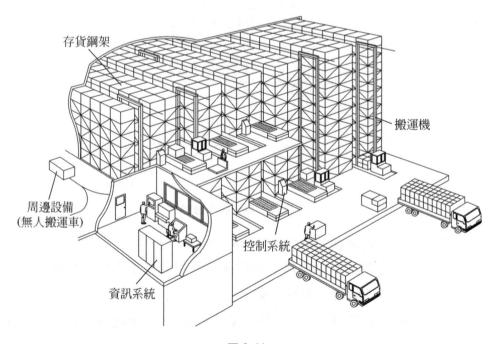

圖 6.11

5. 物品承放器(storage modules)。
6. 周邊設備(conveyors and other transportation equipment)。
7. 控制系統。
8. 資訊系統。

(四)公司如何建立自動倉儲

1. 時機

自動倉儲是企業自動化的必然設備，如果一個公司發覺物料堆放凌亂，無法掌握數量，倉庫面積所占比例甚高，搬運必須耗費甚多人力，並且想把公司改建為彈性製造工廠或無人化工廠時，自動倉儲是無可避免的設施。

2. 建立自動倉儲的先前準備工作

公司要建立自動倉儲要準備的工作固然很多，但是最重要的是鋼架格子及容器的標準化。惟有標準化才能降低自動倉庫建造成本以及提高倉庫運轉效能。

3. 規劃

公司在存放容器標準化後，下一步即是如何分析及規劃自動倉庫，規劃時可按下列資料來分析：

(1) 自動倉庫可利用空間。
(2) 倉庫的進出貨頻率。
(3) 統計倉庫人力需求狀況。
(4) 自動倉庫的管理目標：如先進先出、降低庫存、避免物料損壞及遭竊、維持安全存量、掌握資訊、生產線上即時供應等目標，何者優先，何者次之，去規劃設計其功能。
(5) 存放物品之特性。
(6) 訂出自動化的進度表。

4. 依據上列資料，再選擇適當的自動倉庫系統。
5. 請專家設計自動倉庫規格及功能。
6. 請施工廠商規劃及估價。
7. 經濟效益評估。
8. 開始付諸行動建造一座理想的自動倉庫。

6-4 物料之存量管制

　　物料管理由前面章節所述，對於企業實屬重要，特別是中小企業，裝配業是一大特色，很多公司為求生產順利，背負極大的庫存水準，但是「停工待料」仍然時常可見，為了不出現停工待料，及背負龐大庫存資金，物料存量管制就顯得相當重要了。

一、存量管制的意義

　　存量管制就是工廠為生產上的需要及配合生產故障，生產進度之合理目標，其物料、工具、零件必需作某一數量之儲存，隨時維持這一標準數量儲存的活動稱為存量管制。

二、存量管制的功用

1. 防止材料損失與浪費

　　　材料往往因濫用、被竊、破壞而發生浪費現象，因此，如果材料購進後，能夠予以適當的控制，則可避免不必要的損失及浪費。

2. 避免停工待料之損失

　　　材料如果控制不當，往往產生供應不足現象，以致工廠之機器及人員停工，非但生產計劃無法如期完成，且工廠已造成損失。

3. 有效控制庫存量

　　庫存量控制得宜，則對於生產所需之各種物料皆能控制住適當的超存量，不致因過度的庫存，而使資金凍結。

4. 減少呆料發生

　　由於超存量控制得法，則每一批生產後，必不會有過剩很多物料之現象，萬一下一批產品已更改設計，可減少呆料數量。

5. 可使工作趨於正常，提高效率

　　物料供應順暢，現場幹部不虞「停工待料」之困擾，作業員之工作士氣高昂，效率可提高。

三、存量管制的器材範圍

　　舉凡與生產工作有關的器材，均應列入存量管制，通常任何工廠應對下述器材作存量管制：

1. 原料。
2. 配件。
3. 在製品中的半成品。
4. 包裝材料。
5. 一般補給品

　　如機器保養零件、滑油、清潔器材、辦公室用品及廠房保養用料。

6. 刀具、加工用之消耗品如黏劑、手套、砂輪等。

四、存量管制的基本原則

　　通常存量管制有下列數項原則：

1. 分析器材作選擇管制

　　任何一件器材的存儲為投資資金的積壓，因此，存量管制的主要著眼點，就是如何減少資金積壓，使資金變為活的週轉金，

那麼管理效率可以提高,因為機器種類繁多,且每件之價值不同,故必須仔細分析如何實施管制,才可減少積壓資金,且能應付現場所需,一般管制將材料分為三類:

⑴ A類器材:為數量占極少比例的器材,但其單位價值高,所以金額占材料費的百分比很高,此類器材為貴重器材。

⑵ B類器材:數量略多,且價值略低的器材,稱為次貴重器材。

⑶ C類器材:數量占得很多,但價值很低,所以總金額不高的器材,稱為普通器材。

根據美國奇異公司 Mr. H. F. Dickle 研究分析的結果,將ABC三類器材之庫存量、金額價值及庫存量期限、採購量定出標準如表6-10,由表所示,我們可看出A類器材(最貴重器材)保最小存量,B類器材次之,C類器材又次之。

表6-10 ABC類器材存量管制表

類別	庫存數	占全部庫存全額	庫存量期限	採購量	備註
A	8 %	75 %	1〜2 星期 工廠使用量	1〜2 星期 工廠使用量	
B	25 %	20 %	2〜4 星期 工廠使用量	4 星期 工廠使用量	
C	67 %	5 %	4 星期 工廠使用量	3 個月〜1 年 工廠使用量	

2. 最高存量與最低存量之訂定

每一訂貨生產工廠,常根據以往工作經驗,必須存儲若干常用標準器材。此項常用器材的管制法,通常以定出最高、最低及訂購點作為存量管制的依據。

⑴ 最高存量:工廠保持經濟有效的最大存儲器材量。

(2) 最低存量：工廠為保持不影響生產工作時最小存儲器材量。

(3) 訂購點：存量到達必須開始再請購的存貨數量，過此時期，即將影響安全量的不足，而可能發生缺料情形。

3. 決定最高、最低及訂購點之因素有下列數點

(1) 平均每日或每週使用量。

(2) 採購所需時間。

(3) 採購時期可能有的最大使用量。

(4) 採購時期可能有的最小使用量。

(5) 標準訂購量。

五、傳統人工材料計劃與管制的缺點

物料管理單位，通常是倉管部門，接到生管部門發下之製造令後，即需按照排程開始備料，一般是採用工程部門或開發部之產品結構(bill of material，即BOM又稱為用料清表或料單)展開備料，先扣掉每一材料之庫存量，不足部分開出請購單給採購部門買料，但是，這樣的作業系統，有些瑕疵是人力無法圓滿達成的。

1. 共用料很難合併

由於倉管是以產品為依據開出請購單，產品間共同料須由人工合併，如果生產型態是屬於少量多樣、零件很多，倉管縱使有心去歸類，合併使用，然後合併批量採購，以降低採購成本，也是很繁瑣且難以做好的工作。

2. 庫存計算困難

一般電子裝配廠的材料有數仟種，大一點的有一二萬種，庫存結帳就不是一件普通的事。所以有些公司由物管來維護倉庫帳，除了依循「料帳分家」之原則外，最重要的是要物管能充分掌握庫存。即使如此，面對數千、萬種材料，仍然常有失誤。

3. 材料入庫時間難以控制

　　人工作業往往使用一次即全列的 BOM，有些材料可能隔天就可送達，有些材料可能須訂購數月才能抵達。交期短的材料很快就可入廠，增加庫存；交期長的材料，稍一不慎就造成停工待料。

4. 採購單難以掌握

　　物管開出請購單後，採購能否如請購單之數量及品名發出採購單，無法掌握，採購單位有時採購不到該型式的商品，或數量不足，或價格不合等問題，採購都會延緩，再者，訂購後，廠商能否如期交貨在人工作業時代較難掌握。

5. 應變能力差

　　業務的銷售預測與實際客戶訂單一有出入，會影響廠內某些零件的採購計劃，有時客戶下的訂單也會臨時追加或減少，像這些突發狀況，會讓物管及採購單位忙的不可開交，因此，人工的精神負荷相當大，又要尋查因爲突發狀況所帶來的物料採購變更等問題，往往不是人工所能勝任的，應變能力較差。所以 ABC 分類存量管制有其必要性，但不一定絕對能解答這些突發難題，無形中，又面臨庫存增加，或停工待料情形。

六、材料計劃及存量管制電腦化

　　電腦已能爲我們解決很多複雜的資料處理，在物料管理上，電腦也已發展出一套材料需求計劃系統(material require planning 系統，簡稱 MRP 系統)。

　　如果材料需求計劃能以電腦化處理，MRP系統的功效有：
1.　共用料能確實控制

　　　　MRP是將產品依其結構展開，然後以材料加總，所以無論產品有多複雜，共用料可完全掌握。
2.　庫存正確性提高

　　　　庫存作業電腦化之後，為了要使料帳合一，必須儘快以電腦帳取代人工帳卡，而且必須不時以循環盤點(cycle count)來核對材料的實際庫存數量。只要庫存數量正確，無論採購、生管、物管及至工廠其他單位只要到終端機前就可知道任何材料目前的庫存狀況，可提高作業效率。
3.　正確計算出材料需求時間

　　　　電腦能夠計算出產品每項物料之需要時間及前置時間，甚至可控制到於需要時才輸入材料，避免庫存積壓。
4.　嚴密控制材料需求流程，避免停工待料

　　　　在人工作業下，必須等到檢查完料後，才知道會不會缺料，發現時才去處理，可能現場已停工待料了。電腦控制可知道那些採購單已過期或將要過期，讓採購單位做缺料應變模擬，或製造命令應變來應付缺料，由於這些先期作業，要發生真正生產線上停工待料之情形已不多見。
5.　應變能力強

　　　　電腦協助物管作好物料需求計劃，如有變化，即時輸入，電腦不多少時間會處理調整，應變能力強。
6.　節省作業人員

　　　　電腦系統可節省30％以上做計劃、計帳的人。
7.　降低庫存水準

　　　　由於對電腦控制物料能力的信賴，會協助企業降低庫存水準，減少資金積壓。

8. 物料作業系統化

電腦 MRP 軟體系統，是經過合理化—制度化—電腦化，不若人工，往往由於不同人員而出現不同的表格或處理流程與方式，實施電腦化，物料作業易於走向系統化。

七、呆廢料之防止與處理

(一)呆廢料的範圍

凡庫存週轉率極低的物料，即存量多而使用少，或根本閒置不用之物料，均可稱為呆料。廢料為腐蝕而不能使用之材料，或無利用價值但仍能變賣之損壞物品，如鐵桶、紙板、紙箱，以及尺寸上無法再利用之物料。

(二)呆料發生之原因

呆料發生的原因可分為三類：

1. 品質不佳無法使用者，分為下列五種
   (1) 材料在入庫前驗收即為不良者。
   (2) 物料儲存之時間過久，純度降低，或品質變更，如變色、生銹、毀損等無法做為原用途者。
   (3) 因發生不可抗拒之天災，如浸水、過分乾燥而致品質變劣者。
   (4) 因管理不善而致發生災害者，如倉庫漏水，搬運破損，或與其它物品混合而無法分開使用者。
   (5) 生產上使用錯誤，形成無法再用者。
2. 由於變更設計以致無法再用
   (1) 製成品之設計，已行變更，如尚有庫存配件、材料，將來已無再用可能。
   (2) 接受顧客訂單後，因某種原因，減少生產數量，製成品單位用量較預定者少，或對用料總量計算錯誤，致此訂單完成後，尚

有若干餘料，若此項訂單以後難再相同之生產時，其所餘物料，遂成呆料。

(3) 原有之生產計劃已完成，在較長時間內不再恢復生產，而將這些材料提前處理反而對物料管理較有利。因此，這些物料已成呆料。

(4) 報廢機械保養或換裝庫存之機件，因無需再使用，所以亦成呆料。

3. 存量過多，久用不完，形同呆料，此乃因訂購量浮濫之關係。

(三)廢料發生的原因

工廠基於下列生產上作業處理，會產生下列廢料：

1. 拆解下之機械件。

2. 施工剪裁後所剩餘之碎屑、零頭，其經濟價值極低者。

3. 更新設備之舊機械。

4. 拆解後之無用包裝材料。

5. 建廠殘餘之零件廢料。

6. 機械或零件銹蝕。

(四)呆料之處理

對已經發生之呆料，如何作有效處理，頗感困難，因為那是亡羊補牢的工作，下列兩種途徑乃是比較有效的方法：

1. 品質變壞無法再用者

品質變壞無法再用者，已形同廢料，只好放棄，如出售、焚毀、掩埋等。

2. 存量過多將來尚可利用者

廢棄可惜，只好轉讓其他公司使用，或出售或自己設法使用。

(五)廢料之處理

廢料如能予以分類或分解，儘量再使用，則將重獲部分價值，台灣拆船業世界有名，因此就有所謂的「舊貨市場」。例如馬達、泵、管路等拆下後如沒有損壞，可作同型機械換裝用。鋼板可用乙炔割切加工使用。至於廢金屬，可重新鑄造使用。

(六)呆料之預防

預防重於事後處置，呆料之發生，純粹是增加公司的負擔，其預防方法如下：

1. 做好存量管制。

2. 物料驗收應確實，不要有不良品混入。

3. 物料力求標準化、通用性，不致規格因素造成呆料。

(七)廢料之預防

1. 做好防止銹蝕工作。

2. 更新設備前，應做好舊機械之處理，不要任其棄置。

3. 做好生產管制、物料管理、設備維護工作，不致因工作疏忽，發生廢料，增加公司損失，造成產品成本提高。

八、盤點

(一)意義

盤點即將倉庫內現有之原物料存量實際清點，以確定庫存材料之數量、狀況及儲位等，一般又稱為盤存、點貨或清查。其整理目的乃使實物與帳卡記錄相符，以期提高倉儲作業效率，並提供管理方面正確而完整的資料。

(二)盤點的方式

盤點分定期性、週期性與臨時性盤點。

1. 定期性盤點

　　　一般每年至少盤點一至二次為原則，通常選定會計年度終了結帳前實施年終定期盤點。盤點時組編成執行小組，並利用停工時盤點。定期性盤點工廠都採取有計劃去實施，執行效果較確實、徹底，因為停工，也可同時配合實施全廠大保養。不夠因為全廠停工，放棄生產，固然有產量上的損失，如果員工共識不夠，或盤點方法與要領訓練不足，沒有達到盤點的效果，則造成雙重損失。

　　　盤點時，要使用記錄卡或表單以資識別，通用型式有：

(1) 盤點單，如表6-11將盤點數量記入。

表 6-11　物料盤點單

					字第			號			
	類	中華民國		年	月	日	盤點人	計數	記錄	複核	
差異	①計算錯誤②衡量錯誤③現品不符④轉記錯誤⑤漏失⑥遺失⑦損耗⑧度量衡器不良⑨換算差誤⑩累積磅⑪生銹脫落										
物料編號	名稱	規範	儲存場所	單位	實盤數量	料架籤結存數	差異數量	差異原因	單價	金額	備考

(2) 盤點籤，如表6-12，標籤記載後，栓於物料，複審後撕下確定。

表6-12 盤點籤格式

盤點籤　　　　　NO
料號
數量　　　　　單位

日期	計數後收料	計數後收料

正面　　　　　　　　　　　　背面

(左側籤)
```
盤點籤        NO
料號
數量          單位
..............................
              NO
料號
說明




已完成之工作




數量          單位
儲存地點
計數人
備註
```

(3) 料架籤，原有料架已製有料架籤，如表6-13、6-14。當盤點員盤點後，記下實際數量，待複核員複核後，如無錯誤，即換下不同顏色之新料架籤，以資識別，不符合者，則再依次尋找原因，或作異狀處理後才取下原有料架籤。

表 6-13　料架籤

年月日		摘要	+ −	數量	年月日		摘要	+ −	數量	料號		
							自左下角轉來					
										中名		
										英名		
										規範		
										配件號		
										單位		
										置場		
							轉至背面左上行			訂購地點	最低存量	
		轉至右上行										

(正面)

表 6-14　料架籤

年月日	摘要	+−	數量	年月日	摘要	+−	數量		
	自正面中下行轉來				自左下角轉來			料號	
								中名	
								英名	
								規範	
					本籤結存數			配件號	
					實盤數			單位	換算
					剔出壞料				
					盤盈　盤虧			置場	
					監　複　計				
	轉至右上行				盤　核　數			訂購地點	最低存量

(背面)

2. 週期性盤點

　　每一項物料至少每年實施一次週期性盤點，這種盤點方式，以不妨礙生產工作進行的情況為原則。

3. 臨時性盤點

　　當某項物料的庫存量發生短少或為了清查最低存量時，即實施臨時性盤點。

(三)盤點工作之實施步驟

　　要實施一次成功的盤點，可依循下列步驟：

1. 盤點前的準備

　　盤點前應充分計劃及準備，如決定日期、人員編組、盤點方法及作業程序之講習與訓練。

2. 清理倉庫及現場

　　倉庫及現場預防清理，將目測可實施的物料先予以分類整理，對待驗收或待品檢之半製品及物料儘速處理，帳卡整理，如須以重量計者先備妥量計，數量也可準備計數器。

3. 盤點之實施

　　對於計數方法，數量或重量、體積等事先決定單位，估計數之取捨方法也應訂定標準。

4. 綜合、列表與調整

　　盤點完畢，核對記錄數量與原有帳卡。

5. 追查差異原因。

6. 盈虧物料或物料之處理，依表 6-15 內容處理。

表 6-15　物料盤點數量盈虧及價格增減更正表

類別　　　　　　中華民國　　年　　月　　日

物料編號	名稱物料	規範	單位	帳面			實存			數量盈虧				價格增減				差異原因	責任歸屬
										盤盈		盤虧		增價		減價			
				數量	單價	金額	數量	單價	金額	數量	金額	數量	金額	單價	金額	單價	金額		

7.　編表與分析

將盤點之結果分析，可用作物料管理績效參考用，如表6-16。

表 6-16　物料盤點及分析表

分類　　　　　中華民國　　年　　月　　日　　總頁／類頁

物料編號	物料名稱	規範	單位	上期盤點			本期收料			本期發料			本期盤點			本期盤點		全期回轉率	供應不繼次數	標準購料單價	本年購料平均單價	購價差異原因	說明
				數量	單價	金額	次數	數量	金額	次數	數量	金額	數量	單價	金額	超過最高存量	低於安全存量						

8. 依據盤點結果對全廠之存量獲一數據，可與生產計劃單位、採購單位、生產單位、業務單位檢討備料政策。

九、顏色管理法(colour management method)

顏色管理法(colour management method)簡稱 C.M.M，乃國內健生工廠股份有限公司莊銘國先生所創，利用顏色來表達管理的制度與操作，使管理理念與構想，具體化地落實到複雜的組織活動中，是「目視管理」的一項傑作。經過健生公司的臨床實施，證明CMM 可應用在工廠管理的各項活動上，如生產管理、品質管理、採購管理、財務管理、人員識別、模具管理、保養管理及物料管理等，特別是在電腦化物料管理之外，對物料實施顏色管理法，產生明顯效果。

(一)零件管理

該公司對於各項零件的檢驗、合格與不合格均以色紙來表示，而庫存時間的長短以色燈來分析表示。

合格零件以綠紙(5cm×5cm)來表示，如須特殊處理，可使用程度以藍紙或黃紙表示，使現場特別注意。不合格須退回者以紅紙表示，即在每種物料進倉庫前均以色紙貼在紙箱上，以資識別。

物料進廠次序也以色紙及色燈表示，一月份用綠色，二月份用黃色，三月份用藍色……週而復始，使得貨品依燈號得先進先出，不會因庫存太久而過時或積壓。所以物料之顏色管理只在於區別，而不表示優劣，區別合格與不合格，區別先進物料以提醒管理人員要先出，對管理者甚有幫助，紀律井然有序，效果良好，據該公司實施結果，其效果有：

1. 由顏色了解合格物料，不致使用不良物料之錯誤。
2. 不良物料有顏色區別，對供應廠商有獎勵與警惕之作用。
3. 依顏色知道先用那種顏色物料，再用何種顏色，符合先進先出原則。

(二)貨源管理

　　有些物料裝成成品後，其良性與否需由使用客戶反映或工廠問卷調查作統計才得以知曉，但對不良成品如果零件供應商多家時，往往無法得知是哪家供應商供應的零件而無法追蹤改善，顏色管理可由多家供應相同零件名條以不同顏色或其他方式以顏色區別，則不良品發生時，檢視零件顏色，即知哪家供應商的零件性能較差，可以追蹤改善。

(三)油料管理

　　潤滑油因機器待潤滑部位不同而使用不同性質之潤滑油，但原廠供應上市之潤滑油或以英文名或以數字表示，常令現場作業員使用錯誤，因此，各種潤滑油以不同顏色代表，員工較易辨識。如綠色代表中級機油，藍色代表特種機油，紅色代表重級機油等。

(四)小零件之管理

　　螺栓、螺帽或小銷等，如以顏色辨識，對經常使用之員工較易辨識，不必用比較法或測量，才能正確選用，以節省時間。

　　物料乃工廠主要要素之一，各方面的特性皆需配合，比如品質、數量、規格、入庫時間、儲存方法、保管方法、庫存量、使用記錄、剩餘料處理等，都足以影響工廠生產效率及產品之品質，因此，物料管理制度之建立，物料管理員素質訓練，物料管理工作執行、考核、分析等工作不容忽視，經營者宜善用物料，善管物料，以免貽誤生產及降低原有的利潤。

本章重點彙整

1. 物料尤有甚於金錢，經營者應重視物料管理。
2. 物料管理的工作範圍可分為事務性及管理性方面。

3. 物料管理性工作有接收與檢查、倉庫管理、出入庫管理、搬運等。

4. 採購物料的原則應適時、適地、適質、適價。

5. 採購計劃以生產計劃爲基礎。

6. 採購時，採購品之所有要件要詳列清楚。

7. 採購物品送至工廠，要辦理驗收。

8. 材料由請購後循請購→採購→收貨→驗收→入庫登帳→付款步驟進行。

9. 物料倉儲涵蓋原物料、工具、半製品、成品之暫時儲存與保管。

10. 倉儲設備的基本考慮是最低的成本。

11. 倉位編號有助於物料收發保管。

12. 自動倉儲是節省人力及空間的好方法。

13. 自動倉儲是無人化工廠重要設施之一。

14. 依貨取存放方式，自動倉儲分爲單元負載式及揀選式。

15. 依搬運機結構及用途，自動倉儲可分爲高揚程、輕負荷、密集存貨、旋轉型、桿料型等類。

16. 物料存量管制可避免企業停工待料及背負龐大資金。

17. 一般管制將材料分爲A、B、C三類。

18. 企業應訂出最高存量、最低存量及訂購點作爲存料管制的依據。

19. 電腦化已取代傳統人工之物料控制，電腦系統MRP(material require planning)具相當強的功能。

20. 呆料及廢料都是工廠的負擔。

21. 呆料及廢料可以預防，以降低公司此兩方面增加的成本。

22. 爲了掌握公司物料之完整資料應定期盤點。

23. 盤點分爲定期性、週期性及臨時性盤點。

24. 物料管理可用顏色管理來處理，效果很好。

25. 不同供應商供應的零件，造成成品不良時，可以不同顏色追蹤那家供應商供應的零件。

26. 顏色管理可用在物料管理、貨源管理、油料管理及小零件之管理。

自我評量

(   )1. 狹義的物料包括　(A)材料　(B)半製品　(C)配件　(D)在製品。

(   )2. 物料管理工作包含　(A)接收　(B)盤點　(C)出入庫記錄 (D)以上皆是。

(   )3. 採購計劃以　(A)途程計劃　(B)品管計劃　(C)生產計劃為基礎。

(   )4. 下列哪一個事項不是採購部門的職責　(A)分析報價單　(B)託外加工事宜　(C)內部需求量之掌握　(D)開拓客戶。

(   )5. 招標採購要做的工作是　(A)刊登廣告　(B)個別邀請　(C)私相授受　(D)洩漏秘密。

(   )6. 物料入庫時，要　(A)先放存物架上　(B)先驗收　(C)先入帳。

(   )7. 下列表單，哪些是在驗收時必須填具的　(A)驗收單　(B)檢查記錄表　(C)矯正通知單　(D)以上皆是。

(   )8. 倉儲的功能是　(A)協助盤點　(B)出入物料帳登記　(C)供應生產所需　(D)以上皆是。

(   )9. 適合小型體積物品之自動倉儲為　(A)揀選式　(B)單元負載式　(C)以上皆非。

(   )10. 適合少量多樣之自動倉儲為　(A)高揚程　(B)密集型　(C)桿料型　(D)旋轉型。

習 題

1. 物料管理大師貝年米恩(Berjamin)如何說明金錢與物料之重要性？

2. 說明狹義的物料是什麼？

3. 物料管理的意義如何？

4. 簡述物料管理事務性方面的工作。

5. 試述物料採購的原則。

6. 要做好採購工作，包含哪四個要素？

7. 簡述採購的程序。

8. 依採購物品價格獲取方式區分，採購的種類有哪幾種？

9. 依據工廠需要及市場變化區分，採購種類有哪些？

10. 採購規格有何功能？

11. 試述採購規格書的內容包括哪些。

12. 試述驗收的主要工作。

13. 如何控制物料入庫之驗收進度？

14. 簡述驗收物料之程序。

15. 具體的倉庫意義包括哪些？

16. 簡述倉儲的功能。

17. 選擇倉儲設備的基本考慮有哪些？

18. 倉位編號之功能如何？

19. 試述自動倉儲的功能。

20. 單元負載式自動倉儲之特色為何？

21. 簡述依搬運機用途分類之自動倉儲之特點。

22. 試說明自動倉儲的八大系統。

23. 企業建立自動倉儲的時機是什麼？

24. 建立自動倉儲最主要的是什麼準備工作？

25. 如何做好存量管制的功用？

26. 何謂A.B.C類器材存量管制？

27. 解釋最高存量，最低存量及訂購點。

28. 試述傳統人工材料計劃及管制的缺點。

29. 試述電腦化MRP系統之優點。

30. 解釋廢料與呆料。

31. 呆料發生的原因為何？

32. 廢料之處理應如何做？

33. 簡述呆料及廢料的預防。

34. 說明盤點的意義及功用。

35. 簡述盤點工作之步驟。

36. 試述顏色管理用在物料管理上之效果。

37. 潤滑可以用顏色管理協助嗎？

Chapter **7**

Factory Management

成本與成本管制

　　企業經營的目的是賺錢，當然，企業家行有餘力，自然還肩負社會責任：提供就業機會，發展國家經濟，造福地方百姓福利等。基於營利賺錢之經營目的，就牽涉到售價，但是售價的領受者是消費者，消費者願意接受的價格，商品才有市場，此外，企業市場也不是單一供應，還有來自同業的競爭，別人能夠提供較低的售價，並且維持同樣的品質，消費者自然更願意接受，那麼，利潤、售價之間的關係，就牽涉到企業的製造成本，傳統計算方式是成本＋利潤＝售價，製造者的成本加上想獲取的利潤，其加起來的和就是市場價格，但是，新時代的企業，並不是這麼簡單，因為經營者這種觀念是所謂的成本主義，自己扣除付出的成本，再取得想要的利潤，然後售出產品，消費者一定就願意接受嗎？在獨占性的商品，消費者沒有選擇餘地，也就是所謂的賣方市場，會存在這種關係，但是市場自由化，國際化後，這種市場已愈來愈少了。

新觀念的經營理念是利潤＝售價－成本，以數學觀點而言，這與傳統的成本＋利潤＝售價沒有什麼差別，但是就經營上就有不同的意義，新觀念是公司經營的利潤目前如果是每個產品要賺取 20 元，現在市場競爭價格是 80 元，因此，我們必須努力將成本降到 60 元不可，這就是所謂的利潤主義了，在開放自由的市場競爭之下商品的價格是由市場決定出來的，而不是由生產者決定出來的，這也就是「買方市場」，整個世界經濟趨勢是走向這個方向，企業為求成長生存就必須掌握住整個脈動潮流，提高管理績效，掌握住企業內部可控制的人工、設備、管理等「成本」的降低、徹底消除浪費才可以。

7-1 成本會計之意義及功效

一、成本之分類

凡是為了達到某種更高的價值所必須先付出某種程度的代價者可稱為成本。由於此種代價基於各種不同的依據而有不同的說法，為了便利成本的計算，成本有下列的分類。

(一)根據業務機能分類

企業經營活動體系圖，如圖 7-1 所示，在營業計劃、生產計劃、採購計劃之規劃面下，有各種執行活動來完成上列計劃，根據這些執行活動，概可分為業務、生產、製造、採購、倉儲、財務等，因此，各項執行活動所付出的代價即構成下列四種成本：

1. 製造成本

    加工、材料、設備投資、加工物料消耗等之費用。

2. 銷售成本

    客戶開拓、訂貨接單、銷售、採購等費用。

3. 管理成本

　　　生產、品管、人事、總務、倉儲等之費用。

4. 財務成本

　　　請款、付款、理財活動、投資活動等之費用。

(二)根據生產要素分類

　　生產產品首需原料，既得原料，方可施工，在施工時，必需各項設備方能成其事，因此，即構成：

1. 原料成本。

2. 人工成本。

3. 製造費用成本(設備投資、維護、設備運轉消耗等)。

(三)根據成本與產品關係分類

　　成本與產品之關係，有直接者、有間接者，即構成：

1. 直接成本

　　　成本與產品的之關係為直接者，能確知某項費用屬於那一產品所耗用，如木材為製造傢俱的原料，其所發費者即為木材與傢俱之直接成本，而在製造過程中所需的工資，即為其直接的人工成本。

2. 間接成本

　　　成本與產品之關係為間接者，雖不能確知其屬於哪種產品，但仍為生產過程中所不可或缺者，如工廠每天或每月的產品種類不只一種，而一個月的水電無法區分哪一種產品用量多少，但水電的發費仍為製造所必需，稱為間接成本。

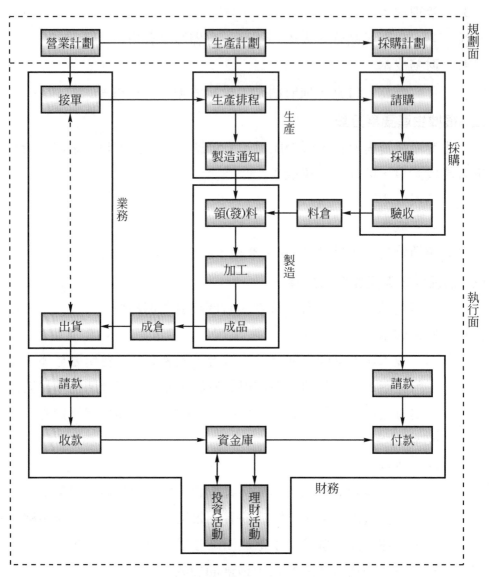

圖 7-1 企業活動體系圖

(四)根據成本發生之性能分類

依據成本發生之性能可區分爲：

1. 固定成本(fixed cost)

在既定的範圍內，成本之發生，不因生產及銷售數量增減而有所變動之成本，稱爲固定成本，如已購之設備、廠房或房租等。不管生產量多少，爲已購買數量之發費，稱爲固定成本。

2. 變動成本(variable cost)

成本隨銷售量及產量之多寡而增減者，稱爲變動成本，如原料及消耗品等。

二、成本會計的意義

美國伊利諾大學成本會計學教授狄凱博士(Dr. Robert I. Dickey)主編一部成本會計便覽(Accountant's Cost Handbook, 1960年出版)其第一篇爲成本會計的本質與功能，爲伊利諾大學會計學教授貝德福(Norton M.Bedford)寫的。那一篇開章明義，便說成本會計是決定成本的技術(the art of termining cost)。成本會計的意義，乃在於理論上研討各種不同的成本概念，同時配合概念而運用多方面技術，以使成本資料，在供應財務報表所需的成本數字之外，進而控制成本、策劃成本，並研究分析成本資料，以供管理與決策之助，以使企業的運用資料，得以更爲經濟有效。

三、成本會計的功效

成本會計乃在研討各種的成本概念，然後配合概念而運用技術，以作成本的歸納、分析、比較、研究與預測，幫助管理。其主要的著眼點乃在求人力物力等資源，在運用上的經濟有效。

其主要目的及功效爲：

1. 決定存貨評價。
2. 計算有關當期損益的成本。
3. 產品訂價。
4. 提供完整的成本、記錄與合乎準則的成本計算報表。
5. 成本分析與控制。
6. 成本及利潤規劃。
7. 績效評估。

　　企業決定成本計算的準則，訂定成本會計處理準則及事務程序，有助於達到管理的實效及營運的進展。

7-2　成本之計算

　　材料在加工後成為產品，在加工過程，投入的總成本除以生產產品的總數量等於單位成本，即

$$單位成本 = \frac{投入成本總額}{生產總量}$$

企業產品可分為已賣出及未賣出，又有銷貨成本及存貨成本，即

$$單位成本 × 賣出數量 = 銷貨成本$$
$$單位成本 × 未賣出數量 = 存貨成本$$

　　建立成本計算制度之基本資料為：(1)產品結構，(2)產品製造流程，(3)材料結構，(4)標準工時(人工、機器)，(5)生產紀錄，(6)材料領耗用記錄，(7)工時記錄。

　　產品成本計算的基本公式有：

(一)分批成本與會計制度

1. 直接材料＋直接人工＝主要成本。

2. 主要成本＋製造費用＝製造成本，

　　或　直接材料＋直接人工＋製造費用＝製造成本。

3. 製造成本＋銷售成本＋管理成本＋財務成本＝製銷總成本。

4. 製銷總成本＋利潤(或減虧損)＝售價。

(二)分步成本會計制度

1. 直接人工＋製造費用＝加工成本。

2. 直接材料＋加工成本＝製造成本，

　　或　直接材料＋直接人工＋製造費用＝製造成本。

3. 製造成本＋銷售成本＋管理成本＋財務成本＝製銷總成本。

4. 製銷總成本＋利潤(或減虧損)＝售價。

　　分批及分步成本會計制度的不同點是分批制度將主要成本採取產品分批歸屬，製造費用採取部門分攤；而分步成本會計制度則所有成本皆採部門分攤。如圖 7-2、7-3。

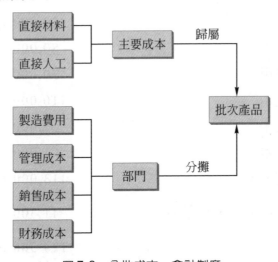

圖 7-2　分批成本、會計制度

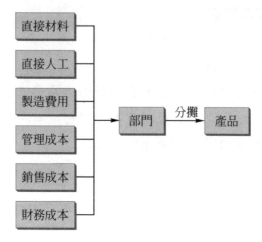

圖 7-3 分步成本、會計制度

例題：設某工廠分批生產銷售車床一部之成本如下：耗用直接材料60,000
元，直接人工 20,000 元，製造費用 30,000 元，銷售成本 2,000
元，管理成本 1,000 元，預期所獲得的利益爲製銷總成本的 10
％，試計算其產品成本之構成及售價之決定？

【解】　直接材料 　　　　　　　　　　　　　60,000 元

　　　　直接人工 　　　　　　　　　　　　　20,000 元

　　　(1)主要成本 　　　　　　　　　　　　　80,000 元

　　　　製造費用 　　　　　　　　　　　　　30,000 元

　　　(2)製造成本 　　　　　　　　　　　　 110,000 元

　　　　銷售成本 　　　　　　　　　　　　　 2,000 元

　　　　管理成本 　　　　　　　　　　　　　 1,000 元

　　　(3)製銷總成本 　　　　　　　　　　　 113,000 元

　　　　利潤$\left(113{,}000 元 \times \dfrac{10}{100}\right)$ 　　　　　　11,300 元

　　　(4)售價 　　　　　　　　　　　　　　 124,300 元

7-3　成本之管制

　　生產產品之成本在市場競爭上占有成功與否的重要性，因此，對於產品之每一成本，如何使其成本儘量降低，而達到或接近原計劃之成本數字，為工廠經營者所應致力研究的工作。所謂成本控制即是利用成本計算的原理，透過生產與銷售績效之衡量，而對其內部所定之指引或限制。換句話說，藉成本會計之資料整理與計算，使成本能夠減低至合理的程度。在競爭的市場中，成本之降低足以影響售價的降低，亦能降低消費者的負擔。產品之價格乃協調生產者與消費者之意願而成立，不過，無論如何，工廠欲獲取更大的利潤，必須從減低成本著手，因為售價減去成本即是工廠的利潤，成本愈低，利益自然愈大，尤其碰到競爭對手時，成本愈低，在利潤＝售價－成本之關係下，企業才有降價的空間，由此可知，成本控制的重要性。

一、成本控制的步驟

　　成本控制實施的步驟為：

1. 訂定目標

　　　即預先決定將來應獲何結果與獲得此項結果所應付之代價若干。

2. 實際成本與預定計劃比較衡量

　　　此種衡量即將實際成本與標準成本作繼續與及時之比較，以求得與原定標準間所發生之差異。

3. 研究比較所得差異以尋找出不能達到原訂計劃之原因。

4. 根據研究結果，適應情況將原訂計劃予以適當修正。

二、實施成本控制的原則

1. 會計處理程序中，帳戶分類必須適應本系統組織系統之劃分，以便業務上各項成本可按各部門應負之責任處理。
2. 應按組織系統建立各部門之成本帳戶。
3. 利用標準、預算及折減額等方式訂定預期目標。
4. 生產不穩定時，成本預算及折減額應予彈性調整。
5. 成本之目標訂定應與監察單位合作訂定之。
6. 實際成本與預算內之差異，應詳細列出，並劃分責任。
7. 確實做好各種報表。
8. 成本未實施控制者應分別計算。
9. 成本之控制應訂獎懲，例如一般工廠實施之利潤中心制度。

三、成本控制之方法

(一)實績控制法

實績控制法係就某一部門之實際業務績效加以衡量，從而決定該項業務應否繼續維持或緊縮。其實施程序是將業務活動，按其職能與各別責任詳細劃分，並將其執行情形予以週詳紀錄。工廠經營者即根據這些記錄裁定各業務在未來的業務政策中應否維持或改變，是最簡單的一種控制辦法。

(二)預算控制法

預算控制法是運用工廠業務預算制度之實施與協調作用，由預算編制部門，按照業務職能與支出目的編定預算，交由各部門主管或負責人依照執行，在執行期間按照一定日數與預算數字加以比較，以明瞭預算執行情形，其比較所得的差異，即表示實際開支與原計劃之差異，然後

將這些差異結果送交主管閱覽，就有關因素加以分析，並採取適當對策，以達到控制成本的目的。

(三)標準控制法

標準控制法係採用成本標準數字控制實際成本的一種方法，這種成本數字既經定為標準，則日後業務之支出即以此標準為衡量的尺度。標準成本是指產品預計在合理而有效的生產情況下所應有之合理且經濟之成本額。標準成本在滿足時，必備二條件：

1. 生產效率是工廠設備及技術所能達成者。
2. 合理且經濟的成本額係指廠內各單位的密切配合且能達成的最高績效。

企業要面對市場競爭，傳統上講究要追求物美價廉，價廉代表著要設法降低成本，尤其是指如何能夠降低人工成本為主要思考方向，另一方面物美表示品質要好。國內的工廠在 70 年代以前就是以成本為競爭導向，當時人工便宜產品價格低廉，歐美國外的買主大都往台灣採購。而從 80 年代開始，國內廠商也漸漸體認到產品單價低比不上日本的高單價、高利潤，而了解到品質的重要性，因此，這幾年也大力在推展品質的活動，例如國家產品形像週、台灣精品展、國家品質獎等皆是，透過各種品質管理如品管、品管圈、品保、ISO品保等制度來提昇企業產品品質。

但是，八十年代以後，企業要維持市場優勢，面對競爭，品質提高外，還要售價降低，同時，台灣社會工業化結果，工資不斷上昇，所以如果企業要享有期望利潤，還要致力成本降低來平衡工資提高，售價降低的威脅消費市場還有另一潮流就是產品的壽命週期短，面對此種潮流，生產者要體認少量多樣的生產型態之來臨，既然是少量多樣，每批貨的交期也變短了，否則趕不上時效。過去企業大體認為大量生產是降

低成本最好的方法，但由於市場需求潮流的變化，企業要如何以多種少量生產型態來降低成本，將是企業要面臨的績效指向。

所以，我們現在要重新認識，一個企業要能跟得上時代潮流的演變就必須先打破以往僅追求物美價廉的指向，而應改變為全方位管理績效為追求改善的指向。

所謂全方位的指向，就是指在改善的過程中要同時追求及完成下列的指標：

(1) 提高勞動生產力。

(2) 減少不良品數量。

(3) 縮短交期的時間。

(4) 降低存貨數量。

(5) 提昇設備可動率。

(6) 節省生產的空間。

(7) 考慮投資的效益。

要同時追求上列全方位的績效，企業必需每個部門動起來，講究的是全廠績效(total efficiency)，生產單位實施自動化及彈性製造系統，品保單位配合生產單位做好品保、零缺點，生管單位精確做好計劃，期能朝零庫存、設備百分之百開工率；業務單位努力開發市場，並配合財務單位做好投資的效益分析。

本章重點彙整

1. 現在企業經營面臨的是買方市場，售價由市場決定，而不是賣方市場，售價由製造者決定。

2. 根據業務機能構成製造成本、銷售成本、管理成本及財務成本。

3. 根據生產要素有原料成本、人工成本、製造費用成本。

4. 根據產品與成本關係有直接成本及間接成本。

5. 根據成本發生之性能有固定成本及變動成本。

6. 成本會計的著眼點乃在求人力、物力、財力等資源，在運用上經濟有效。

7. 單位成本＝$\dfrac{投入成本總額}{生產總量}$。

8. 單位成本×賣出數量＝銷貨成本。

   單位成本×未賣出數量＝存貨成本。

9. 成本計算制度有分批成本會計制度及分步成本會計制度。

10. 產品的價格乃協調生產者與消費者之意願而成立。

11. 成本控制方法有實績控制法、預算控制法及標準控制法。

12. 八十年代企業面臨的是少量多樣、交期短、低售價的競爭。

13. 面對八十年代的競爭，企業只好實施全方位管理。

▌自我評量

( )1. 買方市場的意義是　(A)售價由自由化市場決定　(B)生產者必需有市場期待的成本本事　(C)生產者要有利潤惟有降低成本　(D)以上皆是。

( )2. 生管、品管、人事、總務、倉儲等之費用稱為　(A)製造　(B)銷售　(C)管理　(D)財務　成本。

( )3. 工廠水電之消耗為　(A)直接成本　(B)間接成本　(C)固定成本。

( )4. 原料屬於　(A)變動成本　(B)固定成本　(C)銷售成本。

( )5. 下列何者不是成本會計的功效 (A)成本歸納、分析 (B)產品訂價 (C)績效評估 (D)開發新產品。

( )6. 分批成本會計制度之直接材料及直接人工採取 (A)部內分攤 (B)批次歸屬 (C)沒有一定方式。

( )7. 成本愈低，企業才有 (A)競爭能力 (B)降低售價空間 (C)增加利潤機會 (D)以上皆是。

( )8. 最簡單的成本控制法是 (A)預算控制法 (B)標準控制法 (C)實績控制法。

( )9. 企業在八十年代以後面臨 (A)少量多樣生產時代 (B)交期短 (C)降低成本 (D)以上皆是 的考驗。

( )10. 面對八十年代的競爭應朝 (A)全廠績效 (B)品保 (C)生管 (D)製造績效 去努力。

習 題

1. 何謂成本？根據業務機能，成本如何分類？
2. 說明固定成本與變動成本之不同。
3. 說明成本會計的意義。
4. 試述成本會計的功效。
5. 試述建立成本計算制度之基本資料有哪些。
6. 分批及分步成本會計制度之不同點為何？
7. 何謂成本控制？
8. 試述成本控制的步驟。
9. 簡述實績成本控制法。
10. 釐定標準成本時，必備哪二項條件？
11. 何謂全方位管理的指標？
12. 各部內如何因應，以符合全廠績效？

Chapter **8** Factory Management

人事管理

　　人是工廠經營的要素之一，沒有人，是絕對成立不了工廠的，台灣最近有很多企業出走，部分是因為勞工缺乏，有些是勞工工資成本高，兩者都與人有關，因此，為了使工廠的各項生產活動及事務處理能夠完備，對於人力的調配與管理是必要的，什麼是人力管理呢？狄德(O.Tead)及麥卡夫(H.C.Metcalf)在其所著「人事管理與實務」(Personnel Administration, Its Principles and Practice)中說：「人力管理為一個組織中的人之關係之指導與調整，其目的在求以最低限度之勞力與摩擦，獲得最大限度之必要生產。」又懷特氏(L.D.While)在其所著「行政管理研究概論(Introduction to the study of public Administration)中說：「人力管理，絕不是單指人員的僱用與解職等機械性的工作，最重要的，尚在分析人類的心理動機與趨向，及採用巧妙與熟練的方法與手段，使人人都能在組織中獲適當安置，將其內在潛能，作充分有效的發揮。」因此，根據各專家敘述，我們知道，

凡是為了達到生產的目的，調和人的工作皆可列入人事管理的工作範疇。筆者作一概括性的簡單定義：「所謂人事管理，即是一般公私機關或企業，在推動工作及完成任務的過程中，對有關人與人的關係的調整，以及企業對工作人員的身心才智最有效的發揮與運用各種理論與技巧，所進行的研究及實施」。

企業管理五大功能人事、生產、行銷、研發及財務，五大功能的計劃、執行及控制工作都影響企業發展，所以人事管理其基本任務可包括下列四點：

1. 使工作人員與其所擔任的工作，完全適合。
2. 使組織中人與人的關係，獲得完全的和諧與協調。
3. 採用最適當的方法，選訓最優秀而恰當的工作人員。
4. 採用各種有助於提高工作情緒的方法。

人事管理的工作項目包括員工的甄用、辭退、訓練、升遷、薪資等制度，以及各項福利措施之建立等。

8-1 員工的甄用與辭退

企業經營要先定目標，然後擬訂經營政策，運用企業的五大功能生產、行銷、人事、研發及財務，這五大功能裡面，人事是一重要因素，因為人事規劃不當，其餘四項功能會不張，無法運作靈活，因此人力規劃是一項重要工作。圖 8-1 說明人事管理的相關系統，工作設計需要人力規劃及人事考核來協助，再配以訓練、合理薪資、晉升發展等制度構成人事管理系統。

人力規劃是甄選員工的前置工作，人力規劃好了，公司人事單位才按照規劃的員工人數、程度、類別來甄選，圖 8-2 為人力規劃的程序。

由組織目標、計劃推演出人力的總需求，再與現在僱用情形相互對照，
產出供給需求的差距才是確切的人力需求量，再訂定招僱的方法。

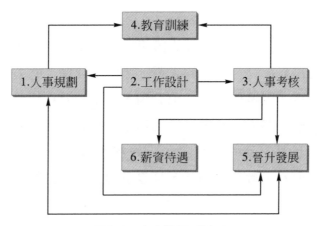

圖 8-1　人事管理系統圖

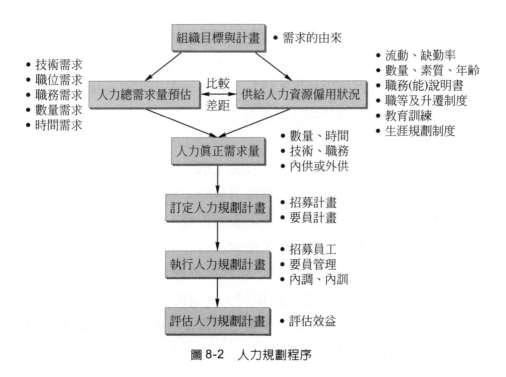

圖 8-2　人力規劃程序

一、甄選員工的原則

甄選員工有下列可遵循的原則：

1. 應因事擇人

甄選員工，絕不可因人設事，甄選員工時，應針對職務或工作上的需要，物色適當的人選，才能讓甄選上的人員稱職勝任，此即所謂「因事擇人」。至於因人設事，乃為了一些人藉著親友或股東等之關係，本來企業內無某項職位，為了安置這些人到廠內來，且其又無特殊專長，只好增設職位，坐領乾薪。此種方法，非但對工廠毫無助益，且會引起其他員工的反感，影響正常工作的士氣。

2. 應適才適用

每個人的個性不同，且有不同的興趣或學習傾向，在選擇員工時及分派工作時，應利用性向測驗的結果，根據個人不同的興趣，予以適當的工作，如此，則人人均可獲得其所喜愛的工作，也才能興致勃勃的埋頭苦幹，以儘量發展他的抱負與潛能，使人力資源能作最有效的發揮與運用。

3. 應確立適當的甄選標準

對選人才的標準不宜太高又太低，太高係指對學識、技能、經驗的要求、超過工作的實際需要時，將發生「才高於職」的現象。一方面對人才是一種不必要的浪費，同時這些具有過高才智的人，亦將無法安於位，流動率必高。至於若標準太低，則由於甄試及格的人，勢必學識、技能、經驗低於工作的需要，造成「才不稱職」，難把工作做好，企業的發展受阻，無法與人競爭，久之必被淘汰，因此，甄選的標準，必須力求客觀，以適應工作上的實際需要為主。

　　不過，在甄選人才時，工作意願與職業道德的考核標準已為企業所重視，因為一個人的表現有兩種因素一是能力，一是意願，而意願與能力的組合可以如圖 8-3 所示，將人分為四種，有工作意願且有工作能力者為人財是最好的，有工作意願，但沒工作能力者是人材，尚未訓練培養，有朝一日也能成為公司的人財，再者為有能力但沒意願者，這種人稱為人盡，對公司不見得有好處，因為心不在此，最後一種人是既無意願也無能力，稱為人在，可能就是錯誤甄選或上述的因人設事之類型，對於一個公司來說，人材是甄選員工最好的考量對象，可塑性高，而對於高級幹部之任用則應以人財為主要考慮對象。

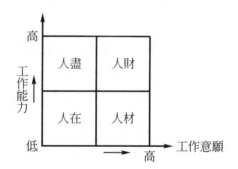

圖 8-3　員工對企業功能類型

二、甄選員工的來源

　　員工的來源可由下列途徑去甄選或招募：

1. 就原有員工中調用或調升。

2. 由在職人員介紹。

3. 就學輔導中心介紹。

4. 由學校或訓練機構推薦。

5. 公開徵求，利用刊登廣告方式。

6. 求職者直接申請。

7. 與學校或訓練機構建教合作。

三、甄選員工的方式

1. 考試

考試是我國目前採用最普遍的一種方式。理論上，它的優點是可以給予應考人一種公平競爭的機會，也能夠錄取學識成績較優的人員，但能夠達到這兩項優點，還得看主辦考試的人是否認真及考題是否適當。至於考試的缺點，無法自考試中了解應考人的興趣、個性、品德與操守，而這些因素與其能否勝任稱職又有密切關係，是此種方法美中不足的地方。

2. 推薦

由有關人員如社會上有聲望的人，或與公司有密切關係的人或公司內可信賴的員工、高級主管之推介任用，此種方式的優點，為被推薦者的個性、品德、操守等，可向推薦者查明，且推薦者連帶著對被推薦者負責保證的責任，因此，對其個性、品德、操守必事先查明，然後方予介紹。

此方法的缺點是不易了解被保人的真才實學，但是，能夠勝任工作者，除了必須具備相當學識外，尚須經驗的歷練，因此，只要具備某種程度的學識水準(如學歷)，再加上工作的經驗磨練即能勝任工作，所以此種缺點尚無大礙。另一缺點乃是閉塞求職之門，一些沒有人事背景的有為青年將無法找到工作。

3. 推薦與甄試

此種方法係由學校、訓練機關、職業介紹所，或可靠人士負責推介，然後舉行必要的考試與測驗，再決定取捨，這是混合運用的辦法，可兼備前述兩種方式的優點。國外大都採用此種辦

法，特別是美國。我國目前也漸採用此種辦法，所以在學校內部設有實習輔導處，與廠商隨時保持密切的連繫，在工廠要求介紹畢業學生時，按其希望的學識、個性、品格、體力、技能，在畢業學生中選擇符合條件者予以介紹。工廠即可約定時間接見被推介的學生，並舉行必要的面試或其他測驗，以定取捨。此種測驗一般較簡單，且能針對實際的工作需要來測驗，比較具體確實。

四、工廠甄選員工的程式

1. 由人事部門針對工廠員工的需要決定何時甄選及甄選員工之種類、人數等。
2. 接洽

   決定如何尋找員工，即用什麼方式徵募員工。
3. 會見談話

   注重對員工品性、學識、思想、興趣之了解。
4. 填寫申請書

   應徵者填寫詳細資料表。
5. 核對學經歷。
6. 測驗或考試。
7. 評定等級。
8. 錄取後進廠試用。
9. 試用期滿後正式任用。

五、甄選測驗的種類

(一)面談

面談是就業者很重要的過程，除了儀表、穿著、談吐、態度等必須適中外，對面談的內容也可事先蒐集，稍微準備，一般公司面談時，廠方與應徵者可能觸及的問題有以下諸點。

面談時該問哪些問題：

1. 經歷
   (1) 你在□□公司工作多少年？
   (2) 請描述你在公司內所擔負之權責。
   (3) 請你說出你平時一天裡典型的工作型態。
   (4) 你認為自己在公司內完成哪些主要工作？
   (5) 在工作上哪些事讓你覺得挫折、失敗？
   (6) 在此職務中，你獲得最有價值的經驗有哪些？
   (7) 你為何想離開此公司？

2. 能力與知識
   (1) 你怎麼去設計一個□□制度？
   (2) 你認為一個人成功需要什麼才能？
   (3) 如果遭遇到這種狀況，你怎麼處理？(假設一個狀況)
   (4) 那些專長使你在工作上大有表現？
   (5) 你認為有哪些專長可以應用在這個新職位上？
   (6) 能不能談一談，你是怎麼做(上列狀況)的決定？
   (7) 有那些事執行起來，可以使你的公司更加成功？

3. 態度和個性
   (1) 你對我們公司了解多少？
   (2) 你為什麼對這個工作有興趣？
   (3) 在多年的工作中，你認為自己最得意的成就是什麼？
   (4) 這些年的工作中，你最大的挫折和失敗是什麼？
   (5) 你和以前的主管合作的感覺如何？
   (6) 舉出一件以前遇到的困難以及你處理的方法。
   (7) 舉出以前在工作上遭遇的人際關係問題。

(8) 哪一種工作環境下，你可以做得更好？

(9) 描述一下你遇見過最好的一位主管。

(10) 你認爲以前的上司給你什麼評語。

4. 學歷與生涯規劃

(1) 你在學校主修什麼？

(2) 你最(不)喜歡的課程是什麼？爲什麼？

(3) 你曾參加過哪些社團活動？

(4) 你進一步的進修計畫爲何？

(5) 談談個人之長、短期之人生目標？

(6) 你期望如何達成目標。

(7) 如何運用公司的工作來達成你的人生目標？

(8) 你對這份工作有何期許？

(9) 過去有什麼因素對你的成長幫助最大？

(10) 你希望我們如何協助你成長？

(二)測驗

公家機關因爲由考試院正式的考試外，各機關亦經常舉辦特考，有固定的考試科目，且以廣泛爲主。至於各廠商，則以實際工作需要爲主，因此，考試項目顯得簡單扼要，一般測驗種類有：

1. 智力測驗又包括

(1) 一般智力：如觀察力、理解力、判斷能力及學習能力。

(2) 社會智力：如應付人的能力、表達能力、適應新環境的能力。

2. 性向測驗

即測驗一個人本質的傾向，應包括：

(1) 工作興趣。

(2) 領導能力。

(3) 計劃能力。

3. 志趣測驗

　　測驗人的學習傾向，一般可分爲下列 9 種：

(1) 抄襲的或書記的。

(2) 計算的。

(3) 科學的。

(4) 文學的。

(5) 美術的。

(6) 音樂的。

(7) 銷售的。

(8) 社會服務的。

(9) 技術的。

六、員工的辭退

　　員工的辭退原因很多，其情況大概有下列數種：

1. 自動辭職

　　員工由於某種原因，自動提出辭職要求的，一般應在公司規定期間前即擬好辭職書，在辭職前辦好離職手續，將向公司借用的物品歸還，有無積欠公司金錢或損壞物品等，均應在離開公司前處理完畢。

2. 遣散

　　公司因營運上的需要，必須資遣部分員工，或以積分或以年資或以考績決定資遣人員後，應在規定期間前即通知員工，讓其先行謀職，而且必須發資遣費，以安定其離職後一段時間的生活。

3. 免職

　　員工因爲表現欠佳，觸犯公司章程，構成被免職要件，公司得依規定將其免職。

8-2 員工的訓練與升遷

員工訓練的目的是使員工知道「如何工作」及「如何用最好的方法工作」，以儘量發揮其天賦與潛能。每一機關對於選用的員工無不希望「職能相稱」，要達到這種目標並發揮功能，對員工首須「精選」，次在「慎用」，然後施以「訓練」，訓練即是對員工施以教育，使原本具有工作條件的員工，經過在職訓練或進修，更能配合業務的發展，保持適當的知識水準而增進工作效率。

對企業內員工教育訓練的理念是認知人是企業經營的最重要資產，有效的引導與培育，才能激發無限潛能，藉教育訓練，落實經營理念的前導，觀望企業文化的重心。所以，我們以教育訓練規劃步驟、原則、種類、方法陳述教育訓練的工作。

一、教育訓練的規劃步驟

教育訓練的規劃，首先是針對企業人才培育需求來規劃，有工作職能需要的訓練，員工績效改進計劃的需求訓練，職位升遷異動的需求訓練及要員儲備需求的訓練。

選定教育訓練之需求後，著手訓練課程規劃，然後展開教育訓練實施，訓練結束，做訓練成果評估，並做訓練記錄與資訊系統。

二、教育訓練應注意的原則

1. 深造教育與實務教育並重

實務教育是讓員工具備最基本的工作知識，但是任用後，為了讓員工有更創新的工作表現，吸收新知識以提高工作效率，深造進修教育必須配合提供給在職員工。

2. 專業教育與通職教育並重

　　專業教育是培養員工在本身崗位上能夠勝任工作，但是員工領導能力及組織能力的培養亦不可忽視，因此，通職教育亦須配合實施。

3. 理論探討與研究發展並重

　　理論與實際互相輝映，藉工作經驗與理論知識，創造設計更新的技術領域。

4. 訓練實施後的考核與選拔

　　訓練機會均等的提供給員工，但是訓練成果的驗收則應嚴格實施，作為拔擢人才的依據。

三、員工訓練的種類

1. 以訓練的時間分

　(1) 就業前的訓練(職前訓練)：著重於技能訓練或處理業務辦法的訓練。

　(2) 就業後之訓練：一般又可分為技能方面的訓練與精神方面的訓練。

2. 以訓練的對象來分

　(1) 師資訓練：乃培養訓練別人的老師之訓練，以教學辦法及指導能力的培養為主。

　(2) 新進員工的訓練：對新進員工訓練，旨在讓其知道公司的概況，企業的組織及工作的性質。

　(3) 工作訓練：對在職員工施以新觀念及新方法的訓練，俾能提高工作效率。

3. 以訓練的場所來分

　(1) 工作中訓練，又稱 OJT(on job training)即一般已投入工作崗位，在工作中訓練。

(2) 工作外訓練，又稱OFF JT(off job training)不在工作崗位，而在專門的訓練場所學習。

4. 其他訓練

除了專業訓練外，具規模或重視員工成長的企業尚推廣下列使員工成長的訓練：

(1) 補習教育：為了提高員工生活知識水準及調適生活所需而利用工作餘暇所實施的一般訓練，內容廣泛，一般以適合員工的需要而開設，如美容班、美術班、烹飪班、珠算班、吉他班、舞蹈班、韻律班、資訊班……等。

(2) 考察進修：派遣員工赴工業發達的國家去考察與進修，以獲取更進步的知識。

四、員工訓練的方式

員工訓練的方式不同於一般正統的教學，必須配合學員的程度、人數及訓練課目以各種最有效的訓練方式，一般有下列數種：

1. 設班講解方式

即如一般學校上課的情形，排定適當的時間，約集受訓者共聚一堂，由教師對某一問題詳加講解，除了口述及教材講義之外，可補以媒體教學，如掛圖、模型、投影片、幻燈片、錄影帶等。

2. 開會研討方式

此方法適合高級人員，即事先將擬討論的問題，草擬大綱，提出給予參加會議的人員共同討論，以求作深入的了解，並藉著討論增長見識，決定政策。

3. 現場實習方式

　　此種方式旨在訓練員工之技能，由實際的操作訓練使其明瞭機器的操作辦法並且學得工作的技術。

4. 進修教育的方式

　　一方面可資助員工赴夜間補校或補習班去就讀，以充實其基本常識或專業知識，另一方面充實本公司之圖書或新知，提供良好的閱讀環境，使員工能於工作餘暇，從事自修。

5. 委託教育方式

　　目前專業分工時代，顧問公司林立，企業可以委託顧問公司代為訓練，或派員至生產力中心，金屬工業發展中心與其他可以代為訓練之機構，省去企業因為師資缺乏或企劃訓練不當的困擾。

6. 讀書會方式

　　時下倡導終身學習、自我成長，公司可以組織讀書會，藉研讀相關書籍，透過分享、討論、心得整理達到訓練的目標。

　　讀書會可以分不同單位，不同層次來組成，必須先訓練帶領人，然後由帶動人輔導或直接帶領不同的讀書會；此外，讀書會亦可安排影片欣賞、參觀訪問、邀請專家等活動方式來運作，藉活潑的學習模式，達到員工訓練的效果。

五、員工的考核

　　一個公司工作效率的高低，與員工是否稱職有絕對的關係，要了解員工是否稱職，惟有實施考核。人事考核可以作為薪資管理、升遷、異動、員工能力開發及生涯規劃的依據，人事考核角色的定位如圖 8-4。所以人事考核制度有關「實績」考核，主要是關係加薪、獎金，至於「能力」、「適性」、「意願」考核，主要是關係教育訓練、升遷異動。

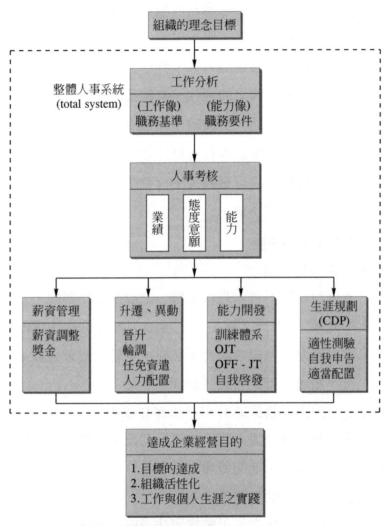

註：OJT = ON Job Train (崗位上訓練)
　　OFF - JT = OFF Job Train (離開崗位上訓練)

圖 8-4　人事考核的角色定位

考核可說是給員工的工作或服務成績，凡是足以影響其工作成績的因素，如服務能力、服務精神、服務態度，都可以加以考評。惰性乃人類的通性，如果沒有鼓勵鞭策的方法，就會由於惰性的養成，變成消極懈怠。再者人類亦具有被尊崇的通性，喜歡獲得別人的欣賞和尊重，工廠以考核來辨別員工的功過，然後給予成績優異的人適當獎勵。考核的重點，就是透過嚴格而公平的考核，以定功過明賞罰。群體中，也惟有賞罰嚴明，才可以使賢者益自奮勉，不肖者知所警惕。在所有員工共同努力下，工作效率自然可提高。

(一)員工考核應注意的要點

1. 應選擇適當的時期

   考核的期間不可太長或太短，太短則工作繁複，且無法看出員工的成績，太長又難免事過境遷，無法予及時獎勵作用。因此，定出適當的考核時間乃屬必要，對於一般普通員工可半年考核一次，高級主管或須較長時間。

2. 應制定合理而適當的評分項目與評分標準

   應先制定評分表，將考核項目列出，並給予適當積分，然後對員工逐項考核，並記錄實得分數。

3. 應登記員工日常的勤惰與功過

   在平時即應建立員工勤惰與功過的完整資料，作為考核時的參考，以免到時無具體記錄，全憑記憶或印象，造成不公平。

4. 應保持客觀公平的態度

   公平是考核工作的基本前題，如果有偏袒或不公平情形，則考核完全失去意義，並且得到反效果，使員工憤忿不平，在反感的意識型態對工作效率必然降低。

5. 應經過多人的考核

　　考核不能單憑一個人的意思，各人的觀點與看法或有不同，或者觀察上難免疏忽，或者受員工「表面奉承」的影響造成或多或少的偏差，如此一來，則單人的考核必然不盡理想，因此，經過多人的評審考核，比較能夠更接近公正。

(二)考核的項目

　　考核項目隨各企業之要求面而有少許不同，不過一般皆包括下列各項：

1. 工作的能力。
2. 服務的勤惰。
3. 品格的優劣。
4. 合作的態度。
5. 負責的態度。
6. 進取的精神。
7. 知識的水準。

　　表 8-1 為事務員考核表範例，表 8-2 為課長級考核表範例，表 8-3 為經理級考核範例，各種職能的需求能力不同，考核的要素也不同。表 8-4，為某機構調查 25 個考績計劃所作之資料分析，可以看出考核重點各企業重視程度的排行次序。

表 8-1 ＿＿年年度考核表

(事務員)

事、病假	遲到早退

要素	%	評估內容	評估標準					評點
			極優秀	優秀	標準	近標準	差	
技術能力	15	・對所擔任工作之處理能力 ・對業務內容相關連者之理解程度						
執行力	10	・能掌握各項問題之重點並加以分析後有效解決 ・經說明後能有判斷能力						
問題意識	10	・對事、物，存再改善之意念						
規律性	10	・是否違背公司之秩序和風紀 ・接受指示時，反應、態度如何						
協調性	10	・重整體目標之達成？ ・熱心協助同仁						
理解力	10	・對發辦事項能有效處理並完成						
責任性	10	・對被分配之工作，能堅持到底						
積極性	10	・心態正面、具旺盛企圖心 ・有進取心						
量、質	10	・對被分配之工作，完成率及錯誤率有多少？						
勤勉度	5	・能否敬業，依規定出勤 ・缺勤時必先報告主管						

表 8-2 　　　年年度考核表

(課長級)

事、病假	遲到早退

要素	%	評估內容	評估標準					評點
			極優秀	優秀	標準	近標準	差	
解決問題	15	・問題產生，能速用資源適當處理之能力						
協調力	15	・能恰當地表達所擔任職務之目的，或自己的意見，使對方了解，使交涉圓滿達成的能力						
管理力	15	・對單位內人、事、物能作有條理整合，完成組織負予之使命						
指導力	15	・透過業務指示，培育部屬，傳授知識，促進工作完成能力和知識						
專業知識	10	・經辦、領域的深度專業知識擁有程度，知識活用的情形						
判斷力	5	・分析原因、資訊後加以推理、選擇，並引出適合於條件的結論能力						
表達力	5	・能運用語言、文字等將自己之理念、知識、觀念 etc 表現出來						
企劃力	10	・有豐富、正確之專業知識，對業務能提出建設性的合理化的改善意見						
改善意識	5	・對事、物有求好還要更好之意念						
積極性	5	・心態正面、具旺盛企圖心 ・有進取心						

表 8-3 ＿＿＿年年度考核表

(經理級)

事、病假	遲到早退

要素	%	評估內容	評估標準					評點
			極優秀	優秀	標準	近標準	差	
統率力	15	・有能力吸收部屬意見，提高知識能力，圓滿完成業務的能力						
決策力	15	・對公司重大方向，事件之進行，能依判斷後立刻作出決定並推行						
折衝力	10	・依企業方針能圓滿地取得對方的同意及協力達成交涉的的能力						
判斷力	10	・分析資訊後加以推理、選擇，並引出適合於條件的結論能力						
企劃力	10	・有豐富、正確之專業知識，對業務能提出建設性、合理的改善意見						
系統力	10	・對複雜之事、物思考時，能在最短時間內了解其關連及優先順序						
組織力	10	・對不同之資訊能有效、正確的連串，並充份理解						
表達力	10	・能把該傳達之傳報、想法、手續、方法等以口或文字簡單、正確地表達						
積極性	5	・心態正面、具旺盛企圖心 ・有進取心						
專業知識	5	・具備透過、經營管理、社會、經濟、業界動向等並以廣泛的視野與專業知識而貢獻本公司之能力						

表 8-4　常用考績項目表

項　　目	應用次數
工作的質(quality of work)	25
工作的量(quantity of work)	25
合作力(cooperativeness)	22
可靠性(dependability)	14
工作知識(knowledge of work)	12
創造力(initiative)	11
判斷(judgment)	8
安全(safety)	6
健康(physical condition)	6
個人品德(personality)	6
適應(adaptability)	7
學習力(ability to earn)	5
工作上的應用(application to work)	4
勤惰(attendence)	4
監督能力(supervisory ability)	4
全面工作成績(over-all job performance)	3
晉升資格(capacity for advancement)	3
工作態度(work attitude)	3
服務年限(length of sevice with the company)	2
工作指定後的態度(attitude toward work of assignments)	2
領導能力(leadership)	2
個人習慣(personal habits)	1
對公司的態度(attitude toward company)	1
擔負責任的能力(ability to accept resoponsibility)	1
對一般設備的愛護(care of equipment)	1
勤勉(industriousness)	1
興趣(interest)	1
行爲(conduct)	1
自信心(self-confidence)	1
想像力(imagination)	1
發展力(development)	1
工作上的適應力(porsonal qualities)	1
成本計劃能力(cost-Planning ability)	1

說明：本表係調查 25 個考績計劃之資料分析。

六、員工的獎懲

獎懲是對表現優異的人之鼓勵，對表現劣的人之處罰，軍隊紀律中最重賞罰分明，其實企業經營，獎懲亦是幫忙企業上軌道的一種工具之一。不過，人性化管理的趨勢，多獎勵、少懲罰是流行指標。

(一)獎懲原則

1. 獎懲標準應該公平合理。
2. 執行要迅速徹底。

(二)獎懲的種類

1. 定期獎勵

   所謂定期獎勵，就根據年度考核的結果，按照員工的工作成績，所實施的全部獎勵。

2. 臨時獎勵

   員工有偶發性的功過，所作的獎懲。

(三)獎懲的方式

1. 獎勵方面，通常分為

   嘉獎、記功、獎金、加薪、升級、記點等。

2. 懲罰方面，通常分為

   申誡、警告、記過、減薪、降級、革職等。在各種獎勵或懲罰方式中，應該在其條件內訂定適用範圍，然後實施獎懲時，權衡員工的功過而予以運用。

七、員工的升遷

升遷對於企業內的員工是一種希望，對公司來說促進人事管道的新陳代謝，於公於私都有特別意義存在。人事考核結果後，可運用在公平薪資查定、運用能力開發、升遷判斷要素，升等升級制度及部屬輪調之

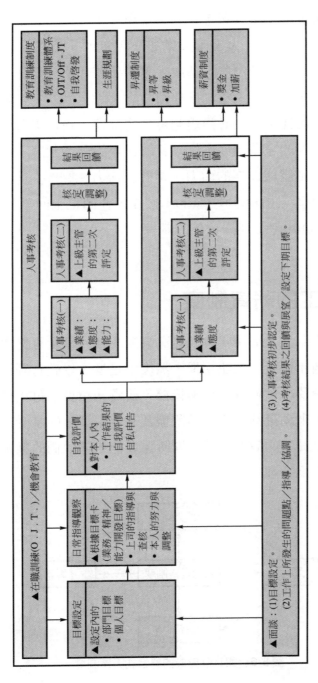

圖 8-5　人事考核的程序架構建議

參考等，升遷可依據：(1)服務年資，(2)工作考核成績，(3)舉行測驗，(4)定期輪調等因素來評估。人事管道尤如一溪流水，應讓它經常性的暢通，要暢通就必須有升遷制度，造成人事的新陳代謝，而升遷的依據又必須在平時作考核，所以考核制度亦須設立，除此而外，企業的成長在於員工的成長，因此，企業必須規劃員工的訓練，在員工有成長訓練的機會下，以一合理的考核制度，施以新陳代謝的升遷制度，企業的人事管理可以協助企業組織運作的活力，提升生產力。圖 8-5 為人事考核之架構例。表中 OJT 意指 on job trainning 在工作崗位上的訓練，OFF JT 意指 off job trainning 工作崗位外的訓練。

8-3 員工的薪資制度

整合式人事制度，如圖 8-6，架構像個八卦，職能資格為其核心；職能資格就是適才適所，權能相稱，然後不足者予以教育訓練，據此為人事考核，升遷及給付薪資之標準依據，薪資乃指員工付出勞力或心智所換取的報酬，來滿足其物質生活所需及其他生活上的享受。因此，薪資不僅需要滿足員工的最低生活，同時還要能兼顧他們的精神生活與社會地位，才能稱為合理。

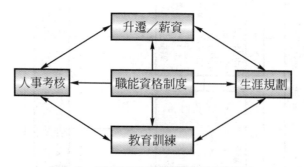

圖 8-6 如八卦圖般的整合式人事制度

一、薪資合理的重要性

員工有合理的薪資才能享受到正常的物質及精神生活，同時合理的薪資可以提高員工的工作效率，不合理的薪資容易導致勞資糾紛，非企業所樂見。

二、工廠在制定薪資標準時應注意的事項

1. 應參照工作的評價

    所謂工作的評價就是根據工作分析的資料，按照各種工作任務繁簡難易與責任的輕重，衡量對整個企業經營貢獻的大小，對各種工作相對價值的評估。因此，任務較難、責任重、貢獻大的工作，應該薪資高，反之則薪資低。

2. 應參照生活指數的高低

    所謂「生活的指數」，是表現市場生活必需品價格漲落趨勢的指標。員工的生活收入就是靠薪資，其薪資必需配合物價，才能給予員工生活的需要。

3. 應具有適度的伸縮彈性

    合理的薪資標準，應該考慮員工的教育程度、表現能力、服務年資以及工作的危險性等因素，予以等差不同的待遇，使其具有伸縮彈性，對員工發生積極的鼓勵作用。

4. 應維持內部合理的比例

    有適度彈性的薪資，是為了發揮激勵作用，使優秀員工不致因得不到合理的報酬，而不安於位。但同種工作的不同等級間的差距，也不宜過於懸殊，以致增加運用上的困難，這就是同種工作間，應有合理的比例而言。至於職能或職種不同的各種工作間，也就是高級與中級間，或中級與低級間，其薪資數額的差

距，固然應參照工作評價的結果，予以核定，但也不宜過於懸殊，以致造成低級人員心理上的鴻溝，而發生情感上的隔閡。

5. 應參照當地同業的標準

薪資不得低於當地同業的標準，否則優秀的員工將相繼離去，倘能較同業稍高，或起碼應持平，則可吸收優秀員工，提高工作情緒。

6. 應考慮企業的人工成本

薪資愈高，固然有很多利益，但應考慮企業的盈利情形，尤其在許多用人數量很多的企業，其人工支出應注意，控制在一定的比例，方不致導致成本增加，利潤降低或公司之產品售價必提高來平衡成本，但已失去競爭力。

7. 薪資計算應簡單

薪資計算應簡單，如此員工才能了解薪資的來源不會招致誤會。

三、薪資的計算方法

薪資制度，雖然有不同的主張，但目前企業最為普遍的，仍不外「計時工資」與「計件工資」，另外還有月俸制、年薪制及獎金制，現在分別敘述於下。

1. 計時工資制

以工作時間多寡為核算工資的標準，例如每小時、每日、每週或每月支付工資若干，此種方式，多適用於品質重於數量的工作，在固定時間內沒有嚴格限制應完成的數量，或工作者可以從容不迫去完成他的工作，把工作的品質提高，同時工人的收入固定，生活較有保障。但其缺點是工廠既未嚴格要求工作量，則難免使工作人員鬆懈，工作效率降低。目前國內計時工資對高級主管或顧問，專家尚有採取年薪制者。

2. 計件工資制

以工作時所完成工作件數為核算工資標準，例如每完成一件工作或一件產品支付工資若干，此制度適用於數量重於品質或工作方法簡單的工作，或品質較易由員工自行控制的工作。大規模的自動化生產工作，產品有極精密的控制系統，採用此制即可使產量增加。此種制度的優點，可利用員工增加收入的慾望，激發其努力工作，增加產量，但缺點即為工人重量不重質的心理下，產品品質可能粗劣，比預期的品質標準還低。而且工人由於拚命工作，對健康或體力皆有超過負荷的憂慮，最後導致職業病的發生，對公司整體生產力反而不利。對於資深的員工，由於年事稍高，體力或不能與年輕力壯者相比，而收入的照顧反而無法予年資較高的員工比較優渥的待遇，將無法使他們安於位，公司內缺乏有經驗、純熟技術的資深員工，對整體的生產力也是不利的。

3. 獎金制(獎工制度)

所謂獎金制是綜合計時與計件的優點，避免其缺點，計時制數量無法提高，計件制品質無法控制，因此，無法兩全其美。獎金制乃是給員工基本的生活待遇，亦就是一般所說的底薪，同時定出基本的生產量，兼顧公司的人工成本，凡是超過基本生產量的工作量，發給一定比例的績效獎金，如此，員工的收入穩定且品質得以兼顧，對於技術純熟或努力工作的員工，因為產量較高，發給獎金，以資鼓勵，能夠去除計時、計件制走極端的缺點。

4. 利潤獎金制

員工辛勤工作，如果沒有相對的利潤付予他們，員工不會採取合作態度的，因此，很多企業除了薪資及績效獎金付給外，又定出基本的營業額目標，如果員工群體上下努力工作，營業額超

過預定目標，可以把超過目標而獲取的利潤、按股東、廠方、員工等一定的比例作為工作獎金或生產獎金，此即所謂利潤共享，計算的期間，短則月、季，長則半年或一年皆可。

四、制定薪資的程序

現代企業多採用「工作評價」(Job Evaluation)的方案，以制定薪資率，所謂工作評價即對每種工作所包含的各項重要因素，予以分析比較，以評定該項工作的價值等級，進而決定其薪資的幅度或等差。

1. 舉辦工作分析

   工作分析即舉辦工作評價，工作評價內容包括：

   (1) 精神條件。
   (2) 體力條件。
   (3) 技術條件。
   (4) 責任程度。
   (5) 工作環境。
   (6) 工作難易。
   (7) 工作時間。
   (8) 危險程度。

2. 辦理工作分級

   工作分級即是將上述工作分析後所得的各項評價因素，加以逐一比較評估，以決定其個別價值，然後將各個因素的價值相加，即成為每項工作的總價值，再按照工作總價值的高低，將各種工作分為不同等級。

3. 進行工作評價

   根據工作的等級，評定各項工作的相關價值，然後據以決定各項工作的薪資率。

4. 其他因素的考慮

　　一般工作薪資以工作等級來評價的居多數，而工作評價最常用的表達方式即是工作加給，什麼價值的工作給予什麼程度的加給，此外再配合個人的年資薪等，當然，一個企業要顧及員工的年資、職能、家庭生活需求，往往加上很多的薪資細目，以滿足各種水平及狀況的員工需求。

5. 調薪

　　公司有調薪的時限，一般為年度調薪，當然通常是調升，公司參考年度營業收入利潤及生活物價指數，還有同業市場水平作調整薪水幅度的依據。如果公司營業狀況欠佳，自然也有可能調降，反應在公司經營績效上是很有彈性的。

8-4 員工的福利措施

　　工業革命後雖然改善了人類的生活，但是，由於投入工業生產行列的勞工，或由於工時太長、工資過低、生活品質並不完善，近世紀以來，工業社會漸趨成熟，勞工地位大大提高，專業學者相繼提出，認為為勞工謀福利，其結果正可以提高工廠的生產，因此，企業體也推行各種員工福利措施。事實上，一個企業體組織的演變過程，由創業期，制度化以至於自主化，如圖 8-7，由於員工自主化、人性化的管理，正應以員工福利措施來配合完成組織結構的演變。

　　勞工福利無論是學理或實際，中外都有廣義與狹義的說法，廣義的勞工福利，指涉的是以受僱工作者為對象，針對其工作上與生活上的實際需要，藉諸公權機構、勞工、雇主的力量，有組織有系統經常舉辦及改善的各項福利設施，滿足受僱工作者的各種需求，所以其範圍涵蓋：

(1) 工作時間

(2) 工作報酬

(3) 休假津貼

(4) 利潤分享

(5) 職工教育

(6) 職工保險

(7) 醫療保健

(8) 康樂活動

(9) 退休撫卹

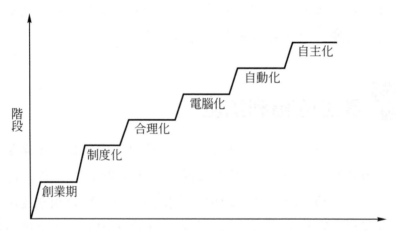

圖 8-7　企業體組織溫度過程

　　由上列項目，可知滿足受僱工作者精神上與物質上的一切設施與活動，都是勞工福利的範圍。

　　至於狹義的勞工福利，在學理上並無定論，在實際運作上各國又不盡相同，舉凡受僱工作者除了依法取得薪資以外，雇主與勞工或勞工團體，同心協力共同舉辦的各種福利措施，皆為狹義的福利措施，其項目主要有下列諸項：

1. 幫助工作的設施

    如餐廳、交通車、浴室、托兒所、夜間宿舍等，均可以給員工工作方面的便利。

2. 改善生活的設施

    如勞工福利品供應中心、員工住宅、勞工保險、貸款等，均可解決員工的日常生活需要。

3. 增進知識的設施

    如圖書館、閱覽室、補習班、視聽教室、音樂室、附屬學校等，均可增進員工的知識，便利員工進修及讀書，有時亦可與學校或訓練機構建教合作。

4. 促進康樂的設施

    如俱樂部、文康室、球場、體育館、游泳池等，假日舉辦電影欣賞、郊遊等，均可調劑員工身心健康。

5. 保健的設施

    設立保健室，特約醫院等。

6. 一般事務的設施

    如職業指導、獎勵儲蓄、家庭副業的指導等均可解決員工的困難，並增加其收入。

    勞工福利設施所以受到重視，乃是公認勞工福利可以在改善勞工生活、提高生產效率，從而促進社會與經濟發展上能夠發揮功能。所以，晚近國外學者提出勞工工作生活品質，以連接廣義與狹義的勞工福利，並且明確指認，提昇勞工生活品質為勞工福利最基本目的，我國企業皆漸漸有職工福利委員會的設立，公司並在營業收入內提撥一定比例的金額作為福利金，辦理職工福利事業，落實員工的福利措施。

本章重點彙整

1. 人是工廠成立的要素之一，沒有人是成立不了工廠的。

2. 企業管理五大功能人事、生產、行銷、研發及財務。

3. 人事管理的項目包括員工的甄用、辭退、訓練、升遷、薪資等制度及各項福利的建立等。

4. 甄選人才應因事擇人，適才適用。避免因人設事，才高於職或才不稱職。

5. 人依據工作能力與工作意願可分為人盡、人財、人材、人在四種。

6. 公司甄選員工的方式有考試、推薦及推薦與甄試。

7. 員工應精選、慎用、訓練，使其職能相稱。

8. 員工教育訓練需求有工作職能需要，員工績效改進計劃需求、職位升遷異動需求及要員儲備需求等。

9. 訓練可分為職前訓練及在職訓練。

10. 人事考核可以作為薪資管理、升遷、異動、員工能力開發及生涯規劃之依據。

11. 人事考核之實績考核有關員工加薪、獎金。

12. 人事考核之能力適性及意願考核，有關員工教育訓練、昇遷、異動。

13. 人性化管理多獎勵、少懲罰是流行的趨勢。

14. 人事管道應暢通，所以應有升遷制度。

15. 合理的薪資能提高員工工作效率及勞資和諧。

16. 整合式人事制度以職能資格為核心。

17. 薪資制度有計時制與計件制的及月俸制、年薪資及獎金制。

18. 制定薪資要先做工作分析、工作分級、工作評價等工作。
19. 企業體組織演變過程為創業期、制度化、合理化、電腦化、自動化及自主化。
20. 自主化企業組織也正是應重視勞工福利的組織。
21. 提昇勞工生活品質為勞工福利最基本目的。

自我評量

( )1. 下列何者為人事管理的任務　(A)甄用　(B)訓練　(C)福利 (D)以上皆是。

( )2. 下列何種現象應避免　(A)因事擇人　(B)因人設事　(C)才職相稱。

( )3. 哪一種人最好　(A)人財　(B)人在　(C)人盡　(D)人材。

( )4. 容易閉塞求職之門的甄選員工方式是　(A)考試　(B)推薦 (C)兩者皆是。

( )5. 哪一種辭退是公司強迫性的措施　(A)自動辭退　(B)遣散 (C)免職　因此，公司不須負擔任何費用。

( )6. 為了激發員工無限潛能，企業應　(A)有效的引導　(B)培育　(C)在職訓練　(D)以上皆是。

( )7. 為了提高員工生活知識水準及調適生活所需而利用閒暇所實施的訓練稱為　(A)工作訓練　(B)在職教育　(C)補習教育。

( )8. 為了達到訓練效果及專業效果，企業可　(A)委託顧問公司代訓　(B)自己訓練　(C)現場訓練　來得快速。

( )9. 依據表 8-4 考核項目排行最高者為　(A)員工的判斷能力 (B)員工工作的質　(C)員工的創造力　(D)員工的領導能力。

(　)10. 獎勵要　(A)及時　(B)公平　(C)合理　(D)以上皆是。

習 題

1. 試述人事管理的意義。
2. 企業管理五大功能為何？
3. 工作設計需要什麼工作來配合？
4. 說明人力規劃程序。
5. 試述甄選員工的原則。
6. 企業甄選員工的來源有哪些？
7. 員工辭退的原因有幾種？
8. 企業實施教育訓練應注意哪些原則？
9. 簡述員工訓練的方式。
10. 考核之功能如何？
11. 考核應注意哪些要項？
12. 一般考核的項目有哪些？
13. 試述製訂薪資時應注意的事項。
14. 解釋生活指數。
15. 獎金制計薪方式有何特色？
16. 解釋工作評價。
17. 試述廣義的勞工福利。
18. 狹義的勞工福利設施有哪些？

Chapter **9**

Factory Management

工業安全

　　政府自民國 60 年起，積極發展工業，時國民所得約美金 700 元，而自那時起，台灣光復後出生之第二代，也陸續成家，接著台灣經濟進展神速，國民所得由 2000、3000，直至民國 81 年已衝破 10000 元美金，邁入已開發國家，此期間，光復後結婚生子，而漸投入社會工作世界的第三代也日漸增多，但是，由於第一、二代辛勤工作，創造了較光復前富裕的家庭生活環境，使得第三代對社會工作意願與價值觀念產生相當大的改變，自民國 78 年起，台灣三次產業—服務業蓬勃發展，新社會人上班的意願更是發生巨大變革，所謂三D工作不受歡迎，骯髒性(dirty)、危險性(danger)及困難性(difficulty)高的工作漸漸的缺乏勞工，一方面經營者必需面對現實，改善工作環境，一方面服務業的工作場所優勢吸收龐大勞工，也促進經營者提昇勞工的工作品質，使我國更具工業化國家應有的工業安全與衛生。

工業安全係經由政府、勞方、資方通力合作,以防止工業意外事件的發生,一方面基於人道要求防止生命損害,另一方面基於經濟要求避免財務損失,進而保障就業員工安寧和幸福,達成工業之發展與繁榮。其主要目的是藉科學的方法,運用各種技術與生產方式,改進員工工作之安全觀念及技術,並增加防護設備,防範工業意外傷害之發生,同時制定各種檢查制度,例行管理辦法,將工作習慣導以正常,以避免工作人員、企業界及至社會國家遭受損失。

9-1 工業安全的責任與組織

對於工業安全,自員工起至工廠各級主管,甚而社會、政府都有應當擔負的職責。平常建立一良善的安全管理制度,明確指明各級人員對工業安全應負的責任,並且經常不斷的教育,俾使員工確實履行。

(一)工業安全之組織

根據勞工安全衛生法第三條,勞工安全衛生主管機關,在中央為行政院勞工委員會,在省(市)為省(市)政府,在縣(市)為縣(市)政府。勞工安全衛生法第十四條規定,雇主應依其事業之規模、性質,實施安全衛生管理;並應依中央主管機關之規定,設置勞工安全衛生組織及人員。根據政府勞工安全衛生法施行細則第二十四條所稱之勞工安全衛生組織,包括:

1. 規劃及辦理勞工安全衛生業務之勞工安全衛生管理單位。
2. 具諮詢研究性質之勞工安全衛生委員會。

又勞工安全衛生法第十四條所稱之勞工安全衛生人員在施行細則第25 條中指明該人員是指:(1)勞工安全業務主管,(2)勞工安全管理師(員),(3)勞工衛生管理師(員),(4)勞工安全衛生管理員。

　　在施行細則第 26 條說明事業單位之勞工安全衛生管理由雇主或對事業具有管理權限之雇主代理人綜理,由事業各部門主管負執行之責。

　　由政府所制定勞工安全衛生法上各項條文之說明,事業單位之安全衛生組織如圖 9-1。

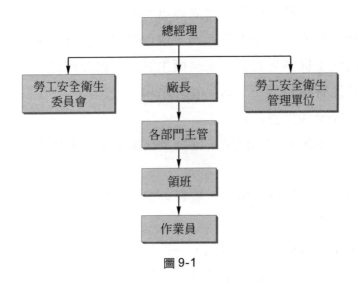

圖 9-1

(二)工業安全管理各有關人員之職責

1. 政府主管機關

   (1) 制定各項工業安全法令及政策。

   (2) 宣導安全管理工作。

   (3) 督導、檢查及考核工業安全之實施。

2. 工廠之勞工安全衛生管理單位

   　　雇主依事業之規模及性質設立勞工安全衛生管理單位,辦理下列事項:

   (1) 釐訂職業災害防止計劃,並指導有關部門實施。

   (2) 規劃、督導各部門之勞工安全衛生管理。

(3) 規劃、督導安全衛生設施之檢點與檢查。

(4) 指導、督導有關人員實施巡視、定期檢查、安全檢查及作業環境測定。

(5) 規劃、實施勞工安全衛生教育訓練。

(6) 規劃勞工健康檢查、實施健康管理。

(7) 督導職業災害調查及處理，辦理職業災害統計。

(8) 向雇主提供有關勞工安全衛生管理資料及建議。

(9) 其他有關勞工安全衛生管理事項。

3. 勞工安全衛生委員會

為事業單位內研議、協調及建議勞工安全衛生有關事務之機構。

4. 各級主管及管理、指揮、監督有關人員執行下列與其有關之勞工安全衛生事項：

(1) 職業災害防止計劃事項。

(2) 安全衛生管理執行事項。

(3) 定期檢查、重點檢查、檢點及其他有關檢查督導事項。

(4) 定期或不定期實施巡視。

(5) 提供改善工作辦法。

(6) 擬定安全作業標準。

(7) 教導及督導所屬依安全作業標準方法實施。

(8) 其他雇主交辦有關安全衛生管理事項。

5. 一般作業員

(1) 遵守安全守則。

(2) 參加安全講習。

(3) 工作時提高警覺、避免事故發生。

(4) 遵守正確的工作方法，去除不良的工作習慣。

9-2 工業安全檢查與分析

　　工業安全檢查是防範事故發生的重要方法之一，實施檢查可以預估安全設備是否完善，安全訓練是否徹底，安全管理是否確實，在事故發生之前，即行求補救之道。同時經常實施安全檢查，還可促使員工注意安全，提高警覺。所以在政府所頒勞工安全衛生法第四章詳載監督與檢查各項規定，第五章則規定罰則，並實施優良安全工廠獎勵措施，以落實工業安全政策之施行。

一、安全檢查的機構

1. 政府安全管理檢查機構

　　　政府設立安全檢查機構，如台電公司之電器檢查員，政府之工礦檢查委員會，都會定期派員至工廠檢查。

2. 保險機構

　　　勞工保險機構為了確知保險人之工作環境與工作狀況，定期派員檢查，做為保險償付的依據。

3. 工廠安全部門

　　　工廠平時即自動檢查，並作成資料，以為改進之參考。

二、安全檢查的類別

　　安全檢查的類別可按照檢查機構、檢查性質及檢查時間來劃分：

(一)按照檢查機構劃分

　　為政府檢查，保險機構檢查及工廠自身檢查，政府並制定企業自動檢查辦法。

(二)按檢查性質分

1. 初查

　　亦稱為一般性檢查，即對工廠一般安全狀況及安全設施作通盤性的檢查，此項檢查係對工廠每一部門，每一工作場所，每一機器，每一作業員之動作，逐項詳細檢查，以明瞭全數之安全狀況，作為改進之參考。

2. 複查

　　對於初查的發現欠缺安全部分，在定期後再複查，督促其改進。

3. 特種檢查

　　對於具有相當高危險性的機器，作較詳細及深入的檢查，例如鍋爐檢查，變電室檢查、壓力容器檢查等。

4. 災害檢查

　　工廠一發生災害，應作災害檢查，以明瞭災害發生的原因，並研究有效的對策，預防類似災害重演。

(三)按檢查時間分

1. 定期檢查

　　定期檢查即每一次設備、機械、工作場所每隔一段時間必需作一次的檢查，排定日程表，按各種機械設備性質分每年、每半年、每季或每月檢查一次。

2. 不定期檢查

　　不事先排定檢查，採取抽查方式，可用一般性檢查或特種檢查。

3. 經常檢查

　　工廠每日工作中所實施的檢查，與保養檢查合併實施，一般由作業員自己檢查，班長亦配合實施以確保工作人員之安全，可於工作前、工作中或工作後實施。

4. 臨時檢查

　　特殊事件之檢查，屬於不正常性的檢查，如災害後，新裝機械之加強檢查等。

三、安全檢查人員

1. 政府之安全檢查人員
   (1) 政府中央設有安全檢查人員，實施安全檢查。
   (2) 台北市、高雄市、新北市、桃園市、台中市、台南市政府社會局工礦檢查所指派之檢查員。
   (3) 各縣市設有工廠安全檢查員。
2. 保險機構之安全檢查人員。
3. 工廠設立之安全檢查人員。

　　依據政府制訂的勞工安全衛生組織管理及自動檢查辦法第三條規定，事業單位應設勞工安全衛生人員。一般性規定包含農、林、漁、牧業，礦業及土石採取業、製造業、營造業、水電燃氣業、運輸倉儲通信業、餐旅業、機械設備租賃業、醫療保健業、洗染業，環境衛生服務業及修理服務業等，依僱用勞工人數三十人至一百人之間，一百人至三百人之間，三百人至五百人之間，五百人以上至一千人之間及一千人以上，分別需設置勞工安全衛生業務主管，或勞工安全管理員，衛生管理員，安全管理及衛生管理師之規定。

4. 安全管理人員資格

　　依據勞工安全衛生組織管理及自動檢查辦法第九條規定勞工安全管理師之資格為：
   (1) 具有工業安全技師資格或高等考試工業安全類科及格者。
   (2) 領有勞工安全管理甲級技術士證照者。
   (3) 曾任勞工檢查員，具有工作經驗滿三年以上者。

(4)　具有國內外大學院校工業安全碩士資格者。

　　　勞工安全管理員之資格為：

(1)　具有安全管理師資格之(1)、(2)、(4)之規定之一者。

(2)　領有勞工安全衛生管理乙級技術士證照著。

(3)　曾任勞工檢查員，具有工作經驗滿二年者。

(4)　國內外專科以上學校工業安全專門類科畢業者。

四、安全檢查之依據

安全檢查必須依據某一種標準來判斷檢查結果是否合格，其依據的項目有下列數點：

1.　安全法規

　　依照政府所制定的安全要求之法律或命令，如職業安全衛生法、工廠安全衛生設施規則、安全標準及職業安全衛生管理辦法。

2.　安全標準

　　安全標準是政府依據國家標準制定程序所制定之各種安全準繩，內容針對某一事物作詳盡確切之規定，如該機械設備之防護設施的材料，機械設備之材料強度、尺寸、安全操作裝置及規則均有規定。中央國家標準(CNS)中有關工廠設備之安全規定，如表9-1，此表為中央標準局制定之安全規定編號(目錄編號)。

表 9-1　有關工廠設備之安全規定與中國國家標準編號

CNS	279	K90	汽鍋用水化學檢驗法
CNS	1261	B454	高壓氧氣鋼瓶安全規章
CNS	1306	Z239	工業安全顏色規章
CNS	1323	B455	液化石油氣鋼瓶(瓶身)檢驗標準
CNS	1324	B456	液化石油氣儲氣鋼瓶(開關)檢驗標準
CNS	1325	B457	液氨鋼瓶安全規章
CNS	1332	K369	液化石油氣安全規章
CNS	1336	Z29	安全帽檢驗標準
CNS	1337	B458	壓縮天然煤氣鋼瓶
CNS	1363	B463	機械動力傳動設備安全規章
CNS	1467	Z32	工作傷害記錄及計算方法
CNS	2139	B468	蒸汽鍋爐製造規章
CNS	2140	B469	動力試驗規章
CNS	2141	B470	固定蒸氣發生裝置試驗規章
CNS	2142	B471	鍋爐安全設備試驗規章
CNS	2143	B472	鍋爐材料試驗規章
CNS	2144	B473	鍋爐操作及維護規章
CNS	2223	B478	研磨輪安全規章
CNS	2224	B479	高壓乙炔氣鋼瓶安全規章

表 9-1　有關工廠設備之安全規定與中國國家標準編號(續)

CNS	2397	Z49	一般安全眼鏡
CNS	2398	Z50	機械過濾型安全口罩
CNS	2502	K1118	塑膠工業防範塵埃操作規章
CNS	2517	Z64	自動火災報警裝置
CNS	2571	Z70	液氯儲運使用安全規章
CNS	2650	Z87	橡膠工業用滾壓機器安全規章
CNS	2680	K1182	高壓瓶裝氮氣

3. 安全常識

　　　安全規則或安全標準如無法對工廠安全事項一一予以規定時，須以各種安全常識，或外國之規章標準或國際勞工局之安全規範等來補規章標準之不足。

4. 個人經驗

　　　中國有句俗話：「不經一事，不長一智」，又說：「久病能成醫」，這些話的道理皆在說明經驗是與知識相對重要的，因此，安全檢查亦須憑一些經驗來加補充應該檢查之項目及內容。

五、安全檢查工作之實施應注意事項

1. 安全檢查工作事先之準備

⑴ 先研究了解工廠的性質，了解其設備、機械等有關的防護事項。

⑵ 擬定或準備好安全檢查表格。

⑶ 查閱機械過去的維護與檢查記錄。

⑷ 準備檢查工具。

　　　安全檢查人員檢查工廠時需要適當儀器設備，本身防護裝具以及其他用具等，必須事先準備。

　　　通常所用者大致如下：

⑴ 本身防護裝具：工作服、安全帽、安全鞋、安全眼鏡、安全面罩、安全手套、口罩、氧氣呼吸器或防毒面具及安全罩等個人防護裝備。

⑵ 檢查儀器：實施安全檢查時，需有設備來補助，一般有，溫度計、濕度計、照度計、通汽計、壓力計、檢電計、可燃性氣體測定器、有毒氣體測定器、噪音計、振動計、塵埃測定器、煤煙計、水壓機、測厚計、探傷器及回轉速測定器。

(3) 其他用具：皮尺、鋼捲尺、計時錶、照相機、計算尺、釘鎚、手電筒、禁動牌、鎖、記事簿及筆等。

2. 應先確定檢查路線與過程，以免遺漏。

3. 應與廠內各部門主管商討檢查事宜。

4. 檢查應確實且徹底。

5. 應把握各項檢查重點。

6. 安全檢查項目繁複，檢查人員應根據工廠性質及過去記錄把握各項檢查重點，方可收到事半功倍的效果。

  通常安全檢查之重要項目如下：

(1) 廠房建築及工作場所：

① 審核廠房計劃及工廠佈置圖。

② 廠房構造及保養，走道、地面洞穴防護、樓梯、庭院等。

③ 採光、照明。

④ 通風換氣、廠房高度及空間。

⑤ 溫度及濕度。

⑥ 噪音及振動。

⑦ 梯子及平臺。

⑧ 整齊清潔。

(2) 火災預防：

① 消防組織。

② 禁煙規定。

③ 太平門及太平梯。

④ 火警傳報系統。

⑤ 消防訓練及演習。

⑥ 消防設備。

⑦ 易燃及易爆物之管理。

⑧ 廢料之清除。

⑨ 避雷裝置。

(3) 升降機：

① 升降道。

② 升降機門。

③ 升降車。

④ 導向板、防護器及平衡器。

⑤ 鋼索。

⑥ 機械及馬達。

⑦ 標示牌。

(4) 機械防護：

① 機械保養。

② 操作人員服裝。

③ 動力操縱安全裝置。

④ 防護裝置。

⑤ 傳動裝置之安全設備。

(5) 電氣：

① 電氣設備之安裝。

② 使用中電氣設備之情況。

③ 安全裝置。

④ 防火裝置。

⑤ 工作人員之完全設備。

⑥ 靜電。

(6)　鍋爐及壓力容器：

　　①　鍋爐：

　　　　❶　鍋爐房。

　　　　❷　外部檢查。

　　　　❸　安全設備(安全閥、水面計、汽壓錶)。

　　　　❹　瓣閥、排水管、通氣管等其他設備。

　　　　❺　氣壓試驗。

　　　　❻　鍋爐記錄。

　　　　❼　操作及保養。

　　②　壓力容器：

　　　　❶　壓力容器記錄。

　　　　❷　外部檢查。

　　　　❸　安全閥。

　　　　❹　其他安全裝置。

　　　　❺　水壓試驗。

　　③　其他壓力設備：

　　　　❶　空氣壓縮機。

　　　　❷　儲氣槽。

　　　　❸　冷凍槽。

　　　　❹　氣瓶。

　　　　❺　儲水槽。

(7)　爐、窯、烘爐：

　　①　地面構造。

　　②　煙害之消除及防護。

　　③　防熱裝置。

④ 燃料控制。

⑤ 防火設備。

(8) 物料搬運及儲存：

① 搬運之系統、方式、工具、以及搬運人員之訓練及防護。

② 起重設備。

③ 工廠鐵道及車道。

④ 物料堆放及存儲。

⑤ 危險物料之搬運及存儲。

(9) 危險物料及輻射物：

① 危險物料：

❶ 對健康之危害情形。

❷ 清潔措施。

❸ 隔離設備。

❹ 識別標誌。

❺ 空氣取樣檢定。

❻ 火災及爆炸之防止。

❼ 毒害物質之防護。

② 危險輻射物：

❶ 紅外線輻射熱。

❷ 紫外線輻射熱。

❸ 電離子輻射熱。

⑽ 衛生與福利：

① 體格檢查。

② 防止工人擔任危險、不衛生、不適合之工作。

③ 職業病。

④ 醫療設施。

⑤ 飲水。

⑥ 清潔。

⑦ 工作臺及坐椅。

⑧ 廁所。

⑨ 盥洗設施。

⑩ 更衣室。

⑪ 休息室。

⑫ 餐廳。

⑬ 衛生管理。

(11) 安全衛生之組織與訓練：

① 組織：

❶ 安全衛生委員會。

❷ 安全衛生管理人員。

❸ 意外事故記錄及統計。

② 訓練：

❶ 新進工人訓練。

❷ 在職工人訓練。

六、安全檢查報告與記錄

安全檢查完畢後，檢查人員須將結果提出報告，並提出改進建議，供安全主管部門或工廠經營者辦理，檢查報告分為三種：

1. 敘述式報告

敘述式報告係對每一部門之各種有關安全事項，如廠房之佈置、環境清潔、採光照明、通風換氣、機械防護、物料搬運、電氣裝置、手工具……等，用文字作簡要之敘述，其格式及內容如

表 9-2。

表 9-2　工廠安全檢查報告表

```
1. 檢查日期：
2. 檢查場所：
3. 檢查結果：
  (1)
  (2)
  (3)
  (4)
  (5)
4. 建議改善事項
  (1)
  (2)
  (3)
```

檢查人員簽章：

2. 評分式報告

評分式報告係將檢查項目一一列出，評以甲乙丙丁或ABCD或優良、尚可、欠佳、正常，或用∨及×記號表示可與不妥，表9-3為評分報告之一般安全檢查報告表。

表 9-3　一般安全檢查報告

地點：　　　　　日期：

　　安全檢查的目的，係發現各處所之不安全動作及不安全環境，以爲改善之依據，凡能引起傷害之行爲及情況均請特別注意，尤須注意前次檢查時已記下「×」號，已否改善。

　　(ˇ)表示妥善(×)表示不當

(1)機械及轉動設備：

　　□各暴露不安全地點，是否均有防護設備？

　　□各防護設備情況(未用，損壞，不適合)？

　　□工作人員是否可能爲機械轉動、切割及往復動作所致傷？

　　□機械附近地面，是否容易滑跌？

　　□機械本身運轉情況(振動、雜聲、鬆脫等)？

　　□機械是否均有緊急停車設備？

　　□機械工作地點之照明是否足夠？

　　□機械之潤滑系統情況(漏油、雜質、油質不合等)？

(2)起重設備：

　　□鏈條、繩索、鉤、閘檔、葫蘆、銷子、板線、控制設備等情況？

　　□各運轉部分潤滑是否適當及操作是否靈活？

　　□極限裝置？

　　□鋼纜及轉輪之護罩？

　　□工作人員之保護設施？

　　□防閑人之圍欄？

　　□起重信號之使用？

(3)電氣設備：

　　□各電氣設備有無接地裝置？

　　□各危險處有無「危險警告牌」？

　　□電氣開關及銷之情況是否良好？

　　□保險絲是否合乎規定？

　　□工作人員對於事故防止，是否曾預先設想？

　　□有無可能因短路、火花及過熱起火？

　　□電氣線路裝置情況？

(4)攀高設備(梯凳等)：

　　□有無裂痕？

　　□有無鬆動及折斷？

　　□有無釘刺突出？

　　□梯腳有無防滑裝置？

表9-3　一般安全檢查報告(續)

　□每擋間隔是否均一？
　□有無油垢？
　□構造是否合乎標準？
(5)手工具：
　□尖端是否變鈍？
　□頂端錘擊處已否有開花？
　□工具及手柄是否有裂痕？
　□鉗子、扳手、管鉗等已否變形？
　□工具是否錯用？
　□電動手工具速度是否正確？絕緣是否良好，有無接地線？
(6)工作人員安全防護：
　□安全護具是否合於工作所用(舒適、有效)？
　□安全護具人員所著服裝(破衣服、捲袖、打領帶、長褲腳、赤足、帶手錶及戒指等等)？
(7)整潔：
　□通道樓梯及地面有無障礙物？
　□有無釘刺突出物？
　□油污廢物是否置於密蓋之安全廢料箱內。
　□地面有無垃圾堆積？
　□衣服用具是否懸掛或存放於指定處所？
　□物料存放是否穩妥有序？
(8)衛生設備：
　□廁所？
　□盥洗室？
　□更衣室？
　□通風？
　□照明？
(9)急救設備：
　□輕傷事故是否均有報告及醫療？
　□急救箱是否置於取用之規定位置地點？
　□急救箱內藥品情況(失效、數量不夠)？
　□工作人員是否均熟悉「人工呼吸法」？
(10)消防設施：
　□滅火器是否置於易取用之規定地點？
　□滅火器本身情況(銹蝕、失效、堵塞、數量不足)等？

表 9-3　一般安全檢查報告(續)

□消防水管、水栓、引擎及其他滅火工具情況？
□砂及水源？
□太平門、太平梯？
□消防警報？
□消防組織及訓練？
□可燃物之存放及油之排出？
⑾人員動作：
□有無人員附搭起重機或運輸機上？
□充氣瓶筒是否隨地亂滾？
□有無嬉戲、喧嘩、狂奔、吸煙等情事？
□各種工具使用前，曾否檢查(起重機、手工具、梯子等)？
□壓力容器上有無錘擊工作？
□工作人員是否均戴安全帽？
□有無隨地亂置工具、材料、廢料等等？
□各種工具的用法是否妥當(起重機、手工具、梯子等)？
□清理機器時，有無停止機器轉動？
□手搬運方法是否正確？
□有無在起重機下面走過？
□有無擅自開動開關？
□焊接油桶，有無先將油桶清理乾淨？
□有無用壓縮空氣或氧氣吹除衣上灰塵及頭髮？
⑿其他：
□壓力容器情況(蒸汽、壓縮空氣、瓦斯、壓縮液體)？
□化學藥品情況(容器碎漏、起火、腐蝕、噴射)？
□廠房建築情況(腐爛、塌陷、裂痕、坑洞、無防護圍欄等)？
□安全佈告牌(美觀、堅固、經常更換、照明適當)？

3.　表格式報告

　　　　表格式報告係以安全檢查表格填寫後作爲報告表，此種方式
須將各種設備事先做好檢查表，如表 9-4 爲鍋爐之檢驗報告表。

　　　　工廠安全部門收到安全檢查報告表及建議書後，應詳加研
討，並著手分送各單位執行，如無法一時達到改善效果時，亦應
答覆檢查人員，同時配合考核及再檢查，以收到實效。

表 9-4

鍋　　身
檢驗別：竣工檢驗
　　　　定　　期　　　　　　　　　(上次　　年　　月　　日檢驗)

字第　　號

鍋爐編號	
業　　別	

工廠名稱		設置地址			代　表　人	
鍋爐型式		用途	發電用，加熱用，原動力用		工廠登記證或准設立字　　　　號	
使用壓力	常用壓力　　　　kg/cm²	廠方希望限制壓力		kg/cm²	電　話　號　碼	
					檢驗核定：限制壓力：　　　　kg/cm²	

構造概要(附圖　　張)		單位：除附註者外均為[mm]
燃燒系統	燃料：煤炭、蔗渣、重油	燃燒裝置：人工、螺旋自動給煤機、油噴燃或方法：器鏈條火床自動給煤機	火床：面積　　　　M²	燃燒室：有效體積　　　　M²
傳熱面積	鍋爐本體：　　M²(鍋身：　　M²+水牆：　　M²)過熱器：　　M²			節煤器：　　M²

鼓　胴汽　包						縱接頭				圓周接頭			
	名稱	材料	最大內徑	長或高	胴鈑厚	管鈑厚	接法	縫接鈑厚×面數	鉚釘排數	鉚釘徑	鉚釘心距	接法	鉚釘排數	鉚釘徑	鉚釘心距
爐　筒							×單兩面	排				排		
火　室							×單兩面	排				排		
							×單兩面	排				排		

鼓胴端鈑或火室冠鈑	名稱	厚度	形狀	內面最大半徑(R)	曲緣內半徑(r)	補強			
						種類	材料	厚或直徑	數量

	名稱	材料	外徑或寬×高	厚度	長度	縱或水平方向管距	圓周或垂直方向管距	支數
煙　管								
水　管								
橫　管								
集管箱								

入　孔	長徑	短徑	數量	補強	入孔或檢查孔	長徑	短徑	數量	補強	掃除孔	長徑	短徑	數量	補強
			個					個					個	

安全盒	彈簧槓桿高揚複式彈簧高揚單式　　　　複	給水裝置	華盛頓唧筒注　水　器
壓力錶	最大指度	水面計	玻璃管式反射玻璃板式
排水管	管材　　　內徑　　　旋塞瓣閥種數	鍋爐用水	水別：地下水、河水、自來水	軟化處理方法	沸石法、離子交換樹脂法、磁場處理法、化學藥品處理法

製造廠	廠名	廠址		製造年月	民國　年　月
水壓式驗壓力		kg/cm²	檢驗日期	年　月　日	備考
檢查處理意見					

檢查員：

9-3 工業安全之措施

　　為了防止意外事故的發生，達到工業安全，防範措施必需加強建立。

(一)建立安全標誌

　　安全標誌可以隨時警告工作人員注意安全，可收到嚇阻作用，下列情形必需懸掛安全標誌：

1. 凡實施封閉措施的工作，在適當的開關、閥之上面懸掛標誌。
2. 盛裝危險品之機械或設備。
3. 某項器具臨時盛裝有毒或危險物品時。
4. 危險性的操作。
5. 機械臨時故障不能使用時。
6. 安全線之劃分。
7. 不可觸摸之處。
8. 嚴禁煙火之處。
9. 禁止操作之項目。

(二)機械設備之防護措施

　　機械設備是造成工業傷害的主要器械，因此，危險部分應加防護措施。

1. 機械防護的部分
   (1) 傳動部位：如軸、飛輪、皮帶盤、連桿、曲軸、離合器、凸輪等旋轉或往復運動部分，如圖9-2。

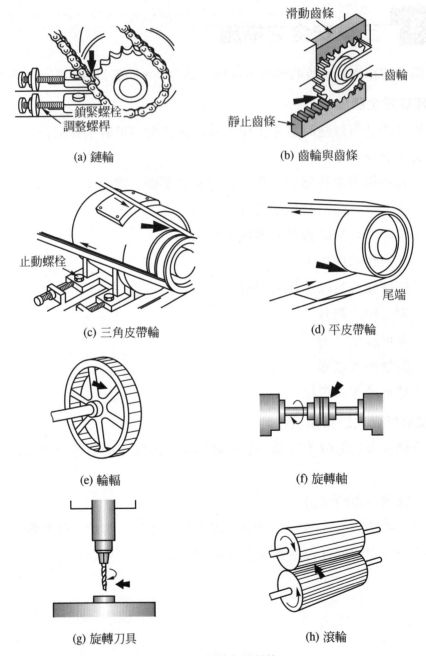

(a) 鏈輪

(b) 齒輪與齒條

(c) 三角皮帶輪

(d) 平皮帶輪

(e) 輪輻

(f) 旋轉軸

(g) 旋轉刀具

(h) 滾輪

圖 9-2　傳動危險部位

⑵ 加工部位：機械刀具或模具加工部分，如圖 9-3。

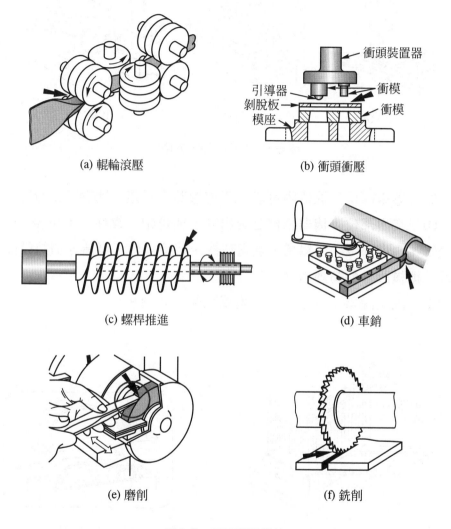

(a) 輥輪滾壓

(b) 衝頭衝壓

(c) 螺桿推進

(d) 車銷

(e) 磨削

(f) 銑削

圖 9-3 加工危險部位

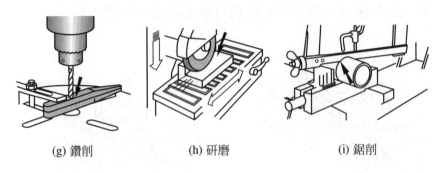

(g) 鑽削　　　　　(h) 研磨　　　　　(i) 鋸削

圖 9-3　加工危險部位(續)

(3)　感電部位：機器內可能漏電或短路之馬達，開關等部分。

(4)　突出部位：機器結構之突出物，如螺帽、桿件、尖角等。

(5)　高溫部位：如鍋爐、熱處理機、熔接設備、鑄造等加熱設備。

2.　機械設備的防護辦法

(1)　固定護罩：危險部位以護罩隔離，如圖 9-4。

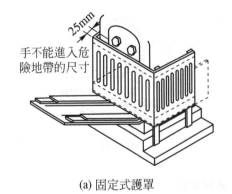
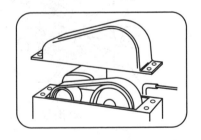

(a) 固定式護罩　　　　　　　　(b) 完全封閉式護罩

圖 9-4　固定式護罩

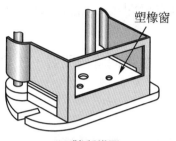

塑橡窗

(c) 障礙護罩

(d) 護網

(e) 跨橋

圖 9-4　固定式護罩(續)

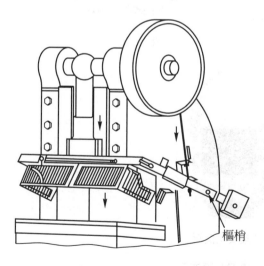

樞梢

(a) 罩式聯鎖

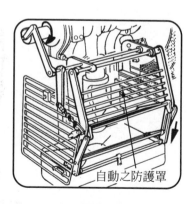

自動之防護罩

(b) 罩式聯鎖

圖 9-5　聯鎖裝置

(2) 聯鎖裝置：設計為護罩裝上，機器方可開動，如護罩移開，則機器無法開動，如圖9-5。

(3) 其它裝置：如設計為雙開關法，必需雙手同時按開關，才會使機器啟動，以免單手留在工作台上。

(三)操作員工之防護用具

操作員戴上防護用具，可保護身體受到敲傷、擊傷或撞傷，其防護用具分類為：

1. 面部及眼睛之防護

防護眼鏡、面部護罩、護蓋及頭盔等，如圖9-6。

(a) 普通眼鏡型　　　　　　　　　　(b) 一眼型

(c) 防護安全面罩

圖9-6　頭部保護裝置

2. 頭部防護

防護帽、護頭、頭巾及護耳，如圖9-7。

(a) 安全帽　　　　　　　　(b) 耳罩　　　　　　　　(c) 耳盔

圖 9-7

3.　手足及腿部之防護

　　　手套、安全鞋及護足，如圖 9-8。

(a) 長筒型　　　　　　　　(b) 耐電壓型　　　　　　　(c) 石棉手套

(d) 護腿　　　　　　　　(e) 木製鞋套　　　　　　　(f) 橡皮手套

圖 9-8

4.　身體之防護

　　工作衣、防護衣、圍裙及肩衣等，如圖 9-9。

圖 9-9

(四)易燃物與易爆物

　　應隔離，且嚴禁煙火，並作標誌，如圖 9-10。

圖 9-10

(五)建立安全的工作環境

1. 廠房建築

　　廠房建築應適當，一般重要部位為：

(1) 坡道：坡道之坡度最大不得超過20°，兩邊應設欄桿。

(2) 樓梯：避免採用環形樓梯，且樓梯板應防滑。

(3) 走道：走道應與物料之流動路線平行，且不宜滑。

2. 通風與溫度

　　工廠應通風，且溫度調節要適當。

3. 照明

　　自然採光是最佳照明，必要時得以電燈或日光燈加強。

4. 整潔之維持

　　隨時保持整潔，地面上沒有污物，特別是油漬，將使工作員具有安全感。

(六)應建立消防設施

如滅火器、滅火砂。

(七)應設傷殘急救室

急救包、醫護室等。

職業災害率已是工業國家進步的指標，工廠經營者應與工廠其他建設同步加強安全措施，以確保員工安全，隨時保持生產力。

9-4 工業安全法規

我國政府向來注重勞工安全，制定多種相關法令，以保障勞工安全，如勞動基準法、勞工保險條例、職業安全衛生法、職業安全衛生管

理辦法、勞工安全衛生訓練規則等，而最基本的安全法則又以職業安全衛生法及施行細則爲推動勞工安全各項政策之依據，相關法規條文在勞動部網站可以閱覽。

本章重點彙整

1. 3D工作漸不受歡迎，即骯髒性(diryt)、危險性(danger)及困難性(difficulty)。
2. 工業安全需由政府、勞方及資方通力合作。
3. 勞工安全衛生法是我國勞工安全衛生之依據。
4. 工業安全檢查是防範事故發生的重要方法之一。
5. 按檢查時間分爲定期檢查、不定期檢查、經常檢查及臨時檢查。
6. 安全檢查應把握重點並確實。
7. 安全檢查後應提出報告，並辦理善後工作。
8. 安全檢查報告有敘述式、評分式及表格式。
9. 機械設備防護方法有固定護罩、聯鎖裝置及雙開關等。
10. 廠房之坡道不要超過20°，兩邊應設欄桿。
11. 職業災害率之高低已是工業國家進步之指標。

自我評量

( )1. 民國78年以來，由於 (A)工資提升 (B)企業主注重勞工安全 (C)三次產業發達 吸走了眾多勞工。

( )2. 勞工安全衛生法第幾條規定雇主應設立安全衛生組織 (A)第十條 (B)第十四條 (C)第五條 (D)以上皆非。

( )3. 督導、檢查及考核工業安全之實施是 (A)工廠之勞工安全

衛生管理單位　(B)政府主管機關　(C)作業員　之職責。

( )4. 具高危險性的機器，要做　(A)初查　(B)災害檢查　(C)特種檢查。

( )5. 下列敘述何者為對？　(A)安全法規　(B)安全標準　(C)安全常識　(D)以上皆是　是勞工安全檢查的依據。

( )6. 安全檢查工作應　(A)查閱以前記錄　(B)按照自己意思　(C)隨機應變　(D)彈性調整。

( )7. 可以隨時警告工作人員注意安全的是　(A)表格　(B)安全標誌　(C)派人隨時服務。

( )8. 機器是造成工業傷害的主要器具，危險部分應　(A)設立標誌　(B)加防護設施　(C)訓練作業員防範　(D)以上皆是。

( )9. 下列那部位要加防護設備　(A)傳動部分　(B)加工設位　(C)突出部位　(D)以上皆對。

( )10. 雙開關可避免　(A)單手留在工作台上　(B)機器損壞　(C)降低效率。

習　題

1. 試述工業安全的目的。

2. 根據勞工安全衛生法施行細則第二十四條稱之勞工安全衛生組織包括哪些內容？

3. 事業單位之安全衛生組織圖如何？

4. 工廠之勞工安全衛生處理單位之職責有哪些？

5. 一般作業員對勞工安全衛生應盡之職責如何？

6. 實施安全檢查的機構有哪些？

7. 按檢查性質分為哪幾種檢查？

8. 試述勞工安全管理師之資格。

9. 安全檢查根據哪些項去實施？

10. 安全檢查工作事先應如何準備？

11. 安全檢查工作之實施應注意事項有哪些？

12. 什麼地方或情況必須懸掛安全標誌？

13. 機械哪些部位應防護？

14. 簡述工廠應建立哪些工作環境的安全防護。

Chapter *10* Factory Management

工業衛生

　　工廠之員工應該保持健康的身體，才能維持生產力，所謂健康是指員工在心理上、生理上的正常狀態而言，員工要時時刻刻獲得健康，健康管理是必要的。工業衛生涵蓋員工的健康管理，旨在分析工業環境足以影響工業從業人員健康的一切因素，並利用科學方法預防和減少從業人員因工作環境因素而產生之疾病與傷害，目的也是在保護員工的健康。工業衛生工作範圍廣泛，凡防止職業病或意外傷害，能夠保持員工健康的所有工作皆是工業衛生之範圍。

10-1 工業衛生之重要性

　　人類的本性，時時在追求舒適良好的生活，因此，即使在上班的工作生活圈，亦希望有一良好的工作環境。而且維護自身的

安全，不願受到傷害更是人類時刻盼望的目標。所以工業衛生是人類工作生活的重要項目，也惟有良善的工業衛生，才能給員工安全感。

(一)工業衛生的意義

所謂工業衛生即是根據生理學、心理學及醫學上之基礎，為了防止傷害和職業性疾病，以保持工廠或企業從業員工的健康，提高工作效率的一種工作。

(二)工業衛生工作的範圍

工業衛生旨在保護員工的身體健康，所以凡與員工工作有關的衛生條件均是工業衛生的工作範圍，其內容有：

1. 作業環境的改善：在工作場所空氣中有害的塵埃含量、濕度、溫度的正常控制、照明及強光的調節、噪音震動的排除以及作業空間等之改善。

2. 一般環境衛生的改善：如工作時間過長，疲勞、營養、傳染病預防及心理衛生輔導等。

講求工廠衛生的目的旨在做預防的工作，對於工廠內潛在的危害或致病因素，運用工程及醫學上的知識，透過良好之衛生管理制度來防止禍病及災害，維護員工健康。

(三)危害員工健康的因素

由於工作方法不當或有害物質，易使員工得職業病，危害到健康，工業衛生工作應極力去改善。

1. 由於不良的工作方式而產生

(1) 過度疲勞：談到疲勞；不論其為精神或肌肉，均為在不斷工作下所不能避免之結果，在疲勞狀態下，工作效率以及對於危險之警覺性均降低，故為維持生產之質與量及防範對新員工身體之危害，不當的疲勞應避免或防止。

疲勞造成的原因有：

① 工作時間太長。

② 工廠的溼度與溫度失調。

③ 長時間在高分貝的噪音中。

④ 照明的質與量不佳。

⑤ 員工坐椅不佳。

⑥ 工作方法不熟練。

⑦ 工作有壓力，或擔心失業。

(2) 工作單調：經常不變的工作姿勢，容易產生疾病，如站立太久，易造成下肢痙攣，坐著太久，易形成駝背或患痔瘡。

2. 由於接觸有毒之化學物質

(1) 塵埃：有機和無機物質，如礦石、金屬、木頭、殼類，因搬運、壓碎、研磨而產生之固體微粒，直徑在 $0.1\mu - 10\mu(\mu = 10^{-6}$ mm)之間隨風飄揚，如吸入人體，可導致肺炎，神經中毒，皮膚炎等。

(2) 固體煙霧：由有毒氣體冷凝所成之固體微粒，懸浮於空氣中，一般為金屬融液蒸發後再行凝固，如鉛、鎘、鋅、錳、鎂的氧化物都會導致金屬熱症。

(3) 液體煙霧：液體受壓力或溫度變化成氣體，漫遊於空氣中，如工廠中之潤滑油及冷卻劑所產生之煙霧。

(4) 蒸氣或氣體：如一氧化碳、臭氣、氧化氮等擴散於空氣中。

3. 由於接觸性毒物

如接觸刺激性之鹽酸，及食品工廠之酵乳素等，皆會產生皮膚病。

4. 由於物理性之環境因素

 (1) 不良的照明：造成眼疾或意外事件。

 (2) 有害光線及放射線：破壞人體細胞。

 (3) 不正常的溫度及濕度：使人體機能受到干擾，如鍛造、鑄造場、冷凍場、製酒冷凍庫等。

 (4) 不正常的氣壓：高山作業氣壓低，會產生血液氧化不足。

 (5) 噪音：導致聽覺障礙。

 (6) 震動：導致精神緊張，情緒不穩定。

 (7) 色調：工廠內適當色調之調配，不但在對特殊物件，地點予以明顯之標誌，同時對於員工情緒亦有相當的影響。

5. 由於生物因素

 生物性的細菌、黴菌、寄生蟲均可引起疫病，甚至死亡，工作環境之預防應屬首要工作，如皮革作業員處理獸皮、毛等常引炭疽病，而農業從業人員易患鉤蟲病，都須加以預防。

(四)職業疾病

職業性疾病，大都是慢性的感染，除非極具警覺性通常多不易發覺，而疾病感染的因素又相當複雜，如個人的感受性、過敏性，身體抵抗力，免疫性等，更增加對職業性疾病發覺之困難。故為達成職業性疾病的防止與控制，安全及衛生管理工程人員應通力合作，對於特殊物質，特別程序、裝備、人員注意事項，多做警語及手冊資料，讓每位員工有深切的認識，以達到治本的預防及保護措施。

工業職業性疾病種類繁多，有中毒而起，有皮膚病，或身體呼吸機能之感染，不一而足，且工業新材料、新產品、新工作方法是日新月異，如雷射、輻射及極端溫度若處理不慎，極易造成人體傷害。表10-1為部分工業上的職業性疾病，可作為從業人員的認識與參考。

表 10-1　相關職業病

病源	相關疾病	工作或使用處所
酸(硫酸、鹽酸或氫氟酸)	中毒或皮膚炎	酸製造、化學處理
壓縮空氣	潛水夫病	隧道
鹼性化合物(石灰水泥腐蝕物)	皮膚炎	腐蝕物之製造、燒石灰、水泥業等
砷	皮膚過敏、腫瘍等	殺蟲劑製作等
石棉	石棉病	開礦、研磨、石棉製品等
Mallei 細菌	鼻疽病	照顧與撫摩動物
炭疽熱桿病	炭疽病	取攜獸皮、羊毛、髮、鬃毛
苯	中毒或皮膚炎	溶劑之製造與使用
二硫化碳	過敏或慢性中毒	人造絲工業、橡膠、殺蟲劑
一氧化碳	中毒	汽車間、水媒氣
鉻	鉻黃病腫瘍	電鍍、油漆製造、硝皮
甲醛	呼吸道過敏	塑膠與消毒水製造
鹵化碳氫化合物	皮膚過敏、肝病	金屬洗油、乾洗、冷凍、防火焰劑
硫化氫	呼吸道過敏、結膜炎	人造絲工業、冶金術、石油精製、掏陰溝。
鉛化合物	鉛毒	鉛化合物之取攜及使用、蓄電池、油漆製造、開礦、煉鉛
錳	神經錯亂	合金鋼、玻璃工業
炫光	白內障、眼病	玻璃業、照明工業
水銀	水銀中毒	氈帽製造、溫度計、殺蟲劑
甲醇(木酒精)	神經系中毒(特別是視神經)	防凍劑、假漆、溶劑
鎳碳基化合物	過敏、肺水腫、皮膚炎	汽油防爆劑、鎳金屬製品
硝氣	呼吸道過敏、水腫	硝酸鹽製造、燒銲、取攜硝酸
石油衍生物	眼病、皮膚炎、呼吸道病	溶劑、乾洗劑、油漆、假漆、汽油、潤滑油
石碳酸	皮膚過敏	油毒劑、與防腐劑之製造與使用
磷	磷毒骨疽或其他壞骨病	磷與磷酸製造
瀝青(煤焦油松脂)	肝、眼、皮膚之癌症或腫瘍	防水屋頂、舖路、防水物
放射物質與 X 光	腫瘤、貧血、骨疽、不生育、白內障、皮膚炎、白血球過多症	印刻、度盤、放射線、照像術、探測、醫療處理、工業用放射性同位素
矽土	矽肺病	採花崗岩、鑄造工場、礦砂磨細、吹矽打磨、研磨、岩石打孔
鋅	鋅顫慓	鋅熔煉、黃銅翻砂

1. 職業性疾病的預防與控制

預防職業性疾病除了做好員工的健康管理工作，如職前健康檢查、定期健康檢查，特殊健康檢查外，控制或去除發生職業病的原因乃是最治本的辦法。

(1) 維持工作場所的清潔：工作場所如能維持清潔，病菌無法寄生，則不易感染疾病。

(2) 垃圾處理：垃圾應隨時處理，將有害物質及本源用畢後迅速移開，隔離，集中嚴格管制。

(3) 供水設備：工業用水及食用水要分開，廢水之去污處理要徹底，不要混合到食用水或工業用水。

(4) 廚房、餐廳、宿舍及廁所之清潔與消毒工作要落實。

(5) 設立休息室，消除員工之疲勞。

(6) 通風應良好：通風可採自然通風及人工通風法(空調)，隨時讓員工有足夠新鮮空氣。

(7) 照明應足夠：工業照明要符合標準，普通燈泡照明效率較差，亦無遮光，擴散，燈罩易產生炫光，所以目前各工廠都採用日光燈。

(8) 工時不宜太長，造成員工疲勞度。

10-2 工業衛生之措施

欲達到工業衛生所追求的目標，應朝下列事項去實施：

1. 注意員工的食物營養

食補重於藥補，如果平時注重員工的食物營養，身體健康，抵抗力強，感染疾病機率自然降低。

2.　舉辦員工工業衛生講習。

3.　防止噪音之影響

　　　改良製造方法或作好防音、吸音之設備。

4.　廢水處理

　　　重視環保廢水處理是一大項目，不僅保護員工也維護社會大眾的生命安全，而廢水處理法有物理或化學處理方法，有環境保護工程專家設計及規劃。

5.　員工配帶防護器具

　　　防護器具有為工作安全，有為工業衛生，或兩兼具的如安全眼鏡、安全面罩及呼吸面具都是兼有安全及衛生保護效果的。如表10-2員工裝備需用表可做為參考。

表 10-2　防護裝備

防護目的	危險情況	需要裝備
1. 對於身體外部與機具接觸可造成傷害之防護	重要、粗糙表面、尖銳物、研磨料、運動的物體和材料	硬式帽、硬頭鞋、夾層玻璃、眼鏡、皮手套、圍裙、護腿等
2. 對於身體外部與化學材料、電力、燃燒、冷凍等接觸可造成傷害之防護	腐蝕性、刺激性、過熱或過冷材料，如酸鹼熱金屬充電設備等	橡皮石棉手套、安全衣、圍裙、裹腿、防靜電或防導電的靴鞋、杯式眼面罩等
3. 對於非化學物質侵入身體外部之防護	原子或放射能高頻率聲音光和熱的輻射，高頻無線電波，極冷、極熱溫度	放射能測量表，特種衣著，眼鏡及面具、太陽鏡、眼罩、護耳
4. 對於人體吸入或吃下危害物質的防護	有毒物、刺激物、及其他有毒氣體、塵埃、蒸汽、煙霧以及擴散質點	面具及各種口罩
5. 對於各種強大力量與特種情況所生傷害之防護	高壓空氣與水、真空、工作人員在緊張冒險或衰弱情況時	潛水衣、安全架、繃帶、彈性材料、安全繩與安全帶、髮網

6. 工作環境的規劃

　　工作環境的規劃，不論數量、空間、大小都應依一定的標準，如工作場所、供水設備、廁所、盥洗室、廚房、餐廳、休息室，通風口及通風設備，照明光度與數量，都應依勞工安全衛生法規之規定來規劃及設施。如表10-3為工廠廠房人工採光強度表。

表 10-3　工廠廠房人工採光強度表

場所或作業別	最少照明光燭光數	備註
室外走道及室外一般照明。	二十米燭光以上	上表採光強度為通常工作狀況下之最少量，應用時照計算光度至少增加百分之二十五。如在易積灰塵之工作環境則須在計算光度時至少增加百分之五十以上。
1.走道樓梯、倉庫儲藏室，堆積粗大物件處所。 2.搬運粗大特性：如煤炭、泥土等。	五十米燭光以上	
1.機械及鍋爐房、升降機、裝箱、精細物件儲藏室、更衣室、盥洗室、廁所等。 2.須粗辨物體，如半完成之鋼鐵產品、配件組合、磨粉、粗紡棉布及其他初步整理之工業製造。	一百米燭光以上	
須細辨物體如零件組合，粗車床工作普通檢查及產品試驗，淺色紡織及皮革產品、製罐、防腐、肉類包裝、木材處理等。	二百米燭光以上	
1.須精辨物體如細車床，較詳細檢查及精密試驗、分別等級、織布、淺色毛織等。 2.一般辦公場所。	三百米燭光以上	
須極細辨物體，而有較佳之對襯，如粗細組合，精細車床，精細檢查，玻璃磨光，精細木工，深色毛織等。	五百至一千米燭光以上	
須極精辨物體而對襯不良，如極精細儀器組合、檢查、試驗、鐘錶珠寶之鑲製，菸葉分級、印刷品校對、染色織品、縫製等。	一千米燭光以上	

　　總之，身為一個現代化的企業，在工業安全衛生工作上，企業主應投入人力與財力，來關注從業員工，以防止職業災害的發生，確保同仁們的安全與健康，這才符合讓每一位員工「快快樂樂地工作，平平安安的回家」之企業精神。

本章重點彙整

1. 健康管理可讓員工時時刻刻獲得健康。

2. 維護自身工作安全與舒適是人類本性。

3. 危害員工健康的因素有：(1)不良工作方式，(2)有毒化學物質，(3)接觸性毒物，(4)物理環境因素，(5)生物因素。

4. 有毒之化學物質有塵埃、固體煙霧、液體煙霧、蒸氣或氣體含毒者。

5. 控制或去除職業病的病因是最治本的辦法。

6. 健康檢查有職前健康檢查、定期健康檢查、特殊健康檢查。

7. 廢水處理有物理法及化學法兩種。

8. 讓員工「快快樂樂的工作，平平安安的回家」是優良企業精神的表現。

自我評量

(　)1.　所謂員工健康是指　(A)生理上　(B)心理上　(C)兩者均是的正常狀態而言。

(　)2.　工業衛生涵蓋的範圍是　(A)防止職業病　(B)防止意外傷害　(C)健康管理　(D)以上皆是。

( )3. 工業衛生最主要是做 (A)預防 (B)補牢 (C)形式上 的工作。

( )4. 下列那些原因易造成疲勞 (A)工時太長 (B)噪音干擾 (C)工作方法不熟練 (D)以上皆是。

( )5. 長期站立工作易造成 (A)心理上 (B)下肢痙攣 (C)駝背之危害。

( )6. 職業病因人的 (A)感受性 (B)過敏性 (C)免疫性 (D)以上都有 可能感染疾病。

( )7. 燈罩易產生 (A)炫光 (B)遮光 (C)暗光 所以大家喜用日光燈。

( )8. 注意員工的營養，可以收到 (A)身體健康 (B)抵抗力強 (C)感染疾病率降低 (D)以上皆是 的好處。

( )9. 下列何者有利於工業衛生之措施 (A)舉辦講習 (B)犯錯解僱 (C)記過。

( )10. 食補重於藥補，意思是說 (A)多吃藥 (B)三餐大魚大肉 (C)重視食的營養。

習 題

1. 試述工業衛生的目的。

2. 簡述工業衛生的工作範圍。

3. 試述由於不良的工作方式而產生的職業病有哪些。

4. 試述由於物理性之環境因素而造成之職業病有哪些。

5. 試說明職業性疾病如何預防與控制。

6. 工業衛生之措施如何去實施？

國家圖書館出版品預行編目資料

工廠管理 / 王献彰編著. – 六版. -- 新北市：
全華圖書, 2020.05
　面 ；　公分
ISBN 978-986-503-384-2(平裝)

1.工廠管理

555.6　　　　　　　　　　　109005636

工廠管理(第六版)

作者 / 王献彰

發行人 / 陳本源

執行編輯 / 蘇千寶

出版者 / 全華圖書股份有限公司

郵政帳號 / 0100836-1 號

印刷者 / 宏懋打字印刷股份有限公司

圖書編號 / 0245405

六版二刷 / 2021 年 11 月

定價 / 新台幣 420 元

ISBN / 978-986-503-384-2 (平裝)

全華圖書 / www.chwa.com.tw

全華網路書店 Open Tech / www.opentech.com.tw

若您對本書有任何問題，歡迎來信指導 book@chwa.com.tw

臺北總公司(北區營業處)
地址：23671 新北市土城區忠義路 21 號
電話：(02) 2262-5666
傳真：(02) 6637-3695、6637-3696

南區營業處
地址：80769 高雄市三民區應安街 12 號
電話：(07) 381-1377
傳真：(07) 862-5562

中區營業處
地址：40256 臺中市南區樹義一巷 26 號
電話：(04) 2261-8485
傳真：(04) 3600-9806(高中職)
　　　(04) 3601-8600(大專)

歡迎加入 全華會員

● 會員獨享

會員享購書折扣・紅利積點・生日禮金・不定期優惠活動…等。

● 如何加入會員

填妥讀者回函卡直接傳真 (02) 2262-0900 或寄回，將由專人協助登入會員資料，待收到 E-MAIL 通知後即可成為會員。

如何購買 全華書籍

1. 網路購書

全華網路書店「http://www.opentech.com.tw」，加入會員購書更便利，並享有紅利積點回饋等各式優惠。

2. 全華門市、全省書局

歡迎至全華門市（新北市土城區忠義路21號）或全省各大書局、連鎖書店選購。

3. 來電訂購

(1) 訂購專線：(02) 2262-5666 轉 321-324
(2) 傳真專線：(02) 6637-3696
(3) 郵局劃撥（帳號：0100836-1　戶名：全華圖書股份有限公司）

※ 購書未滿一千元者，酌收運費 70 元。

OpenTech.com.tw 全華網路書店

全華網路書店 www.opentech.com.tw
E-mail：service@chwa.com.tw

※ 本會員制度如有變更則以最新修訂制度為準，造成不便請見諒。

讀者回函卡

填寫日期： ／ ／

註：數字零，請用 ⊕ 表示，數字 1 與英文 L 請另註明並書寫端正，謝謝。

姓名： 生日：西元 年 月 日 性別：□男 □女

電話：（ ） 傳真：（ ） 手機：

e-mail：（必填）

通訊處：□□□□□

學歷：□博士 □碩士 □大學 □專科 □高中・職

職業：□工程師 □教師 □學生 □軍・公 □其他

學校／公司： 科系／部門：

·需求書類：

□A. 電子 □B. 電機 □C. 計算機工程 □D. 資訊 □E. 機械 □F. 汽車 □I. 工管 □J. 土木

□K. 化工 □L. 設計 □M. 商管 □N. 日文 □O. 美容 □P. 休閒 □Q. 餐飲 □B. 其他

·本次購買圖書為： 書號：

·您對本書的評價：

封面設計：□非常滿意 □滿意 □尚可 □需改善，請說明

內容表達：□非常滿意 □滿意 □尚可 □需改善，請說明

版面編排：□非常滿意 □滿意 □尚可 □需改善，請說明

印刷品質：□非常滿意 □滿意 □尚可 □需改善，請說明

書籍定價：□非常滿意 □滿意 □尚可 □需改善，請說明

整體評價：請說明

·您在何處購買本書？

□書局 □網路書店 □書展 □團購 □其他

·您購買本書的原因？（可複選）

□個人需要 □幫公司採購 □親友推薦 □老師指定之課本 □其他

·您希望全華以何種方式提供出版訊息及特惠活動？

□電子報 □DM □廣告 （媒體名稱 ）

·您是否上過全華網路書店？（www.opentech.com.tw）

□是 □否 您的建議

·您希望全華出版那方面書籍？

·您希望全華加強那些服務？

～感謝您提供寶貴意見，全華將秉持服務的熱忱，出版更多好書，以饗讀者。

全華網路書店 http://www.opentech.com.tw 客服信箱 service@chwa.com.tw

2011.03 修訂

親愛的讀者：

感謝您對全華圖書的支持與愛護，雖然我們很慎重的處理每一本書，但恐仍有疏漏之處，若您發現本書有任何錯誤，請填寫於勘誤表內寄回，我們將於再版時修正，您的批評與指教是我們進步的原動力，謝謝！

全華圖書 敬上

勘 誤 表

書 號		書 名	作 者
頁 數	行 數	錯誤或不當之詞句	建議修改之詞句

我有話要說：（其它之批評與建議，如封面、編排、內容、印刷品質等・・・）